Ken Robinson con Lou Aronica

# Escuelas creativas

**Sir Ken Robinson** es un experto mundial en el desarrollo del potencial humano. Ha colaborado con múltiples gobiernos europeos y asiáticos, entidades internacionales, empresas de primera línea, sistemas educativos y algunas de las organizaciones culturales de mayor proyección en el mundo. Es británico de nacimiento, y vive en Los Ángeles con su esposa, Terry, y sus dos hijos.

**Lou Aronica** es autor de dos novelas y coautor de varias obras de no ficción. Vive en Connecticut con su esposa, Kelly, y sus cuatro hijos.

# Escuelas creativas

# Escuelas creativas

La revolución que está
transformando la educación

## Ken Robinson

*con Lou Aronica*
*Traducción de Rosa Pérez Pérez*

Vintage Español
*Una división de Penguin Random House LLC | Nueva York*

PRIMERA EDICIÓN VINTAGE ESPAÑOL, NOVIEMBRE 2015

**Vintage Español ISBN en tapa blanda: 978-1-101-91080-1**

*Para venta exclusiva en EE.UU., Canadá, Puerto Rico y Filipinas.*

www.vintageespanol.com

Impreso en los Estados Unidos de América
10  9  8  7  6  5  4  3  2  1

*Para el Bretton Hall College, Wakefield (1949-2001),*
*y para todos los que han pasado por él*

# Índice

# Agradecimientos

He trabajado siempre en el mundo de la educación. A lo largo de mi trayectoria, muchos grandes profesores, estudiosos y profesionales de todo tipo me han servido de inspiración. Son, como suele decirse, demasiados para agradecerlo uno por uno. La magnitud de mi deuda debería hacerse patente a medida que avance en la lectura, y en especial con todos los que trabajan en escuelas y en otros lugares cuya labor mencionamos y describimos aquí. No obstante, sí necesito expresar mi agradecimiento a determinadas personas que participaron directamente en la creación de este libro.

En primer lugar, quiero dar las gracias a Lou Aronica, coautor y colaborador. Él realizó y redactó muchas de las entrevistas y estudios de casos prácticos que describimos aquí y, de principio a fin, ha sido un experto y sabio compañero. Le estoy inmensamente agradecido. Gracias, Lou.

John Robinson llevó a cabo gran parte de la búsqueda preliminar y verificación de datos. Ha contribuido en muchos otros aspectos al proceso general de la investigación y a hacer que este proyecto sea divertido, además de importante para mí.

Nuestro agente literario, Peter Miller, fue tan profesional como siempre en asegurar la mejor vía de publicación. Kathryn Court y Tara Singh Carlson, de Penguin, han sido unas colaboradoras expertas en traer este libro al mundo en su forma actual.

Jodi Rose ha sido, como ya es habitual en ella, una maestra en priorizar como es debido las fechas de un calendario complejo y en ayudarme siempre a ver qué cosas que me parecían muy importantes, en realidad, no lo eran tanto.

Mi hija, Kate Robinson, me brindó un apoyo constante y constructivo al compartir, como hace, mi pasión por estos temas. Mi hijo, James, me insistió, como siempre, en que fuera más claro y preciso en decir lo que pienso y en pensar lo que digo.

Por encima de todo, estoy agradecido, en más aspectos de los que soy capaz de expresar, a Terry, mi compañera de trabajo y de vida, quien me apoya con su convicción de que lo que hacemos es importante. Su infalible sentido de qué camino es el correcto y qué valores deben defenderse me supone un reto diario. Guía y mentora constante, cuesta imaginar qué haría sin ella.

La civilización es una carrera entre la educación y la catástrofe.

H. G. WELLS

# Introducción

## Un minuto antes de medianoche

¿Le preocupa la educación? A mí, sí. Una de mis mayores preocupaciones es que, pese a las reformas que se están llevando a cabo en sistemas educativos de todo el mundo, muchas de ellas están impulsadas por intereses políticos y comerciales que tienen una idea equivocada de cómo aprende la gente y de cuál es el verdadero funcionamiento de las grandes escuelas. Como consecuencia, están perjudicando las perspectivas de futuro de innumerables jóvenes. Tarde o temprano, para bien o para mal, usted o algún conocido también se verá afectado. Es importante saber en qué consisten dichas reformas. Si está de acuerdo conmigo en que no avanzan en la dirección correcta, espero que se convierta en parte del movimiento en favor de un planteamiento más integral que cultive los variados talentos de nuestros hijos.

En este libro quiero exponer cómo la cultura de la normalización está perjudicando a los alumnos y a las escuelas, y presentar una forma distinta de entender la educación. También quiero mostrar que, sea quien sea y esté donde esté, usted tiene poder para cambiar el sistema. Los cambios ya han empezado. En todo el mundo hay muchas escuelas magníficas, profesores maravillosos y líderes inspiradores que están trabajando de forma creativa para brindar a los alumnos la clase de educación personalizada, compasiva y orientada a la comunidad que necesitan. Hay distritos escolares enteros, e incluso sistemas nacionales, que están avanzando en esa dirección. Dentro de estos sistemas, personas de todas las clases sociales están exigiendo los cambios por los que yo abogo aquí.

En 2006 di una charla en el congreso organizado por la TED en California titulada «¿Las escuelas destruyen la creatividad?». La idea fundamental de aquella charla era que todos nacemos con grandes talentos naturales, pero que, después de pasar por la escuela, muchos hemos perdido esas cualidades. Como dije en esa ocasión, muchas personas brillantes no creen en sus capacidades porque aquello en lo que destacaban en la escuela no se valoraba o incluso se estigmatizaba. Las consecuencias son catastróficas para los individuos y para la salud de nuestras comunidades.

Mi charla ha sido la más vista desde que se creó la TED, con más de treinta millones de visualizaciones en línea, y se estima que la han visto trescientos millones de personas de todo el mundo. Evidentemente no he recibido tantas visitas como la cantante Miley Cyrus, pero yo no me contoneo como ella.

Desde que mi charla se publicó en internet, alumnos de diferentes nacionalidades se la han enseñado a sus profesores o a sus padres, y estos a sus hijos, y lo mismo han hecho muchos docentes con los directores de sus escuelas. También se mostraron interesados directores de distritos escolares que recomendaron su visionado a su comunidad. Es evidente, pues, que no soy el único que defiende esa opinión. Y cabe añadir que estas preocupaciones no son recientes.

En 2014 di una charla en un colegio universitario del Medio Oeste de Estados Unidos. Durante la comida, uno de los profesores me preguntó: «Ya llevas mucho tiempo con esto, ¿verdad?». Yo le respondí: «¿Con qué?». A lo que él contestó: «Intentando cambiar la educación. ¿Cuánto tiempo llevas ya? ¿Ocho años?». Yo le dije: «¿A qué te refieres con ocho años?». Y su respuesta fue: «Ya sabes, desde la charla para la TED». Yo repuse: «Sí, pero estaba vivo antes de eso....». Llevo más de cuarenta años trabajando en el ámbito de la educación como profesor, investigador, formador, examinador y asesor. También he colaborado con todo tipo de personas, instituciones y sistemas educativos, así como con empresas, gobiernos y organizaciones culturales. He dirigido iniciativas prácticas con escuelas, distritos y gobiernos; he impartido clases en universidades y he ayudado a fundar nuevas instituciones. En todas estas actividades, siempre he presionado para que la educación tenga un planteamiento más equilibrado, individualizado y creativo.

En estos últimos diez años he oído a muchas personas quejarse de los efectos letárgicos que los exámenes y la educación normalizada han tenido en ellas, en sus hijos o en sus amigos. A menudo, se sienten impotentes y afirman que no pueden hacer nada para cambiar la educación. Algunas me dicen que les gusta escuchar mis charlas en línea, pero que se sienten frustradas porque no especifico cómo pueden transformar el sistema educativo. Tengo tres respuestas. La primera es: «Era una charla de dieciocho minutos; deme un respiro»; la segunda: «Si de verdad le interesa lo que pienso, he publicado otros libros, informes y estrategias sobre el tema, que pueden serle de utilidad.[1] La tercera respuesta es este libro.

La gente me hace a menudo las mismas preguntas: ¿qué le ocurre al sistema educativo y por qué? Si pudiera cambiar la educación, ¿cómo sería? ¿Habría escuelas? ¿Las habría de diversos tipos? ¿Cómo funcionarían? ¿Tendrían que asistir todos los niños, y a partir de qué edad? ¿Habría exámenes? Y, si usted afirma que yo puedo cambiar la educación, ¿por dónde empiezo?

La pregunta fundamental es: ¿para qué sirve la educación? La gente discrepa mucho sobre este tema. Al igual que «democracia» y «justicia», «educación» es un ejemplo de lo que el filósofo Walter Bryce Gallie denominó «conceptos esencialmente controvertidos». Tiene un significado distinto para cada persona, en función de los valores culturales y de cómo se perciben cuestiones como el origen étnico, el sexo, la pobreza y la clase social. Pero eso no nos impide reflexionar sobre ella ni buscar soluciones al respecto; solo necesitamos tener claros los términos.[2] Así pues, antes de proseguir, diré unas palabras sobre los términos «aprendizaje», «educación», «formación» y «escuela», que a veces se confunden.

«Aprendizaje» es el proceso durante el que se adquieren nuevos conocimientos y destrezas. Los seres humanos somos organismos vivos con una gran curiosidad por aprender. Desde que nacen, los niños tienen una sed de aprendizaje inagotable. Para muchos de ellos, demasiados, su paso por la escuela va apagando esa sed. Mantenerla viva es la clave para cambiar la educación.

«Educación» hace referencia a programas de aprendizaje organizados. La premisa de la educación reglada es que los niños necesitan saber, entender y hacer cosas que jamás podrían aprender solos. Cuáles son estas y cómo debería articularse la educación para ayudar a los alumnos a aprenderlas son temas centrales a este respecto.

«Formación» es un tipo de educación que se centra en aprender destrezas específicas. Cuando yo estudiaba, recuerdo acaloradas discusiones sobre la dificultad para distinguir entre «educación» y «formación». La diferencia quedaba patente cuando abordábamos la sexualidad. La mayoría de padres agradecen que sus hijos adolescentes reciban clase de educación sexual en la escuela; pero, probablemente, no aprobarían que les dieran formación sexual.

Con «escuelas» no me refiero únicamente a los centros convencionales para niños y adolescentes a los que estamos habituados, sino a cualquier comunidad de personas que se reúnen para aprender juntas. «Escuela», en mi acepción del término, comprende la educación en casa, la no escolarización y los encuentros informales tanto en persona como en línea desde la guardería hasta finalizada la universidad. Algunas características de las escuelas convencionales no fomentan el aprendizaje; es más, pueden entorpecerlo de forma activa. Necesitamos un cambio drástico, y para ello es necesario recapacitar sobre cómo funcionan las escuelas y qué se promueve en ellas. También requiere que confiemos en una educación distinta.

A todos nos encanta que nos cuenten historias, aunque no sean ciertas. Estas nos ayudan, a medida que crecemos, a conocer el mundo que nos rodea. Algunas se refieren a acontecimientos y a personajes de nuestro círculo de familiares y amigos. Otras forman parte de la cultura más amplia a la que pertenecemos: los mitos, las fábulas y los cuentos de hadas sobre nuestra forma de vida que han cautivado a la humanidad durante generaciones. En las historias que se cuentan a menudo, la línea entre la realidad y la ficción se desdibuja hasta tal punto que es fácil confundirlas. Esto mismo sucede con la versión que suele darse del sistema educativo y que muchas personas consideran cierta, aunque no lo sea ni, de hecho, no lo haya sido nunca. Dice así:

Los niños van a la escuela de enseñanza primaria fundamentalmente para adquirir conocimientos básicos en lectura, escritura y matemáticas. Estos son esenciales para que su rendimiento académico sea satisfactorio durante la enseñanza secundaria. Si siguen estudios superiores y se gradúan con nota, encontrarán un trabajo bien remunerado y el país también prosperará.

En esta versión del modelo educativo, la verdadera inteligencia es la que utilizamos en los estudios académicos: los niños nacen con distintos grados de inteligencia y, por tanto, algunos sirven para estudiar y otros no. Los que son muy inteligentes van a universidades prestigiosas con otros compañeros igual de brillantes en el ámbito académico. Los que se gradúan con nota tienen asegurado un trabajo profesional bien remunerado con despacho propio. El paso por la escuela de los alumnos que no poseen una inteligencia innata tan elevada no resulta tan satisfactorio. Algunos suspenderán o abandonarán los estudios. Aquellos que terminan la enseñanza secundaria pueden decidir no continuar estudiando y buscarse un trabajo mal pagado. Otros proseguirán los estudios, pero optarán por una formación técnico-profesional menos académica que les reportará un trabajo administrativo o manual decente, con una caja de herramientas propia.

Cuando se plantea de forma tan negativa, esta interpretación del sistema educativo acaba pareciéndose a una caricatura. Pero, cuando consideramos lo que sucede en muchas escuelas, cuando escuchamos las ambiciones que muchos padres tienen para sus hijos, cuando reflexionamos sobre lo que están haciendo numerosos legisladores en todo el mundo, parece que sí opinan que los sistemas educativos actuales son válidos en lo fundamental; aunque, según ellos, no funcionan tan bien como deberían porque ya no se exige tanto como antes. En consecuencia, casi todos los esfuerzos se centran en aumentar los niveles académicos recrudeciendo la competencia y exigiendo más responsabilidades a las escuelas. Tal vez usted esté de acuerdo con esta versión del modelo educativo y se pregunte qué hay de malo en ello.

Esta versión es un cuento que entraña muchos peligros, además de ser uno de los principales motivos por el que muchos intentos de reforma fracasan. Al contrario, a menudo agravan los problemas que afirman estar resolviendo, como las alarmantes tasas de abandono escolar y universitario, los índices de estrés y de depresión (incluso de suicidio) entre los alumnos y los profesores, la disminución de valor de las titulaciones universitarias y el vertiginoso aumento de su coste, además de las crecientes tasas de desempleo tanto entre los titulados universitarios como entre los no titulados.

Con frecuencia, los políticos no saben cómo abordar estos problemas. Algunas veces, castigan a las escuelas por no alcanzar el nivel exigido. Otras, financian programas educativos destinados a remediar sus deficiencias. Pero los problemas persisten y, en muchos aspectos, se están agravando. La razón es que muchos de ellos están causados por el propio sistema.

Todos los sistemas se rigen por sus propias normas. Cuando tenía unos veinte años, visité un matadero en Liverpool (ahora no recuerdo por qué; probablemente fui con una novia). Los mataderos están pensados para matar animales, y eso hacen; apenas sobrevive ninguno. Cuando llegamos al final de la visita, pasamos por delante de una puerta donde ponía VETERINARIO. Supuse que aquella persona debía de acabar la jornada bastante deprimida y pregunté al guía por qué el matadero disponía de los servicios de un veterinario. ¿Acaso resulta útil en un lugar como aquel? Él respondió que acudía de forma periódica para practicar autopsias al azar. Yo pensé: «A estas alturas, ya debe de haber encontrado un patrón de comportamiento».

Si creamos un sistema con un fin específico, no debemos sorprendernos si se logra esta meta. Si gestionamos un sistema educativo basado en la normalización y el amoldamiento que anulan la individualidad, la imaginación y la creatividad, no debemos sorprendernos que ocurra esto último.

Existe una diferencia entre síntomas y causas. La enfermedad que aqueja al actual modelo educativo presenta muchos síntomas que no remitirán a menos que comprendamos los problemas de base que los causan. Uno es el carácter industrial de la educación pública. En pocas palabras, el problema es este: la mayor parte de los países desarrollados carecían de sistemas públicos de enseñanza para la mayoría de la población antes de mediados del siglo xix. Estos se desarrollaron en gran parte para satisfacer la demanda de mano de obra que produjo la Revolución Industrial, y estaban organizados según los principios de la producción en serie. En sus inicios, el propósito del movimiento de normalización del sistema educativo era mejorar la eficacia de este nuevo proceso de transformación económica, social y tecnológica exigiendo más preparación y responsabilidades a sus trabajadores. El problema radica en que, por su naturaleza, estos sistemas educativos ya no sirven para las necesidades completamente distintas del siglo xxi.

En los últimos cuarenta años, la población mundial se ha duplicado de tres mil millones de habitantes a más de siete mil millones. Somos el mayor número de seres humanos que jamás ha habitado la Tierra, y las cifras aumentan de forma vertiginosa. Asimismo, las tecnologías digitales están transformando nuestra forma de trabajar, de jugar, de pensar, de sentir y de relacionarnos. Esta revolución apenas está empezando. Los viejos sistemas educativos no se crearon con este mundo en mente. Mejorarlos aumentando los niveles académicos convencionales no resolverá los desafíos a los que nos enfrentamos en la actualidad.

No me malinterprete; no estoy diciendo que todas las escuelas sean espantosas ni que el sistema entero sea un desastre. Por supuesto que no. La educación pública ha beneficiado a millones de personas de las más diversas formas, incluso a mí. De no ser por la educación pública que recibí en Inglaterra, ahora mi vida no sería esta. Al haberme criado en una familia numerosa de clase obrera en el Liverpool de los años cincuenta, mi vida podría haber tomado un rumbo completamente distinto. La educación me abrió la mente al mundo que me rodeaba y me proporcionó las bases sobre las que he construido mi vida.

Para muchísimas otras personas, la educación pública ha sido la vía que les ha permitido realizarse, salir de la pobreza o superar circunstancias desfavorables. Muchas han triunfado dentro del sistema y han prosperado siguiendo sus reglas; sería absurdo negar esta evidencia. Pero también son numerosas las que no se han beneficiado como deberían de los largos años de educación pública. La gran cantidad de personas que no triunfa en el sistema paga muy caro el éxito de quienes sí lo hacen. A medida que el movimiento de normalización cobra fuerza, mayor es el número de estudiantes que están abocados al fracaso. Y demasiado a menudo, aquellos que salen adelante lo consiguen a pesar de la cultura educativa dominante, no gracias a ella.

Así pues, ¿qué puede hacer al respecto? Si es usted estudiante, educador, padre, administrador o responsable de la política educativa e interviene en la educación del modo que sea, puede llegar a ser parte de ese cambio. Para ello necesita tres formas de discernimiento: una *crítica* de la situación actual, una *visión* de cómo debería ser y una *teoría transformadora* para pasar de una a otra. Esto es lo que ofrezco en este libro basándome en mi propia experiencia y en la de muchas otras personas, y recurriendo a la investigación, a ciertos principios y ejemplos.

Si queremos cambiar el sistema educativo, es importante identificar a qué clase pertenece. No es monolítico ni inalterable, razón por la cual podemos hacer algo al respecto. Tiene muchas facetas, numerosos intereses interconectados e infinidad de posibilidades de innovación. Saber esto ayuda a explicar por qué y cómo podemos cambiarlo.

La revolución por la que abogo se fundamenta en principios distintos a los del movimiento de normalización: en la fe en la valía del individuo, en el derecho a la autodeterminación, en el potencial de evolución y de realización personal del ser humano y en la importancia de la responsabilidad cívica y del respeto a los demás. A lo largo del libro iré desarrollando lo que yo considero los cuatro objetivos fundamentales de la educación: personal, cultural, social y económico. A mi modo de ver, la finalidad de la educación es *capacitar a los alumnos para que comprendan el mundo que les rodea y conozcan sus talentos naturales con objeto de que puedan realizarse como individuos y convertirse en ciudadanos activos y compasivos.*

Este libro abunda en ejemplos de muchos tipos de escuelas. Se inspira en la labor de miles de personas y organizaciones que trabajan para cambiar el sistema educativo. También está respaldado por las investigaciones más recientes sobre la puesta en práctica de este trabajo. Mi propósito es ofrecer una visión general y coherente de los cambios que deben llevarse a cabo dentro y fuera de las escuelas, lo que abarca el contexto educativo en proceso de transformación, la dinámica de las escuelas en fase de cambio y aspectos clave del aprendizaje, de la enseñanza, del plan de estudios, de los sistemas de evaluación y de la política de educación. Pero cuando uno trata de abordar un tema desde una perspectiva global, se ve forzado a relegar numerosos detalles. Por esa razón, a menudo le remito a obras de otros autores que sí analizan en mayor profundidad determinadas cuestiones.

Soy plenamente consciente de las fuertes presiones políticas existentes sobre el ámbito de la educación, las cuales se ejercen a través de unas leyes que debemos cuestionar y cambiar. Parte de mi llamamiento (por así decirlo) va dirigido a los responsables de estas leyes para que ellos también respalden la necesidad de un cambio radical. Pero las revoluciones no suelen esperar a que se modifique la legislación; surgen de forma natural en el entorno comunitario en el que se mueve la gente. La educación no se imparte en las salas de reuniones de las asambleas legislativas ni se ve afectada por la retórica de los políticos, sino que se lleva a cabo en las escuelas. Si es usted profesor, entonces representa el sistema para sus alumnos; si es director de escuela, lo será para su comunidad, y si ejerce de legislador cumplirá esa función para las escuelas que regula.

Si interviene en la educación del modo que sea, tiene tres alternativas: puede realizar cambios dentro del sistema, presionar para que este cambie o bien adoptar iniciativas fuera de él. Gran parte de los ejemplos que aparecen en este libro son de innovaciones dentro del sistema. Los sistemas también pueden cambiar de forma radical y, en muchos sentidos, ya lo están haciendo. Cuantas más innovaciones se produzcan dentro de ellos, más probabilidades hay de que evolucionen por completo.

Durante la mayor parte de mi vida residí y trabajé en Inglaterra. En 2001, mi familia y yo nos trasladamos a Estados Unidos. Desde entonces, he viajado mucho por todo el país para colaborar con profesores, distritos escolares, colegios profesionales y distintos cargos de la política educativa. Por estas razones, este libro trata sobre todo de lo que ocurre en Estados Unidos y en Reino Unido. No obstante, los problemas que afectan al sistema educativo son de ámbito global y por ello expongo ejemplos de otras partes del mundo.

Este libro se centra fundamentalmente en la educación desde la primera infancia hasta el término de la etapa secundaria. Los problemas que abordamos también tienen importantes consecuencias para la educación superior, y gran parte del ámbito universitario está cambiando de forma radical junto con el mundo que le rodea. Me referiré a estos cambios de manera general, ya que se necesitaría otro libro para abordarlos en mayor profundidad.

En una entrevista reciente me preguntaron por mis teorías y respondí que no se trataban de simples conceptos abstractos. Si bien ofrezco diversas perspectivas teóricas para el enfoque que propongo, mis argumentos no parten de hipótesis. Se fundamentan en una larga experiencia y en el estudio de lo que realmente funciona en educación, de lo que motiva a alumnos y a profesores a desarrollar todo su potencial y lo que no. Con esto, me sumo a una larga tradición. Lo que yo planteo tiene profundas raíces en la historia de la enseñanza y del aprendizaje desde la Antigüedad. No es una moda ni una tendencia; se basa en principios que siempre han inspirado una educación transformadora y que el sistema educativo fruto de la Revolución Industrial, pese a todos sus otros logros, ha marginado de forma sistemática.

Los desafíos a los que nos enfrentamos en este mundo tampoco son teóricos; son muy reales y en su mayoría son fruto de acciones humanas. En 2009, la serie *Horizon* de la BBC emitió un episodio sobre la cantidad de personas que podría albergar la Tierra. Se titulaba «¿Cuántas personas pueden vivir en el planeta Tierra?» (La BBC tiene un don especial para los títulos.) En la actualidad, nuestro planeta tiene siete mil doscientos millones de habitantes. Esto supone prácticamente el doble que en 1970, y vamos camino de ser nueve mil millones a mediados de este siglo y doce mil millones a su término. Todos tenemos las mismas necesidades básicas de aire puro, de agua, de alimento y de combustible para la vida que llevamos. Así pues, ¿a cuántas personas puede sustentar la Tierra?

En el citado documental se consultó a algunos de los expertos más destacados en materia de población, agua, producción alimentaria y energía. Concluyeron que, si todos los habitantes de nuestro planeta consumieran al mismo ritmo que un ciudadano medio de la India, la Tierra podría sustentar a una población máxima de quince mil millones. Según este parámetro, estamos a medio camino de alcanzar esa cifra. El problema es que no todos consumimos en la misma medida. Según parece, si lo hiciéramos en igual proporción que un ciudadano medio estadounidense, el planeta podría sostener a una población máxima de mil quinientos millones; y ya nos situamos casi cinco veces por encima de esa cifra.

Así pues, si el mundo entero decidiese consumir como Estados Unidos, y parece que así es, a mediados de siglo nos harían falta otros cinco planetas para que esto fuera viable. La necesidad de un cambio radical en nuestra forma de pensar, de vivir y de relacionarnos difícilmente podría ser más urgente. De momento, seguimos divididos (como es habitual en nosotros) por diferencias culturales y la competencia económica por conseguir los mismos recursos.

A menudo se dice que hay que salvar el planeta. Yo no estoy tan seguro. La Tierra existe desde hace casi cinco mil millones de años y le quedan otros tantos antes colisionar con el Sol. Por lo que sabemos, los seres humanos tal como somos hoy en día surgieron hace menos de doscientos mil años. Si enmarcásemos toda la historia de la Tierra en un solo año, nosotros apareceríamos el 31 de diciembre, poco antes de medianoche. Lo que está en peligro no es el planeta, sino nuestra supervivencia en él. La Tierra podría muy bien concluir que, después de poner a prueba a la humanidad, no está en absoluto impresionada. Las bacterias plantean muchos menos problemas, lo que quizá explica por qué han sobrevivido durante miles de millones de años.

Probablemente, esto es lo que el escritor de ciencia ficción y futurista H. G. Wells tenía en mente cuando dijo que la civilización es una carrera entre la educación y la catástrofe. La educación es, en efecto, nuestra mayor esperanza. No el viejo estilo de enseñanza fruto de la Revolución Industrial, creado para satisfacer las necesidades del siglo xix y de la primera parte del xx, sino un nuevo sistema educativo que nos ayude a enfrentarnos a los desafíos actuales y que potencie los talentos naturales que todos llevamos dentro.

Ante un futuro tan incierto, la respuesta no es mejorar la situación, sino ir en otra dirección. El desafío no consiste en reparar el sistema, sino en cambiarlo; no se trata de reformarlo, sino de transformarlo. Hay algo de irónico en todo ello, pues sabemos cómo tratar los síntomas de la enfermedad que aqueja al sistema educativo actual, y sin embargo no aplicamos los tratamientos adecuados a una escala lo suficientemente amplia. Hoy en día, estamos en una situación inmejorable para utilizar nuestros recursos creativos y tecnológicos con el fin de cambiar la situación actual. Tenemos infinitas oportunidades para captar la imaginación de los jóvenes y brindarles métodos de enseñanza y de aprendizaje con un alto grado de personalización.

Aunque el sistema educativo actual es un problema que afecta al ámbito mundial, el proceso del cambio debe, inevitablemente, iniciarse en las distintas comunidades. Entender esto es la clave para poder llevar a cabo esa transformación. El mundo está experimentando cambios radicales, así que también necesitamos una revolución en el terreno de la educación. Como casi todas las grandes transformaciones, esta lleva mucho tiempo gestándose, y en numerosos lugares ya está en marcha. Y no viene de arriba, sino de abajo, como debe ser.

# 1

## Volver a lo básico

La doctora Laurie Barron habría perdonado a sus alumnos y compañeros si, antes de su primer día como directora de la escuela pública de enseñanza media smokey Road de Newnan, Georgia, hubieran instalado una puerta giratoria en su despacho para facilitarle la salida. Al fin y al cabo, el centro escolar solo llevaba cinco años abierto y ya había tenido a otros cuatro directores. «El problema no era que los directores fueran incompetentes o ineficaces —me explicó—. De hecho, casi todos los que me precedieron eran mayores que yo y tenían buena reputación. Tres de ellos pasaron a dirigir distritos escolares. El problema era que no había una dirección estable. No se quedaban el tiempo suficiente para conseguir algún cambio.»

Esto era particularmente problemático en Smokey Road, donde las cifras no jugaban a favor del instituto. Casi el 20 por ciento de la población de Newnan (situada a unos cincuenta y cinco kilómetros de Atlanta) vive por debajo del umbral de la pobreza y más del 60 por ciento de los alumnos de Smokey Road pueden acogerse a ayudas económicas. Cuando Laurie llegó al centro en 2004 en calidad de directora, este tenía año tras año el peor rendimiento escolar de las cinco escuelas de enseñanza media de su distrito. También presentaba la mayor tasa de absentismo, de partes de castigo, de cargos imputados por el sistema penal de menores y de alumnos derivados a sistemas de educación alternativos por problemas de disciplina. Smokey Road necesitaba numerosos cambios, pero Laurie decidió que lo más urgente era crear un clima de estabilidad y de seguridad dentro del instituto.

«Me pasé el primer año saltando por encima de las mesas para parar peleas. La gente me preguntaba si disponía de algunas estadísticas y yo decía: "Salto por encima de las mesas; no sé nada de estadísticas". Soy muy organizada y les doy mucha importancia pero, cuando reviso mis cuadernos de los nueve años que pasé en el colegio, veo que no tengo ninguno de ese primer año. Lo único que hice durante ese primer año fue intentar crear un clima de seguridad. Ninguno de los alumnos se sentía cómodo, porque había enfrentamientos de todo tipo.»

Laurie se pasó gran parte de su primer año separando a los alumnos que se peleaban y expulsándolos del centro, más a menudo de lo que habría querido. Pero era necesario. Laurie descubrió que era prácticamente imposible diferenciar a los alumnos que se pasaban el día buscando pelea de aquellos otros preocupados por verse envueltos en una. Al final de ese primer año había establecido suficientes reglas básicas para que los estudiantes empezaran a comprender qué clase de comportamiento se esperaba de ellos. Y lo que es más importante, ella siguió en su puesto. Aquello puso fin al desfile de directores y permitió que la escuela empezara a trabajar en un provechoso plan a largo plazo que tenía que cambiar unos hábitos que ya formaban parte de la cultura escolar.

«Nuestro instituto tenía mala fama, pero esto se aceptaba sin más. Nadie se sentía frustrado por nuestro bajo rendimiento. El mensaje era: "Oye, nos las apañamos con lo que tenemos". No pasaba nada por ser lo que éramos. Durante el segundo año empezamos a plantearnos en serio lo que queríamos ser. Teníamos que conseguir que los alumnos desearan estar aquí. Nos pasamos todo el año en pos de ese objetivo y con ese enfoque en mente. Entonces comprendimos que necesitábamos conocer a nuestros alumnos. Fue un proceso muy largo en el que participaron tanto ellos como profesores, socios y miembros de la comunidad. Creamos una organización de padres y profesores. Creo que muchos docentes tenían fe en sus alumnos, pero, globalmente, como escuela, pienso que nosotros no teníamos esa misma fe en ellos, ni tampoco nuestra comunidad. Es evidente que esos profesores creían en sus alumnos porque siguen enseñando aquí y son muy buenos, pero carecíamos de una visión de conjunto.»

Aquellas ideas se concretaron en un plan de cuatro fases. La primera fue asegurarse de que los alumnos iban a clase. Smokey Road tenía una tasa de asistencia muy baja y Laurie se dio cuenta de que la escuela no había creado un entorno en el que los alumnos sintieran que su presencia era importante y que ella era parte de ese problema. «Los mandaba continuamente a casa por pelearse —me dijo—. Y, desde luego, no era la mejor manera de demostrarles que los quería aquí.»

A continuación, su equipo y ella intentaron conseguir que los alumnos se sintieran seguros en el centro escolar. En Smokey Road, los enfrentamientos rara vez llegaban al punto de que alguien resultara herido de gravedad, pero, para que los alumnos se sintieran seguros y no estuvieran pendientes de un posible altercado entre ellos, las peleas tenían que cesar.

Después de aquello, la siguiente fase consistió en ayudar a los alumnos a sentirse valorados como individuos. El verdadero giro radical ocurrió cuando Laurie y sus compañeros se dieron cuenta de que tenían que centrarse en cada alumno partiendo de sus necesidades e intereses personales. (Desarrollaré este tema en breve.)

La cuarta fase fue la elaboración del plan de estudios que los alumnos necesitaban para tener éxito en el futuro. Resulta revelador que para Laurie esta no era la fase más importante del proceso que llevó a cabo. Sin duda, el plan de estudios era esencial, pero solo una vez que se hubieran alcanzado los otros objetivos. Lo mismo opinaba respecto a la evaluación de los profesores.

«De hecho, no nos centramos en enseñar, puesto que desde un principio eso era lo que hacíamos. No me pareció que el problema fuera que los profesores no supiesen dar clases, sino que existían numerosos impedimentos para impartir las materias. Pensé que, si les permitíamos pasar setenta y cinco minutos con los alumnos, podrían obtener resultados de ellos. Cuando tuvimos todo lo demás resuelto, entonces sí evaluamos a los profesores. Antes de aquello, no sabíamos si estaban o no agobiados, porque su problema podría haber sido la seguridad y la disciplina en clase, o crear lazos con los alumnos. Yo tenía a dos directores adjuntos, y los tres pasábamos por las clases cada semana. Antes, teníamos a setenta alumnos en nuestro despacho todos los días por problemas de disciplina, por lo que nos resultaba imposible supervisar las clases.»

Cuando Laurie empezó a preguntarse qué era realmente importante para sus alumnos, entonces las cosas comenzaron a cambiar en Smokey Road. «Lo que es importante para el alumno tiene que serlo también para nosotros. Ninguna disciplina es más relevante que otra: el fútbol, la orquesta, las matemáticas o la lengua. No íbamos a decirles a aquellos alumnos a los que les encantaba el fútbol que lo más importante eran las matemáticas. Así que haríamos todo lo necesario para que pudieran practicarlo. Cuando empezamos a adoptar este método de actuación, los alumnos se dieron cuenta de que valorábamos lo que para ellos era importante. Entonces nos fueron dando lo que nosotros queríamos. En cuanto creamos ciertos vínculos con ellos, los alumnos se sintieron culpables por defraudarnos. Puede que las matemáticas no les gustaran, pero no querían decepcionar a sus profesores. Entonces, estos por fin pudieron enseñar, en vez de repartir partes de castigo.

»Tengo algunos profesores a los que no les gusta el fútbol, pero irán a un partido para animar a Bobby, y al día siguiente lo sacarán a la pizarra para que resuelva una ecuación de física. Bobby hará lo que sea para impresionar a un profesor así.»

Para llevar a cabo este tipo de estrategia, Laurie tuvo que abandonar los modelos propuestos por el estado de Georgia y por el gobierno federal y desprenderse por completo de la noción de que «nosotros siempre lo hemos hecho así». Y logró un éxito rotundo con muchos de los alumnos. Uno de ellos era buen deportista, pero suspendió sexto, debido en gran parte porque lo habían castigado treinta tres veces. Cuando Laurie consiguió convencerle de que entendía que el deporte era lo más importante para él, los problemas de disciplina disminuyeron. «Solo lo castigaron dos veces en 1.º y 2.º de secundaria. Y aprobó todos los exámenes finales. Era negro, iba a clases de refuerzo y tenía el comedor gratuito: era el típico caso de manual. Le dijimos que el fútbol podía ser más importante que cualquiera de las otras cosas que hacía, pero que debíamos ayudarle con aquello que no le gustaba.»

Me dio otro ejemplo. «Tenemos a una alumna en el coro: es blanca, va a clases de refuerzo, con una familia de renta baja. Su padre murió cuando cursaba cuarto de primaria. Ella se retrajo; se negaba a hacer nada. Iba a suspender sexto. El profesor que dirigía el coro vio algo en ella y le dio un solo. La chica lo interpretó en noviembre y sacó sobresalientes durante el resto del curso. Jamás lo habría logrado si no hubiera pasado esto, pero el profesor supo ver que lo que ella más deseaba era cantar. Tenemos que estar pendientes de lo que es importante para el alumno.

»Nuestros profesores no se plantan delante de la clase y dicen: "Tenéis que aprobar el examen de matemáticas". Van de alumno en alumno: "Oye, sé que te gustaría estar en la orquesta; ¿quieres ser primer violín? Entonces sacar buena nota en matemáticas te ayudará". Podemos conseguir que cualquiera nos haga un favor, pero no que un grupo entero obedezca una orden.» El cambio de Smokey Road fue evidente para todos y los resultados mejoraron de forma espectacular. La mayoría de los estudiantes sacaron notas más altas (en los alumnos que recibían clases de refuerzo, el incremento fue del 60 por ciento en matemáticas y en lectura), la asistencia a clase aumentó de forma considerable y disminuyeron notablemente los partes de castigo.

El cambio que se produjo en Smokey Road fue tan profundo que la nombraron Escuela Distinguida del Título 1 de Georgia y Escuela «Breakthrough» Fundación MetLife/NASSP en 2011 por su alto nivel de rendimiento escolar con un alumnado que, en gran parte, vivía en la pobreza. Y Laurie Barron fue nombrada Directora de Enseñanza Media del Año MetLife/NASSP en 2013.[1]

Laurie Barron entendió enseguida que el instituto Smokey Road necesitaba urgentemente una reforma, pero no la que se impone desde arriba con leyes y decretos gubernamentales, sino la que surge desde abajo, cuando de verdad se conoce y se comprende a los alumnos y educadores. Laurie personifica ese tipo de transformación que tanto necesitan nuestras escuelas. Pero, como estamos a punto de ver, «reforma» tiene definiciones distintas para cada persona.

## EL MOVIMIENTO DE NORMALIZACIÓN

Hablar de «reforma» no es algo nuevo en el terreno de la enseñanza. Siempre ha habido debates sobre qué es la educación y qué habría que enseñar y de qué manera. Pero hoy en día es distinto, pues el movimiento de normalización moderno tiene alcance mundial. Pasi Sahlberg, un destacado comentarista de las tendencias internacionales en educación, se refiere a él con mucho acierto como el Movimiento Mundial de Reforma Éducativa, o GERM («germen»; del inglés «Global Education Reform Movement»). Sin duda, parece contagioso, a juzgar por la cantidad de países que están contrayendo el germen. La política de educación era un asunto primordialmente de política interna de cada país. En la actualidad, los gobiernos escudriñan los sistemas educativos de otros países con el mismo afán que analizan las políticas de defensa extranjeras.

La educación es un tema candente en política. En 1992, Bill Clinton dijo que quería que lo conocieran como el presidente de la educación. También lo hizo George W. Bush, quien convirtió la reforma educativa en una de las principales prioridades de su mandato presidencial. En enero de 2002, en la víspera del día de Martin Luther King Jr., Bush dijo que creía que la educación era la esencia de los derechos civiles de nuestro tiempo y añadió: «Hemos superado la intolerancia institucional contra la que luchó el doctor King. [...] Ahora nuestro desafío es asegurarnos de que todos los niños tengan una oportunidad justa de triunfar en la vida».[2] El presidente Obama ha convertido la reforma educativa en una de las máximas prioridades de su administración, y China está promoviendo también cambios de gran calado en el ámbito de la educación como parte fundamental de la transformación del país.[3] Dilma Rousseff, la primera presidenta de Brasil, ha hecho de la educación una pieza central de la estrategia de renovación de su gobierno.[4] Miremos donde miremos, la educación es una prioridad para gobiernos de todo el mundo.

Desde 2000, el movimiento de normalización se ha visto acelerado por las tablas de clasificación del Programa para la Evaluación Internacional de Alumnos (PISA; del inglés «Program for

International Student Assessment»). Estas tablas se basan en el rendimiento de los alumnos en exámenes normalizados de matemáticas, lectura y ciencia, administrados por la Organización para la Cooperación y Desarrollo Económicos (OECD; del inglés «Organization for Economic Co-operation and Development») con sede en París. Cada tres años, el PISA examina a grupos de alumnos de quince años de todo el mundo. El número de países participantes ha aumentado de treinta y dos en 2000 a sesenta y cinco en 2012, y el número de alumnos que realizan los exámenes casi se ha duplicado: de 265.000 en 2000 a 510.000.[5]

El impacto político del PISA es cada vez más relevante. En 2001, los resultados suscitaron un interés moderado en la prensa europea. En cambio, en 2013 salieron en primera plana en el mundo entero y sacudieron a gobiernos de todo el planeta.[6] Hoy en día, los ministros de Educación comparan sus respectivos puestos en la tabla como si fueran culturistas sacando bíceps. Al igual que la prensa, parecen tratar estas clasificaciones como una medida absoluta de su éxito.

La primera vez que la región china de Shangai se presentó a los exámenes del PISA en 2009 quedó en primer lugar en las tres categorías. Aquellos resultados fueron un duro golpe para Occidente. En 2012, Shangai volvió a ocupar el primer puesto, seguido de Singapur, Hong Kong y de Taiwan. La prensa occidental especuló febrilmente sobre el poder del «modelo asiático» de educación y pidió a los políticos de sus países que pusieran más empeño en mejorar los niveles académicos e ir así al compás de la competencia mundial.

El secretario de Educación estadounidense Arne Duncan observó: «El panorama general de los resultados de Estados Unidos en el PISA de 2012 es simple y desolador: refleja el estancamiento educativo». Estos resultados —añadió— «deben servir como llamada de atención contra el exceso de confianza y la falta de ambición de nuestro sistema educativo. El problema no es que nuestros alumnos de quince años saquen peores notas ahora que antes [...] [es que] nuestros alumnos están perdiendo terreno. Estamos bajando puestos, mientras otros países con mejor rendimiento empiezan a adelantarnos».[7] De forma muy oportuna, la principal iniciativa educativa de la administración Obama se denomina Carrera a la Cima («Race to the Top»), un programa nacional de incentivos económicos para mejorar las escuelas que incide en los niveles académicos y en los exámenes.[8]

¿Por qué la educación es un tema tan candente en política? La primera razón es *económica*. La educación influye de forma decisiva en la prosperidad. En los últimos veinticinco años, los rápidos avances en tecnología digital y el gran crecimiento de la población han transformado el sector empresarial. En consecuencia, la competencia económica se ha intensificado en los sectores del comercio, de la producción y de los servicios. Los gobiernos saben que una población activa instruida resulta determinante para la prosperidad económica nacional; de ahí que sus políticas estén salpicadas de retórica sobre la innovación, la iniciativa empresarial y las «competencias del siglo XXI». Por ello invierten tanto dinero en la enseñanza y también por esa misma razón la educación es uno de los mayores negocios del mundo. Solo en Estados Unidos, la educación y la formación costaron 632.000 millones de dólares en 2013.[9] En todo el mundo, la cifra rebasó los cuatro billones de dólares.[10]

La segunda razón es *cultural*. La educación es una de las principales vías que tienen las comunidades para transmitir sus valores y tradiciones de una generación a otra. Para algunos, la educación es una valiosa herramienta a la hora de proteger una cultura de las influencias externas; para otros, tiene como finalidad fomentar la tolerancia cultural. El importante contenido cultural de la educación es en parte la razón por la que levanta tantas pasiones políticas.

La tercera razón es *social*. Uno de los objetivos de la educación pública reside en brindar a todos los alumnos, al margen de su extracción social y de sus circunstancias personales, oportunidades para prosperar y convertirse en ciudadanos activos y comprometidos. En la práctica, los gobiernos también pretenden que la educación fomente las actitudes y comportamientos adecuados que aseguren una estabilidad social. Naturalmente, estos difieren de un sistema político a otro.

La cuarta razón es *personal*. Casi todas las leyes sobre educación contienen los consabidos párrafos sobre la necesidad de que todos los alumnos adquieran conciencia de su potencial y lleven una vida plena y productiva.

Así pues, ¿cómo están abordando los gobiernos la consecución de estos objetivos?

## Hacerse con el control

En la actualidad, gobiernos de todo el mundo están acotando la educación pública, decidiendo qué deben enseñar las escuelas, imponiendo sistemas de exámenes para poder pedirles cuentas y sancionándolas si no alcanzan el nivel exigido. En algunos países, los gobiernos siempre han desempeñado un papel decisivo en la educación. En otros, por tradición, los responsables del sistema educativo han guardado las distancias con los centros de enseñanza. En Estados Unidos, por ejemplo, la educación es, en su mayor parte, competencia de cada estado y, hasta hace poco, el papel del gobierno federal era relativamente escaso. Todo eso cambió en

2001 cuando el Congreso aprobó la ley «Que ningún niño se quede atrás» (NCLB, del inglés «No Child Left Behind»). En los años transcurridos desde entonces, el gobierno federal y los de cada estado han invertido, de forma conjunta, más de ochocientos mil millones de dólares en miles de programas y nuevos sistemas de exámenes.[11]

Aunque existen diferencias importantes entre los distintos países, las estrategias reformistas de muchos de ellos tienen varias características en común. La reforma típica se desarrolla de la siguiente manera:

Tener un sistema educativo eficaz es de vital importancia para la prosperidad económica nacional y para seguir manteniendo ventaja sobre nuestros competidores. Los niveles académicos tienen que ser lo más elevados posible y las escuelas deben conceder prioridad a las asignaturas y métodos de enseñanza que promuevan esta exigencia. Ante la expansión de la economía del conocimiento, es fundamental que aumente el número de personas que cursen estudios superiores, en especial carreras universitarias de cuatro años.

Como estas cuestiones son demasiado importantes para dejarlas a criterio de las escuelas, el gobierno necesita hacerse con el control de la educación determinando los niveles académicos, especificando el contenido del plan de estudios, examinando a los alumnos de forma sistemática para comprobar que tienen el nivel exigido y aumentando la eficacia de la educación mediante el recrudecimiento de la competencia y la exigencia de más responsabilidades a los centros de enseñanza.

Al igual que la versión del modelo educativo que he expuesto antes, este esquema de la reforma parece muy plausible. También tiene graves defectos, como veremos. Pero, antes, analicemos cómo se está poniendo en práctica.

## AUMENTAR LOS NIVELES

Mejorar los niveles académicos parece sin duda una buena idea; empeorarlos sería absurdo. Pero ¿qué niveles son esos? ¿Por qué elegimos unos y no otros y cómo los aplicamos? Un comentario que se oye a menudo hoy en día es que las escuelas tienen que «volver a lo básico». Es una frase con un atractivo aire de sencillez que sugiere un enfoque sensato y pragmático. Es como decir que hay que comer suficiente verdura y dormir las horas necesarias. ¿A qué hace referencia «lo básico»? El movimiento reformista tiene cuatro prioridades: las llamadas tres erres (lectura, escritura y aritmética; del inglés, *reading, writing and arithmetic*); mejorar los niveles académicos; las disciplinas STEM (ciencia, tecnología, ingeniería y matemáticas; del inglés, *science, technology, engineering, mathematics*) y la educación superior.

Algunos países, entre ellos Reino Unido y Estados Unidos, ya llevan tiempo preocupados porque tienen unos niveles de *lectoescritura* y *matemáticas* demasiado bajos. Los reformistas no se equivocan en esto: hay problemas, y no son nuevos. En 1983, el Departamento de Educación de Estados Unidos publicó «A Nation at Risk».[12] El informe advertía que Estados Unidos se estaba ahogando bajo una «creciente ola de mediocridad» que amenazaba el futuro de la economía y del bienestar social del país. Los reformistas conceden mucha importancia a enseñar gramática, ortografía y puntuación, junto con matemáticas básicas.

El movimiento de normalización tiene como objetivo principal aumentar *los niveles académicos*. Una vez más, este objetivo puede parecer razonable, pero el trabajo académico solo es una parte de la educación. Requiere, fundamentalmente, determinados tipos de razonamiento analítico, en especial con palabras y números, y se centra en lo que suele denominarse «conocimiento propo-

VOLVER A LO BÁSICO

sicional». Por diversas razones, como veremos más adelante, la educación está dominada por esta idea.

Paradójicamente, el movimiento de normalización también tiene como fin preparar a los alumnos para el mundo laboral y hacer frente a la competencia extranjera; de ahí la importancia de las disciplinas STEM: ciencia, tecnología, ingeniería y matemáticas. Puede que esto le parezca una curiosa contradicción. Por un lado, los políticos están exigiendo más rendimiento académico a las escuelas; por otro, afirman que lo que más les importa es la economía. No obstante, a menudo se tiene a los intelectuales por personas que viven en torres de marfil alejadas del mundo real, inmersas en teoría pura. Por qué en la actualidad se ve al trabajo académico como la salvación económica de las naciones en el mundo moderno es un tema interesante que retomaremos más adelante.

Por último, en muchos países está aumentando el número de alumnos que cursan estudios superiores. En Europa y Estados Unidos, durante los años cincuenta y sesenta, una de cada veinte personas iba a la universidad. Entre 1970 y 2000, se produjo un aumento mundial del 300 por ciento.[13] En la actualidad, al menos en las economías desarrolladas, en torno a uno de cada tres alumnos que obtienen el graduado escolar decide seguir estudiando. Para casi todo el mundo, ir a la universidad es hoy en día el fin último de la enseñanza secundaria.[14]

Así pues, ¿qué están haciendo los reformistas para promover estas prioridades? Hay tres estrategias principales: normalización, competencia y privatización.

## Normalización

La educación reglada está constituida por tres elementos principales: plan de estudios, enseñanza y evaluación. La estrategia básica consiste en normalizarlos lo máximo posible. Hoy en día, muchos países tienen pautas estrictas respecto a lo que las escuelas deben enseñar, habitualmente año a año, recogidas en algún tipo de plan de estudios nacional. Esto sucede en Inglaterra, Francia, Alemania, China y muchos otros países. Algunos tienen marcos más flexibles, entre ellos Finlandia, Escocia y, hasta la fecha, Estados Unidos y Singapur.

La mayoría de planes de estudios nacionales están basados en la noción de asignaturas específicas. En casi todos los sistemas, estas asignaturas están jerarquizadas. En la cúspide, se hallan la lectoescritura, las matemáticas y, en la actualidad, las disciplinas STEM. Las siguen las humanidades, incluidas la historia, la geografía y las ciencias sociales. Dado que el movimiento de normalización hace hincapié en el trabajo académico, concede menos valor a disciplinas prácticas como el arte, el teatro, la danza, la música, el dibujo y la educación física, y a las «marías» como ciencias de la comunicación y la información, que no se consideran académicas. Entre las artes, la música y las artes visuales suelen priorizarse sobre el teatro y la danza. A menudo, estas dos últimas ni siquiera se imparten. Las disciplinas técnico-profesionales, como hogar o talleres, también han desaparecido de muchas escuelas. En algunos países, estas disciplinas «no esenciales» han quedado reducidas a una enseñanza mínima.

Con respecto a la *enseñanza*, el movimiento de normalización prefiere la instrucción directa de información objetiva y de competencias y la enseñanza frontal a las actividades de grupo. Se muestra escéptica con la creatividad, la expresión personal y las formas de trabajo no verbales y no matemáticas, así como con el aprendizaje a través de la exploración y del juego imaginativo, incluso en la etapa preescolar.

En cuanto a la *evaluación*, el movimiento de normalización da prioridad a los exámenes académicos escritos y al uso generalizado de preguntas tipo test para que las respuestas de los alumnos puedan codificarse y procesarse con facilidad. Se muestra escéptico con los trabajos de curso, las carpetas docentes, los exámenes con libros, la evaluación de los profesores, la valoración de los propios compañeros y otros enfoques que no son tan fáciles de cuantificar. Este es en parte el motivo por el que los alumnos se pasan tanto tiempo sentados frente al pupitre, trabajando en solitario.

## Competencia

Uno de los objetivos de los exámenes es recrudecer la competencia entre los alumnos, los profesores y las escuelas, bajo el supuesto de que con ello los niveles académicos aumentarán. En este nuevo entorno, los alumnos compiten entre sí, los profesores se juzgan fundamentalmente en virtud de las notas de estos, y las escuelas y distritos escolares compiten por los recursos. Los resultados de los exámenes normalizados influyen a la hora de asignar fondos a los centros, además de en los ascensos laborales y en si las escuelas permanecen abiertas o necesitan un cambio de dirección. Por eso los llaman «exámenes de alto riesgo». Como hemos visto, hoy en día, la competencia tiene un carácter cada vez más internacional.

## Privatización

Durante más de un siglo, la escolarización de masas de los países industrializados se sufragó a través de los impuestos y se consideró una inversión en el bien público. En la actualidad, algunos gobiernos están alentando la inversión de sociedades anónimas y empresarios en el sistema educativo. Su grado de participación varía

desde vender productos y servicios a los centros escolares hasta
dirigir sus propias escuelas para su lucro comercial. Los gobiernos
están promoviendo diversas categorías de escuela pública, tales
como academias, escuelas concertadas y escuelas libres, en las que
algunas de las restricciones del movimiento de normalización se
relajan a propósito. Los motivos son varios: intensificar la competencia, aumentar el abanico de posibilidades, aligerar la carga de
las arcas públicas y obtener beneficios. Como ya he dicho, la educación es uno de los mayores negocios del mundo.[15]

## ¿CÓMO VA?

Si el movimiento de normalización estuviera logrando lo que se
propone, no habría nada más que decir. Pero no es así. Tomemos,
por ejemplo, las tres erres. Pese a los miles de millones de dólares
invertidos, el movimiento de normalización ha obtenido, en el
mejor de los casos, un éxito parcial. Países como Estados Unidos e
Inglaterra se han esforzado mucho en un intento desesperado de
aumentar los niveles de lectoescritura y aritmética básica. No obstante, los resultados de los exámenes en dichas disciplinas apenas
han mejorado.

En 2012, el 17 por ciento de los estudiantes con el título de
bachiller de Estados Unidos eran incapaces de leer o,de escribir
con fluidez y tenían problemas básicos con la ortografía, la gramática y la puntuación (por debajo del nivel 2 en las escalas del
PISA).[16] Más del 50 por ciento de los adultos estaban por debajo
del nivel 3 en lectoescritura.[17] «Aunque algunas calificaciones de la
Evaluación Nacional del Progreso Educativo (NAEP; del inglés
«National Assessment of Educational Progress») han ido aumentando poco a poco —dijo en 2012 Paul R. Lehman, ex presidente

de la Asociación Nacional para la Educación Musical—, muchas han permanecido básicamente igual en los últimos años y, en marzo de 2013, Arne Duncan advirtió al Congreso de que es probable que más del 80 por ciento de las escuelas de la nación reciban la calificación de deficientes en 2014 con arreglo a la ley NCLB.»[18]

Los alumnos estadounidenses no solo muestran un bajo nivel en las «competencias básicas», sino también en el ámbito de la cultura general. En 2006, la revista *National Geographic* realizó una encuesta sobre cultura general en Estados Unidos. El 21 por ciento de los adultos de entre dieciocho y veinticuatro años no supieron identificar el océano Pacífico en un mapa. Aún más alarmante (al menos para mí), el 65 por ciento fue incapaz de situar Reino Unido, lo cual es una vergüenza desde cualquier punto de vista.[19] La situación no es mucho mejor en el propio Reino Unido, dondequiera que esté.[20]

El movimiento de normalización no está haciendo frente a los desafíos *económicos* actuales. Una de sus prioridades es preparar a los jóvenes para el mundo laboral. Y, no obstante, el desempleo juvenil ha alcanzado cotas sin precedentes en todo el mundo. Hay unos seiscientos millones de habitantes en la Tierra de entre quince y veinticuatro años. De ellos, unos setenta y tres millones son parados de larga duración.[21] Jamás se había alcanzado una cifra tan elevada: casi el 13 por ciento de la población total en ese grupo etario. De 2008 a 2013, el desempleo juvenil aumentó de forma espectacular en Europa y alcanzó casi el 24 por ciento.[22]

La plaga del desempleo está afectando incluso a los jóvenes que han hecho todo el recorrido académico, terminando los estudios superiores. Entre 1950 y 1980, una titulación universitaria prácticamente le garantizaba a uno un buen empleo. Si una persona estaba titulada, los empleadores hacían cola para entrevistarla. Hoy en día, no.[23] El problema fundamental no es la calidad de las titulaciones, sino la cantidad. Los títulos académicos son una moneda de cambio y, como todas las monedas, su valor fluctúa con las condiciones del mercado. Antes, una titulación universitaria tenía gran prestigio porque había relativamente pocos licenciados; ahora, en un mundo donde abundan, las titulaciones universitarias ya no resultan tan prestigiosas como antes.

Debido a la crisis de 2008, muchos graduados universitarios tuvieron dificultades para encontrar trabajos acordes con su titulación. Por supuesto, los recién salidos de la universidad necesitan algún tiempo para empezar a trabajar en su sector. Aun así, la cantidad de licenciados que están parados o subempleados, es decir, desempeñando un trabajo que no requiere una titulación universitaria, ha aumentado desde la crisis de 2008. Además, la calidad de los trabajos que desempeñan los subempleados ha empeorado. Hoy en día, muchos de los recién titulados tienen que aceptar empleos de bajo sueldo o jornada parcial para poder pagar las facturas.[24]

En muchas partes del mundo, las perspectivas de futuro de los titulados universitarios son cada vez menos prometedoras. Desde 1999, China ha incrementado en gran medida el número de universidades. Desde entonces, el desempleo entre los titulados ha ido en aumento.

En 1999, había ochocientos cuarenta mil universitarios en China; la promoción de 2013 incluyó casi siete millones de titulados universitarios. El Ministerio de Educación chino se ha lamentado de que «aunque el 80 por ciento de los estudiantes universitarios consigan encontrar un primer empleo del tipo que sea, aún serán muchos los que estarán sin trabajo».[25]

Para algunas profesiones es imprescindible tener una titulación —en términos generales, los licenciados pueden aspirar a mayores sueldos que quienes no lo son—, pero esta ya no es garantía de trabajo en ningún sector y, en algunos, es irrelevante, además de cara.

Por supuesto, muchos jóvenes cursan estudios superiores porque persiguen una vocación. Pero, a juzgar por las bajas tasas de graduación (más del 40 por ciento de los universitarios no terminan los estudios),[26] son numerosos, sobre todo en Occidente, los que van a la universidad porque es lo que se espera de ellos al término de la enseñanza secundaria. Carecen de un rumbo definido cuando empiezan la carrera, por lo que una gran parte abandona enseguida los estudios. Otros se gradúan sin tener una idea clara de lo que harán después. Y muchos están endeudados. En 2014, el estudiante medio estadounidense que se titulaba después de cuatro a seis años de carrera tenía una deuda por préstamos de entre veinte y cien mil dólares.[27] En Estados Unidos, la carga de la deuda estudiantil ha aumentado todos los años desde 2004: de poco más de trescientos mil millones de dólares a mil trescientos billones en 2013, una cantidad superior a todas las formas de deuda por tarjeta de crédito combinadas.[28]

La diferencia entre las competencias que se enseñan en las escuelas y las que, de hecho, necesita la economía es cada vez mayor.[29] Lo irónico es que en multitud de países hay mucho trabajo que hacer pero, pese a las ingentes inversiones en educación, demasiadas personas carecen de las competencias necesarias para desempeñarlo. Aunque, en teoría, el movimiento de normalización pretende aumentar las salidas profesionales, en vez de hacer hincapié en cursos que preparen a las personas directamente para el trabajo, se ha centrado en aumentar los niveles de los programas académicos.

Yong Zhao, presidente y director del Instituto para la Educación Mundial y Virtual de la Facultad de Educación de la Universidad de Oregón, afirma que, en los veintiocho años transcurridos desde 1977 hasta 2005, han desaparecido más de un millón de empleos al año de empresas ya existentes en Estados Unidos. Durante ese mismo período, nuevas empresas crearon más de tres millones de empleos anuales, muchos de los cuales requerían competencias muy distintas a las de los anteriores puestos de trabajo ya desaparecidos, y apenas hubo tiempo de especificar qué competencias eran esas. Así pues, los nuevos puestos se asignaron a empleados que ya habían perfeccionado estas competencias y a personas con capacidad creativa y emprendedora para adaptar sus estudios y formación a las nuevas exigencias.[30]

Nuestras comunidades dependen de gran diversidad de competencias, funciones y profesiones. El trabajo de electricistas, albañiles, fontaneros, jefes de cocina, técnicos sanitarios de urgencias, carpinteros, mecánicos, ingenieros, guardias de seguridad, etcétera (los cuales pueden tener o no una titulación universitaria) es absolutamente fundamental para nuestra calidad de vida. Muchos de estos profesionales disfrutan enormemente con su trabajo y se sienten muy realizados desempeñándolo. Sin embargo, las escuelas se centran en el trabajo académico y se desinteresan de estas funciones, a las que se consideran, generalmente, alternativas de segunda categoría enfocadas hacia quienes no sirven para estudiar.

Según dicen, «los chicos listos van a la universidad». El resto debería dejar los estudios y buscar trabajo u optar por la formación profesional para aprender un oficio. En ambos casos, para la mayoría significa descender un nivel en la jerarquía educativa. Este sistema de castas que favorece los estudios académicos sobre los técnico-profesionales es uno de los problemas más corrosivos del mundo de la educación.

Llegados a este punto, haré un alto para contar una breve historia que ilustra lo que nos estamos perdiendo al crear esta división. Como en la mayoría de los centros escolares estadounidenses, el programa de talleres de la escuela de enseñanza secundaria Analy de Sebastopol, California, se había vuelto prácticamente superfluo. El aula-taller principal se había convertido en poco más que un almacén. Las prioridades del centro se enfocaban claramente en preparar a los alumnos para la universidad y los exámenes normalizados, y los programas de formación profesional habían quedado relegados a un segundo plano.

Pero Sebastopol también es la cuna de la revista *Make*, uno de los principales portavoces del movimiento de los creadores («maker movement» en inglés). *Make* propuso que un grupo de alumnos de Analy visitara sus oficinas para explorar las posibilidades de crear cosas con impresoras tridimensionales, diseño asistido por ordenador, etcétera. El programa tuvo tanto éxito que *Make*, finalmente, no podía albergarlo en sus oficinas, de modo que accedió a donar su equipo a Analy si la escuela mejoraba su programa de formación profesional.

Casey Shea, un profesor de Analy, se interesó por la idea. El aula-taller se vació para instalar el nuevo equipo, y miembros de la comunidad donaron material, más equipo y dinero en efectivo, y también aportaron su experiencia y conocimientos técnicos. El programa enseguida tuvo muchísimo éxito, y no solo entre los alumnos de formación profesional.

«Hay alumnos de distintos tipos, desde los que tienen dificultades con las ecuaciones de primer grado hasta los que dominan las integrales —me dijo Casey—. Al menos la mitad, si no más, tienen intención de seguir lo que tradicionalmente llamaríamos "estudios superiores". Creo que se debe al atractivo de las impresoras tridimensionales, la electrónica y la robótica.»

Este programa no se limita a enseñar a los alumnos a utilizar una cortadora de vinilo; va más mucho más allá. «Lo verdaderamente apasionante es la perspectiva empresarial. Esta resulta más prometedora que el hecho de asistir a unas clases en la universidad, porque en este terreno sienten que sus ideas pueden transformarse en artículos de consumo comercializables. En mi opinión, les proporciona una forma de ir por la vida distinta a "vale, voy a trabajar en un videoclub de mi barrio". Diseñaron objetos de decoración fantásticos para las vacaciones y sacamos más de mil dólares vendiéndolos. Básicamente, creamos un juego de posavasos para una microdestilería local. Tenemos una comunidad estupenda de personas y de pequeñas empresas con sensibilidad artística que seguro que estarían dispuestas a hacer lo mismo que la destilería. Los alumnos tendrían que ir a las empresas para vender el producto y calcular los costes haciendo un análisis del material, del tiempo invertido y de todos los otros gastos. Le hemos comentado a un profesor de economía que deberíamos plantear esto como una clase de negocios sobre iniciativas de los alumnos, con resultados reales.»

Las economías saludables dependen de la iniciativa de sus ciudadanos para crear nuevas empresas y de su capacidad para desarrollarlas y fomentar el empleo. En 2008, IBM publicó una encuesta sobre qué capacidades valoraban más los líderes de las organizaciones en sus empleados. Encuestaron a mil quinientos directivos de ochenta países. Las dos más importantes fueron *la capacidad de adaptación a los cambios* y *la creatividad para generar nuevas ideas*. Según estos empresarios, muchos graduados universitarios, muy competentes en otras áreas, carecían de estas cualidades.[31] Pocas o ninguna de las aptitudes que los empresarios necesitan en sus empleados se ven favorecidas por las estrategias que tanto valoran los reformistas. Por el contrario, la educación normalizada puede anular la creatividad y la innovación, precisamente las dos capacidades de las que depende la buena marcha de la economía actual.

Como era de esperar, tal como señala Yong Zhao, hay una relación inversa entre los países que obtienen buenos resultados en los exámenes normalizados y los que muestran un espíritu emprendedor.[32]

Como he comentado antes, el sistema de enseñanza con mayor rendimiento académico según las tablas del PISA es Shangai, que, contrariamente al resto del mundo, no parece estar tan impresionado con su logro. Yi Houqin, un alto funcionario del Comité de Educación de Shangai, declaró hace poco que estaba complacido pero no sorprendido por los buenos resultados que habían obtenido los alumnos. A fin de cuentas, el sistema educativo se centra en memorizar el contenido de las distintas materias para que los estudiantes obtengan buenas puntuaciones precisamente en este tipo de exámenes. Pero esa no es la cuestión. Yi Houqin añadió que el Comité de Educación se estaba planteando no volver a presentarse a los exámenes del PISA. «Shangai no necesita supuestas "escuelas número uno" —dijo—, sino centros que se atengan a principios educativos razonables, los cuales deben respetar el desarrollo físico y psicológico de los alumnos y sentar unas bases sólidas para que sigan desarrollándose a lo largo de toda su vida.»[33]

El jugador de hockey sobre hielo Wayne Gretzky fue el máximo goleador del mundo en 1982. Su secreto, dijo, era simple. Otros jugadores tienden a correr hacia el lugar donde está el disco; Gretzky corría en dirección a el lugar donde iba a estar. Es difícil resistirse a pensar que, en la frenética carrera hacia la normalización, muchos países se dirigen corriendo hacia donde creen que está el disco en vez de hacerlo en dirección al lugar en el que realmente estará.

El desempleo no es solo un problema económico; supone un azote que puede destruir vidas y comunidades enteras. En muchos países, cada vez hay más «exclusión social». En las economías desarrolladas, la brecha entre los ricos, las clases medias y quienes viven en la pobreza es cada vez mayor. Según un estudio de 2012 realizado por la oficina del censo de Estados Unidos, la «brecha de la pobreza» era de ciento setenta y ocho mil millones de dólares en este país.[34] La miseria y las privaciones sociales pueden condicionar de forma nefasta el éxito en los estudios de los jóvenes. Algunos luchan resueltamente contra sus circunstancias y salen adelante; otros, no. La educación no es la única causa de la brecha salarial, pero el tipo de sistema educativo que propone el movimiento de normalización la está exacerbando. La naturaleza monótona de la educación normalizada hace bien poco por inspirar y capacitar a quienes son víctimas de la pobreza.

EFECTOS COLATERALES

El movimiento de normalización no está alcanzando los objetivos que se ha fijado. Por otra parte, está teniendo consecuencias devastadoras sobre la motivación de los alumnos y la moral de los profesores.

En 1970, Estados Unidos tenía uno de los mayores porcentajes mundiales de alumnos que habían obtenido el bachillerato. En la actualidad posee uno de los más bajos: según la OECD, los titulados de bachiller de este país representan aproximadamente el 75 por ciento, lo que convierte a Estados Unidos en el vigésimo tercer país de un total de veintiocho analizados. En algunos estados y distritos, la tasa de estudiantes con el título de bachillerato es mucho menor.[35] En conjunto, cada día alrededor de siete mil alumnos de secundaria dejan los estudios en todo el país, lo que representa casi un millón y medio anual. Algunos de estos supuestos desertores escolares optan por otras formas de enseñanza como los centros de formación profesional o estudian para obtener el Diploma de Educación General (GED; del inglés «General Education Diploma»). Pero todavía hay muchísimos jóvenes que deciden que la educación convencional no es para ellos. Existen estadísticas igual de deprimentes en otros países; los costes sociales y económicos son enormes.

En general, los que han obtenido el bachillerato tienen mayores probabilidades de encontrar trabajo, ganar un mejor sueldo y pagar más impuestos que aquellos que no están graduados; y también pueden cursar estudios superiores o de otro tipo. Asimismo, tienen más probabilidades de participar en su comunidad y menos de depender de programas sociales de ayuda. Según una estimación, si el número de jóvenes que no terminan la secundaria pudiera reducirse a la mitad, la ganancia neta para la economía estadounidense en cuanto al ahorro en programas sociales y en los beneficios de los ingresos tributarios adicionales podría ascender a noventa mil millones de dólares anuales y a casi un billón de dólares en solo diez años.[36] Eso es mucho dinero. Pero también supone grandes beneficios para todos nosotros que cientos de miles de jóvenes, cada año, opten por una vida más plena y productiva.

Una de las prioridades de la ley NCLB era salvar la brecha existente entre el rendimiento académico de los distintos grupos socioeconómicos. Apenas hay constancia de que esto haya sucedido. «Han pasado doce años desde la entrada en vigor de la ley "Que ningún niño se quede atrás" —escribió en 2013 Daniel Domenech, director ejecutivo de la Asociación de Directores de Distritos Escolares—. El movimiento de normalización ha azotado al país, seguido de un programa de reforma educativa a menudo impulsado por no-educadores. Aun hoy, la mitad de los alumnos afroamericanos y latinos no finalizan la enseñanza secundaria. Dejan de estudiar en cantidades desproporcionadas. El número de los que siguen estudios superiores y se titulan es desalentador.»[37] El desgaste que sufre el profesorado es tan elevado que resulta alarmante. Cada año, en Estados Unidos, más de doscientos cincuenta mil profesores dejan de ejercer la profesión, y se estima que más del 40 por ciento de aquellos que están recién titulados la abandona en el transcurso de los cinco primeros años. El panorama es especialmente deprimente en las escuelas con altos niveles de pobreza, donde alrededor del 20 por ciento de la plantilla de profesores cambia anualmente.[38]

Este desgaste que afecta al profesorado se debe, en gran parte, a sus condiciones de trabajo. «Los datos indican que los problemas del profesorado tienen su origen en cómo están organizadas las escuelas y en el tratamiento que recibe la profesión docente, y que las mejoras duraderas en la calidad y en la cantidad del personal docente requerirán mejoras en la calidad del empleo de profesor.»[39]

## De la escuela a la cárcel

Para algunos jóvenes, no finalizar la enseñanza secundaria puede acarrear consecuencias nefastas. Estados Unidos es el país del mundo que tiene la mayor tasa de encarcelamiento. Aproximadamente uno de cada treinta y cinco adultos está en el sistema penitenciario, ya sea en la cárcel, o en libertad condicional o provisional. Por supuesto, dejar los estudios no lleva inevitablemente a los jóvenes a la delincuencia. Muchos de los supuestos desertores escolares disfrutan de una vida fantástica y plena. Pero sí es cierto que un porcentaje muy elevado de las personas que llevan mucho tiempo en el paro, o viven en la calle, o reciben ayudas sociales o bien están en el sistema penitenciario no ha terminado la enseñanza secundaria. En Estados Unidos, más de las dos terceras partes de los presos varones que cumplen condena en cárceles tanto estatales como federales no tienen el bachillerato.

En Estados Unidos, educar a un alumno de secundaria cuesta una media de once mil dólares anuales; tenerlo en la cárcel representa más de veinte mil.[40] El coste anual que suponen esos jóvenes encarcelados asciende a casi setenta mil millones de dólares, lo cual requirió un aumento en la inversión de fondos del 127 por ciento en el sistema penitenciario entre 1998 y 2007. En comparación, el crecimiento de la inversión en educación superior durante el mismo período solo fue del 21 por ciento.[41] Paradójico, ¿verdad?

Digo «supuestos desertores escolares» porque la expresión da a entender que estos jóvenes han abandonado el sistema; aunque, a veces, sería más exacto decir que es el sistema quien les ha fallado. Todos los alumnos que dejan los estudios durante la enseñanza secundaria lo hacen por razones personales: problemas familiares, acoso escolar o, sencillamente, no les apetece seguir estudiando. Sea cual sea la razón, dejar los estudios es un síntoma de un problema más profundo que afecta al sistema en su conjunto, no el problema en sí. Si tuviéramos una empresa y todos los años perdiéramos a más de la tercera parte de nuestros clientes, quizá nos preguntaríamos si el verdadero problema son ellos o tal vez nosotros.

## Desinterés

El número de alumnos que no se gradúa en secundaria es sin duda desolador, pero no se tiene en cuenta a los millones de estudiantes que permanecen en el sistema educativo, aburridos y descontentos. Según un estudio estadounidense, estos últimos representan un 63 por ciento del alumnado de enseñanza secundaria.[42] Se trata de jóvenes que siguen estudiando a regañadientes, poco interesados en lo que hacen y que, en gran medida, se limitan a esperar a que el tiempo transcurra para que puedan graduarse y seguir adelante con su vida.

## Ansiedad y presión

¿Cuál es el precio que están pagando alumnos y profesores en este ingente esfuerzo internacional por subir puestos en las tablas del PISA? Corea del Sur, por ejemplo, siempre ha quedado entre los cinco primeros países en todos los exámenes del PISA. Invierte alrededor de ocho mil doscientos dólares en cada alumno. Esta cifra representa casi el 8 por ciento del producto interior bruto, el segundo porcentaje más alto de los países de la OECD.[43] Los padres surcoreanos se gastan miles de dólares en clases particulares. Pero los verdaderos costes del alto nivel de rendimiento de Corea del Sur en los exámenes internacionales son mucho más elevados; en la actualidad, el país tiene la mayor tasa de suicidio juvenil de todos los países industrializados de la OECD.[44]

En los últimos cuarenta y cinco años, los suicidios han aumentado en un 60 por ciento en todo el mundo y, actualmente, son una de las tres primeras causas de mortalidad en personas de entre quince y cuarenta y cuatro años. Estas cifras no contemplan los *intentos*, que pueden ser hasta veinte veces más frecuentes que el suicidio consumado. Antes, los mayores porcentajes se daban entre los varones ancianos. No obstante, el índice de suicidios entre los jóvenes ha aumentado hasta tal punto que hoy en día son el grupo con más riesgo en un tercio tanto de los países desarrollados como de los que están en vías de desarrollo.[45]

## VOLVER A LO BÁSICO

El movimiento de normalización surgió de una preocupación legítima por los niveles académicos en las escuelas. Hay muchos factores que influyen en el rendimiento escolar de los alumnos: falta de motivación, pobreza, marginación social, circunstancias familiares, ausencia de infraestructura y de financiación en las escuelas, la presión que suponen los exámenes y las evaluaciones, y un largo etcétera. Estos factores no pueden ignorarse, y cualquier intento de mejorar el rendimiento escolar debe tenerlos muy en cuenta. Pero existen otras razones, además de estas últimas. Hay escuelas con grandes recursos de zonas prósperas cuyos alumnos también están descontentos y no rinden lo suficiente. Las circunstancias no son, pues, determinantes. Para demostrarlo, aportaremos ejemplos a lo largo del libro de escuelas difíciles situadas en «zonas deprimidas», cuyo rendimiento ha aumentado considerablemente gracias a métodos creativos de enseñanza y de aprendizaje.

En algunos casos, el bajo nivel académico se debía sin duda a deficiencias en las propias escuelas y en la calidad educativa y de los métodos de enseñanza. Pueden incluir una mala aplicación de algunas de las ideas centrales de la educación «progresista» y una polaridad mal entendida con la educación «tradicional», un tema que retomaré más adelante. Sean cuales sean las razones, las investigaciones y la experiencia práctica evidencian de forma reiterada que los factores determinantes para aumentar el rendimiento escolar en todos los frentes son la motivación y las expectativas de los alumnos. La mejor forma de estimular estas últimas es mejorar la calidad de la enseñanza, tener un plan de estudios amplio y equilibrado y aplicar sistemas de evaluación informativos y comprensivos. La respuesta política ha sido justo la contraria: restringir el plan de estudios y, en la medida de lo posible, normalizar los contenidos, la enseñanza y las evaluaciones. Ha demostrado ser la respuesta incorrecta.

Existen numerosos indicios de que el movimiento de normalización está fracasando en su planteamiento y creando más problemas de los que resuelve. Por otra parte, algunos de los países que más rinden en el marco limitado de las clasificaciones del PISA están abandonando esta prioridad para cultivar competencias y actitudes en los alumnos que el movimiento de normalización reprime de forma sistemática. La necesidad de este cambio es urgente.

Lo cierto es que nuestros hijos y comunidades necesitan un modelo educativo distinto, fundamentado en principios diferentes a los que fomenta el movimiento de normalización. Para entender y experimentar este modelo educativo, necesitamos volver a lo básico. Con ello, no nos referimos a una serie concreta de asignaturas, métodos de enseñanza o estrategias de evaluación, sino a los fines más profundos a cuyo servicio debe estar ante todo la educación.

Para cumplir estos objetivos, necesitamos un cambio radical en nuestro concepto de escuela y en los métodos de enseñanza, el paso del viejo modelo industrial a otro basado en principios y en prácticas totalmente distintos. Las personas no son todas iguales, ni tampoco lo son sus capacidades y formas de ser. Conocer esta verdad fundamental es la clave para entender por qué está fracasando el sistema y también para saber cómo cambiarlo. Para ello, tenemos que encontrar una versión más apropiada del sistema educativo: necesitamos una metáfora que se ajuste mejor.

# 2

## Cambiar de metáfora

Steve Rees trabajaba como arquitecto en Kansas City y ya tenía a sus hijos criados. Un día, el centro educativo DeLaSalle, una escuela concertada de enseñanza secundaria especializada en atender las necesidades de los alumnos conflictivos de la ciudad, lo invitó a dar una charla sobre su profesión a la hora de comer. Steve sabía que muchos alumnos del centro habían sido expulsados de otras escuelas y que tenían pasados problemáticos. Durante esa comida descubrió que aquellos estudiantes tenían muchas más ganas de hacer algo en la vida de lo que él habría imaginado.

«Había muchos alumnos que no habían podido encontrar un curso que les fuera bien —me dijo—. Eran chicos que tenían problemas de aprendizaje, problemas emocionales y problemas sociales, pero allí había mucho potencial.» Entonces Steve decidió participar activamente en la escuela. Puso en marcha un programa para que algunos de los alumnos de último año pudieran asistir a clases de nivel universitario. También inició un programa de orientación en el que emparejó a estudiantes con adultos de la comunidad empresarial de Kansas City. Estos últimos invitaron a un alumno a comer, lo llevaron a su lugar de trabajo para pasar tiempo con él y poco después volvieron a comer con él a modo de seguimiento. Los alumnos experimentaron brevemente cuál podría ser su futuro y sus mentores forjaron lazos emocionales que muchos de ellos no esperaban crear y que les resultaron muy gratificantes.

El programa tuvo bastante impacto, pero Steve sintió que solo era el principio. En esa época, vendió su estudio de arquitectura y pasó dos años en el extranjero. No obstante, jamás dejó de pensar en DeLaSalle ni en la impresión que le habían causado aquellos chicos. «Tenían mucha determinación, aunque mal encauzada.»

A su regreso del extranjero, volvió a DeLaSalle y preguntó a los administradores del centro si podía impartir una clase de creatividad y ciencias empresariales. La escuela aceptó enseguida. «Hacíamos cosas como construir un puente con palillos y pensar en cómo se escribe un libro o cómo se hacen montones de cosas. La idea era que empezaran a imaginarse el proceso. ¿Qué supondría tener una barbería? Si uno quiere ganar ochenta mil dólares al año, ¿cómo se consigue esa cantidad llevando una barbería? Los alumnos se leían la sección de economía del *New York Times* unos a otros.»

Este fue un paso muy positivo, en el que los jóvenes se implicaron mucho. Pero el más decisivo estaba a la vuelta de la esquina. Steve se describe como un «fan de los coches», y una de las actividades que realizaba con sus alumnos era diseñar vehículos en la fase conceptual. «Diseñábamos la carrocería, no la mecánica. Los chicos creaban sus propias maquetas y escogíamos una para construir un modelo de tamaño natural con poliestireno. Los alumnos empezaron a preguntar: "¿Por qué no podemos construir un coche de verdad?". No les daba miedo hacer preguntas ridículas. Yo siempre decía que eso era imposible, pero, después de oír unas cien veces esa misma pregunta, pensé: "Estos chicos están pensando de una forma que no es habitual en jóvenes de esa edad, así que tengo que encontrar el modo de hacerlo realidad".»

Steve localizó un viejo coche de carreras de la fórmula Indy que había sufrido una colisión y se lo entregó a sus alumnos. Ellos pasaron de imaginar con palillos y poliestireno a hacer algo mucho más tangible: restaurar un coche. Al haber sido un automóvil de carreras en su vida anterior, era extremadamente ligero. Steve pensó que, si ayudaba a sus alumnos a convertirlo en un vehículo eléctrico, también podría enseñarles responsabilidad medioambiental y nuevas tecnologías.

Para entonces, el programa rebasaba las capacidades de DeLaSalle, de modo que Steve lo convirtió en una organización sin ánimo de lucro y lo llamó Minddrive. Bridgestone se ofreció a patrocinarlo y llevó aquel primer coche a su pista de pruebas, donde determinó que consumía el equivalente a 1,95 litros cada 100 kilómetros. «De pronto, los chicos tuvieron la sensación de que habían hecho algo importante. Sintieron que tenían poder. Y, de paso, habían aprendido algo de mecánica y tecnología, y a trabajar en equipo.»

Mientras escribo estas líneas, los alumnos de Minddrive han construido cuatro coches: un Lola Champ de 1999 reciclado, un Reynard Champ de 2000 también reciclado, un Lotus Esprit de 1977 y un Karmann Ghia de 1967 completamente eléctrico. En 2012, fueron de San Diego a Jacksonville en su Lotus; por el camino, realizaron cuarenta paradas para recargar el vehículo y, en todas ellas, dieron charlas a grupos escolares, escuelas empresariales, asociaciones cívicas y la organización medioambiental Sierra Club.

En 2013 fueron de Akron a Washington, D.C. en otro de sus coches, el Karmann Ghia, el cual iba equipado con un mecanismo que convertía las menciones en las redes sociales en «combustible social». Numerosas redes sociales secundaron la campaña, informativos de varios países extranjeros dieron la noticia y personajes públicos como Richard Branson y Nancy Pelosi incluso la comentaron en las redes.

Actualmente, hay alumnos de otras siete escuelas de la zona

que participan en Minddrive. «A estos chicos les interesan los coches porque representan la libertad —me dijo Steve—, además de internet porque es una forma de comunicación barata. Los orientadores escolares empezaron a mandarnos alumnos. Luego se corrió la voz y ahora tenemos problemas con la selección de chicos para el programa. Fuimos a DeLaSalle el año pasado y solo colgamos un cartel donde ponía que íbamos a reunirnos en el gimnasio a las diez y media. De los ciento ochenta alumnos que hay en la escuela, aparecieron cincuenta y tres. Son chicos que están dispuestos a renunciar a sus sábados libres para participar en esto.

»Con nuestro programa ganan confianza en ellos mismos al ser capaces de hacer algo; eso les parece bastante increíble. Siempre intentamos hacer algo extraordinario al final, como circular campo a través con un coche eléctrico. Cuando terminan, estos chicos se sienten capaces de todo, y eso está influyendo en sus compañeros. Estos ven a los chicos de Minddrive, cuando van por los pasillos, como ejemplos de éxito. Nuestros alumnos se sienten especiales; llevan sus camisetas con el logo de Minddrive en la escuela.»

Aunque los logros de los alumnos de Minddrive ya son fascinantes por sí solos, lo que los hace más educativos es el hecho de que sean obra de jóvenes que, durante años, se habían tenido por alumnos que no valían para los estudios. «Eran chicos de riesgo, del 20 por ciento inferior de la pirámide educativa. Los estudiantes nos llegan un poco avanzada la partida y, si vienen a nuestra clase con dieciséis años y ni tan siquiera saben utilizar una regla, eso lo dice todo. Estamos teniendo una influencia positiva incluso en estudiantes con escasas aptitudes académicas. Descubrimos que son capaces de tener una visión distinta de su futuro, de apasionarse por algo y de hacer algunos cambios bastante sorprendentes en su vida. Tenemos una chica que pasó de sacar deficientes —todos le decían que no tenía ninguna posibilidad de salir adelante— a obtener matrículas e ir a la universidad.

»El verdadero valor se ve confirmado en el rendimiento escolar de los jóvenes. En general, las notas de nuestros alumnos han mejorado. Este año, doce de ellos cursaban bachillerato: todos se han graduado y el 80 por ciento irá a la universidad. De hecho, este último dato nos da lo mismo. En realidad, nuestra meta es que tengan una vida estable: una familia, un hogar y un coche.»

## EDUCACIÓN ALTERNATIVA

Hace unos años me invitaron a un encuentro en Los Ángeles sobre programas de educación alternativa. Su propósito es volver a motivar a jóvenes que van mal en los estudios o que ya los han dejado. El encuentro abarcaba toda clase de programas basados en la tecnología, en las artes, en la ingeniería, en iniciativas comunitarias y en proyectos empresariales y técnico-profesionales. Pese a sus diferentes contenidos, estos programas tienen una característica en común, y es que van dirigidos a los alumnos que tienen un bajo rendimiento escolar en el sistema educativo convencional: aquellos que no alcanzan el nivel exigido, los marginados, o bien los que carecen de autoestima y de expectativas de futuro. Y también ofrecen a estos jóvenes descontentos una experiencia de aprendizaje distinta.

Trabajan a menudo en proyectos prácticos o en la comunidad ayudando a otras personas, o en montajes y en representaciones artísticas. Trabajan en grupos cooperativamente. Junto con sus profesores habituales, colaboran con personas de otros sectores que les orientan y les sirven de modelo: ingenieros, científicos, tecnólogos, artistas, músicos, líderes empresariales, etcétera. Estos programas de educación alternativa suelen dar grandes resultados: alumnos que estaban aletargados se despabilan; los que creían que no eran inteligentes descubren que lo son; los que temían no ser capaces de hacer nada bien comprueban que sí pueden. Tras tomar conciencia de ello, tienen una idea más clara del rumbo que quieren tomar en la vida y aprenden a respetarse más. Por lo general, su rendimiento académico convencional también mejora muchísimo. De modo que algunos jóvenes que pensaban que no tenían ninguna posibilidad de ir a la universidad, acaban ingresando en ella; y aquellos que no quieren cursar estudios superiores, descubren que hay otros caminos en la vida que son igual de gratificantes.

Me llamó la atención el hecho de que estos programas reciban el nombre de «educación alternativa». Si el modelo principal diera buenos resultados, es evidente que no sería necesario buscar una alternativa. Por supuesto, el éxito de proyectos de educación alternativa como Minddrive no es inmediato ni está garantizado. Exige atención, pasión y conocimientos técnicos por parte de los adultos, y confianza, buena disposición y compromiso por parte de los alumnos. Cada programa, cada relación, tiene que modelarse con el mismo esmero que los coches que construyen los alumnos de Minddrive. Pero estos programas demuestran claramente que estos alumnos no están incapacitados para aprender ni condenados a fracasar de forma inevitable: se hallaban aislados y marginados por el propio sistema. Y continúan estándolo muchos otros, entre ellos gran número de los que siguen en el sistema. La razón fundamental es que la educación de masas se rige por principios distintos a los que fomenta Minddrive. Así pues, ¿cuáles son estos y cómo ha llegado la educación pública a ser como es?

EDUCACIÓN INDUSTRIAL

En el mundo desarrollado damos por sentado que los niños tienen que ir obligatoriamente a la escuela a partir de los cinco o seis años y pasar unos doce años en ella. Esto parece formar parte del orden natural de las cosas, como circular por el lado derecho (o izquierdo) de la carretera. Pero los sistemas educativos de masas son una innovación relativamente reciente. En su mayoría surgieron a mediados del siglo XIX como parte de la Revolución Industrial, la cual había comenzado a cobrar fuerza en Europa unos cien años antes. En épocas anteriores, la gran mayoría de la población vivía en el campo y trabajaba la tierra. Las ciudades eran, fundamentalmente, pequeños centros de comercio. En la Europa del siglo XVI, en torno al 5 por ciento de la población era urbana.[1] La mayoría rural vivía y trabajaba bajo el yugo feudal de las viejas aristocracias. Su vida estaba regida por el paso de las estaciones y los rituales de la religión. Casi todos eran analfabetos y apenas recibían educación, salvo el aprendizaje del arte u oficio que desempeñaban para ganarse la vida. Los estudios eran para los ricos y para los que vestían los hábitos.

La Revolución Industrial lo cambió todo. Desde mediados del siglo XVIII, una serie de innovaciones tecnológicas transformaron los métodos tradicionales de fabricar artículos y tejidos, en especial la lana y el algodón. También aparecieron nuevos productos, hechos de hierro y de acero. Las fresadoras y las locomotoras de vapor crearon formas revolucionarias de transporte que llevaban a pasajeros y mercancías a mayores distancias y velocidades por vías férreas y puentes de hierro, y a través de todo el mundo en barcos de motor. La industrialización generó una fuerte demanda de fuentes de energía obtenida del carbón y del gas y, con ello, surgieron industrias totalmente nuevas dedicadas a la extracción y al refinamiento de materias primas. Gigantescas oleadas de personas se trasladaron del campo a las ciudades para trabajar en fábricas, astilleros e industrias textiles, mientras que otras cavaban bajo tierra en busca del carbón y de los minerales de los que dependían las fábricas.

A medida que la Revolución Industrial avanzaba imparable a lo largo del siglo xix, comenzó a formarse un nuevo tipo de sociedad. Su base estaba compuesta por una nueva clase obrera urbana de hombres, mujeres y niños que vendían su trabajo físico para hacer girar la vasta maquinaria de la industrialización. Las clases obreras a menudo vivían y trabajaban en condiciones insalubres debido a la extrema pobreza, y corrían un riesgo constante de sufrir lesiones físicas y muerte debido a los accidentes. Eran la infantería anónima de la industrialización.

Entre las clases obreras y la vieja nobleza surgió una nueva «clase media» que prosperaba en la nueva economía. La formaban, entre otros, los dueños y señores de la industria; abogados, médicos y contables; y empresarios, inversores y financieros de los que a menudo dependían. Algunos de sus componentes habían salido de la pobreza gracias a su instinto y a su determinación. En general, todos tenían grandes aspiraciones para sí y sus familias y poseían el dinero y los medios para hacerlas realidad. Por razones distintas, las clases obrera y media comenzaron a ejercer una mayor presión política para tener más peso en las decisiones del gobierno. Poco a poco, la influencia feudal de las viejas aristocracias fue disminuyendo y un nuevo orden político empezó a cobrar forma.

Con él, surgieron numerosas instituciones por toda Europa y América del Norte para impulsar el comercio, la tecnología y el flujo de ideas entre las letras y las ciencias. Por otra parte, nuevas organizaciones filantrópicas intentaron paliar las condiciones a menudo atroces de las clases obreras con programas de beneficencia en materia de salud, educación y asistencia social. Debido a estos grandes cambios, se hicieron necesarios sistemas organizados de educación de masas. Gracias a los ingresos tributarios y al creciente poder adquisitivo de las clases medias, había dinero para costearlos. Estos sistemas estaban moldeados por muchas fuerzas.

## FINES INDUSTRIALES

El proceso de industrialización necesitaba ejércitos de obreros *manuales* para el trabajo duro y repetitivo de las minas, fábricas, vías férreas y astilleros; a trabajadores *técnicos* especializados en ingeniería y en todas las artes y oficios relacionados con la minería, la industria manufacturera y la construcción; a cohortes de *oficinistas y administrativos* para gestionar las nuevas burocracias del comercio y la industria manufacturera; a una clase *profesional* más reducida de abogados, médicos, científicos y profesores para ofrecer servicios especializados a quienes pudieran sufragarlos. Algunos países industriales, en especial Reino Unido, tenían vastos intereses coloniales para los que necesitaban también una clase *dirigente*, incluso más reducida que la anterior, de diplomáticos, embajadores y funcionarios para llevar los negocios del imperio dentro y fuera del país.

Desde el principio, la educación de masas también tuvo importantes fines sociales. En Estados Unidos, su propósito era formar ciudadanos instruidos que garantizasen el bienestar de la democracia. En palabras de Thomas Jefferson, «si una nación confía en ser ignorante y libre en un estado de civilización, confía en lo que nunca existió ni existirá».[2] Algunos veían en la educación de masas una forma de control social. Para muchos otros, era una manera de fomentar las oportunidades y la igualdad social. Y en algunos casos, asistir a la escuela adecuada y codearse con las personas apropiadas era fundamental para los hijos de las clases medias y altas a fin de alcanzar un estatus social. Y aún lo es.

Todos estos intereses quedan patentes en la estructura y en los principios organizativos de la educación de masas.

## Estructuras industriales

La industrialización necesitaba a muchos más trabajadores manuales que a graduados universitarios. Así pues, la educación de masas se construyó como una pirámide, con una base ancha compuesta por la enseñanza primaria obligatoria para todos, una franja más reducida de la secundaria y una estrecha cúspide de educación superior.

En las escuelas de enseñanza primaria se daba más énfasis a la lectura, a la escritura y a la aritmética. En la mayoría de los países había distintos tipos de centros de enseñanza secundaria: los que ofrecían un plan de estudios fundamentalmente académico y los que tenían una orientación más práctica. En Alemania, por ejemplo, existen tres modelos educativos: la *Hauptschule*, donde van aquellos alumnos que se consideran aptos para ejercer un oficio; la *Realschule*, que se centra en futuros trabajos administrativos, por ejemplo, en el sector bancario; y el *Gymnasium*, destinado a los estudiantes que piensan ir a la universidad. Asimismo, en 1944, el gobierno británico estableció tres tipos de escuelas de enseñanza secundaria: las selectivas *grammar schools*, que preparan a una minoría de alumnos para empleos administrativos y profesionales y de cara a la universidad; las *technical schools*, para los que probablemente ejercerán un oficio, y las *secondary moderns*, para aquellos que realizarán trabajos manuales.

Durante gran parte de la era industrial, la mayoría de los jóvenes dejaba de estudiar antes de los catorce años, fundamentalmente para desempeñar trabajos manuales y en el sector de servicios (ese fue el caso de mis padres y de mis abuelos). Otros seguían estudiando para adquirir conocimientos administrativos o técnicos o decidían aprender un oficio. Unos pocos iban a la universidad y se graduaban para luego ejercer como profesionales. Yo fui el primer miembro de mi familia en cursar estudios superiores, en 1968. Aquellos que provenían de las familias más ilustres e iban a las universidades más prestigiosas acaban ocupando a menudo un puesto en el gobierno y en la administración colonial. No fue mi caso.

## Principios industriales

El principal objetivo de la fabricación industrial es producir versiones idénticas de un mismo producto. Los artículos que no se *amoldan* al resto se desechan o vuelven a procesarse. Lo mismo ocurre con los sistemas educativos de masas: se crearon con el propósito de moldear a los alumnos para que reunieran determinados requisitos. Por ello, no todo el mundo sale adelante en el sistema, y algunos se ven rechazados.

Los procesos industriales exigen la *observancia* de unas normas y unos niveles de calidad específicos. Este principio aún se aplica a la educación. En el movimiento de normalización, tanto el plan de estudios como la enseñanza y los sistemas de evaluación se basan en la observancia.

Los procesos industriales son *lineales*: las materias primas se transforman en productos durante una serie de etapas secuenciales y, en cada fase, son sometidos a algún tipo de prueba antes de pasar a la siguiente. La educación de masas se estructuró como una serie de etapas, desde la escuela de enseñanza primaria hasta la educación superior. En general, los alumnos se distribuyen en cursos anuales y van avanzando en el sistema en grupos definidos por la fecha de nacimiento. Existen variaciones en los modelos educativos de cada país, pero, en la mayoría, hay exámenes periódicos que determinan quién sigue qué rumbo académico y cuándo.[3]

La producción industrial guarda relación con la *demanda del mercado*. Si esta aumenta o disminuye, los fabricantes adaptan la producción para satisfacerla. Como las economías industriales necesitaban pocos trabajadores administrativos y profesionales, el número de alumnos admitidos en las universidades estaba muy controlado. Hoy en día, la demanda de trabajo intelectual se ha incrementado, por lo que las universidades han abierto sus puertas de par en par para ofrecer a la economía un mayor número de graduados. El énfasis en las disciplinas STEM es otro ejemplo de aplicación de los principios mercantiles a la educación.

Al igual que las fábricas, las escuelas de enseñanza secundaria y la educación superior en particular se basan en la *división del trabajo* en cuanto a su organización. En los primeros, el día suele segmentarse en períodos regulares de tiempo. Cuando suena el timbre, todos cambian de tarea y a menudo de aula. Y los profesores, especializados en determinadas asignaturas, se pasan la jornada escolar yendo de un aula a otra para impartirlas.

Si bien estos principios son eficaces en la fabricación de productos, pueden ocasionar numerosos problemas cuando se trata de la educación de las personas.

## PROBLEMAS HUMANOS

El problema de la *adaptación* en el sistema educativo es que, para empezar, las personas no son todas iguales. Me explicaré: al cuestionar el concepto de adaptación en las escuelas, no estoy abogando por las conductas antisociales: todas las comunidades dependen de códigos de comportamiento establecidos; si las personas los ignoran de forma sistemática, la propia comunidad puede zozobrar. Con adaptación, me refiero a la tendencia institucional de juzgar a los alumnos según un único criterio de capacidad, y considerar que aquellos que no lo cumplen son «menos capaces» o están «discapacitados», es decir, que no se ajustan a las normas. En este sentido, la alternativa a la adaptación no es tolerar el desorden, sino ensalzar la diversidad. Las competencias de cada alumno adoptan muchas formas y habría que impulsarlas de maneras igual de diversas.

Cada individuo es único. Todos somos físicamente distintos, así como en nuestras competencias, personalidad e intereses. La imposición que supone adaptarse crea de forma inevitable un gran número de inconformistas a los que el sistema puede rechazar o tratar de reeducar. Los que cumplen las normas establecidas tienen probabilidades de realizarse en la vida; quienes no las siguen, carecen de ellas.

Este es uno de los problemas fundamentales de impulsar una cultura de *observancia* rigurosa en educación. Y no me refiero a normas de conducta social o de otro tipo, sino a si el sistema educativo motiva a los alumnos a hacer preguntas, a buscar respuestas alternativas y poco habituales y a ejercitar su capacidad creativa y su imaginación. La observancia rigurosa es fundamental en la fabricación de productos, pero no así en las personas. Y no se debe únicamente al hecho de que todos seamos diferentes, sino a que, en las circunstancias adecuadas, también somos muy imaginativos y creativos. En una cultura de observancia, estas capacidades se desalientan de forma activa e incluso resultan molestas.

El principio de *linealidad* es apropiado para fabricar productos, pero no para educar a personas. Enseñar a los niños por edades da a entender que lo más importante que tienen en común es su fecha de fabricación. En la práctica, cada alumno aprende a su ritmo en las distintas disciplinas. Un niño con una capacidad innata para una materia puede tener dificultades en otra, o puede estar adelantado para su edad en algunas actividades y rezagado en otras. Fuera de las escuelas, no aplicamos este principio separador: no aislamos en espacios distintos a los niños de diez años de los de nueve. Esta forma de segregación sucede sobre todo en los centros escolares.

El principio de *la oferta y la demanda* tampoco es aplicable a las vidas de los seres humanos, porque la propia existencia no es lineal. Si preguntásemos a personas de mediana edad y a ancianos si han acabado haciendo aquello que tenían en mente cuando estudiaban secundaria, muy pocos responderían que sí. Las vidas que creamos son consecuencia de todo tipo de corrientes y contracorrientes, la mayoría de cuales no podemos prever.[4]

## PAGAR EL VERDADERO PRECIO

Los procesos industriales a menudo subestiman el valor de las materias primas que no guardan relación con el producto que se está fabricando. Lo mismo ocurre en el ámbito educativo. El excesivo interés por ciertas asignaturas y capacidades acarrea la marginación casi sistemática de otras competencias e intereses de los alumnos. Inevitablemente, muchos de ellos desconocen cuáles son sus auténticas capacidades y, en consecuencia, sus vidas pueden ser menos plenas.

Casi todos los procesos industriales generan grandes cantidades de residuos de escaso valor. Y lo mismo ocurre en la educación. Como ya hemos visto, son, entre otros, el abandono escolar, el desinterés, la falta de autoestima y salidas profesionales limitadas para los que no prosperan en el modelo educativo o tienen talentos que este no valora. La industrialización puede causar un enorme deterioro del medio ambiente. A menudo les toca a otros reparar los daños. Los economistas describen esto último como «efectos colaterales». Las sustancias químicas y los productos de desecho se vierten en ríos y mares, lo cual contamina el medio ambiente y daña los ecosistemas delicados. El humo de fábricas y motores satura la atmósfera y provoca numerosos problemas de salud a las personas que lo respiran. Reparar los daños ocasionados puede costar miles de millones de dólares. Pero son los contribuyentes los que suelen sufragar esos desperfectos, y no los fabricantes. Estos no consideran que los residuos sean problema suyo. Y lo mismo ocurre en el ámbito educativo.

Los alumnos que se sienten marginados por los modelos actuales de educación normalizada evidentemente pueden optar por marcharse, pero serán ellos y otros más los que pagarán el precio de esa marginación en prestaciones de desempleo y en programas sociales. Estos problemas no son derivados fortuitos del sistema educativo normalizado; son elementos inherentes a él. Se diseñaron para crear personas conforme a determinados conceptos de talento y necesidad económica, y estaban destinados a producir ganadores y perdedores. Y eso hacen. Muchos de estos «efectos colaterales» podrían evitarse si la educación ofreciera a todos los alumnos las mismas oportunidades de explorar sus verdaderas capacidades y poder así realizarse en la vida.

Así pues, si estos principios aplicados a la industrialización no son los apropiados para el modelo educativo, entonces ¿cuáles son? ¿Qué tipo de sistema es la educación y cómo puede transformarse? Nos resultaría más sencillo reflexionar sobre esta transformación si cambiásemos de metáfora. Si concebimos la educación como un proceso mecánico que sencillamente no funciona tan bien como antes, es fácil concluir que tendríamos que repararlo, de que, si lo retocamos y normalizamos como es debido, funcionará de forma eficaz y a perpetuidad. Sin embargo, eso no ocurrirá, porque no se trata de esa clase de proceso, por mucho que a algunos políticos les gustaría que sí lo fuera.

## Mecanismos y organismos

Si ha leído mi libro *El elemento*, quizá recuerde la historia de Richard Gerver, quien, después de entrar como director en la escuela primaria Grange, en el centro de Inglaterra, ayudó a crear Grangeton, un «pueblo» dentro de la escuela en el que los alumnos llevaban a cabo todos los «trabajos». Mientras trabajaban en el pueblo, estos alumnos adquirieron amplios conocimientos de las disciplinas troncales y de muchas otras materias al tiempo que experimentaban un grado de compromiso extraordinario.[5]

Cuando Richard llegó a Grange, la escuela tenía desde hacía años un rendimiento académico por debajo del nivel exigido, y cada vez se matriculaban menos alumnos. Además, no gozaba de buena reputación y, en general, se hallaba en una situación precaria. En circunstancias como estas, la gente suele plantearse volver a lo básico. Richard también lo pensó, pero desde una perspectiva distinta.

«Para mí, "lo básico" son los talentos biológicos con los que venimos al mundo como organismos con una capacidad de aprendizaje increíble —me dijo—. Nacemos con todas las competencias, todo lo básico, que necesitamos. Los bebés y los niños muy pequeños tienen una intuición increíble, una creatividad natural y una profunda curiosidad. Cuando nos planteamos qué debíamos hacer en Grange, me obsesioné con encontrar la forma de aprovechar esa capacidad de aprendizaje y descubrir qué procedimientos utilizaba el sistema para inhibirla. Si podíamos resolver eso, entonces podríamos crear un entorno de aprendizaje increíble.

»Así que dijimos: "Fijémonos en cómo aprenden los niños. Dediquemos tiempo a observarlos en nuestra guardería y parvulario y veamos cómo podemos aplicar lo que hacen". Nos quedó claro que nuestros alumnos tenían una predisposición innata para el juego de representación de roles y para aprender a partir de la experiencia. Recurrían a menudo a la imitación y el aprendizaje cuando podían saborear, oler y ver las cosas. Esto es lo que yo llamo aprendizaje en tres dimensiones.» El deseo de reproducir estas formas dinámicas de aprendizaje que se daban en el entorno menos estructurado de los parvularios fue lo que impulsó la creación de Grangeton.

«Creamos un pueblo con una emisora de radio y otra de televisión porque favorecían el juego de representación de roles y eran entornos atractivos para todos nuestros alumnos, no solo para los de párvulos. Si se quiere enseñar a estos últimos a cuidar de sí mismos, se crea para ellos un consultorio médico y ellos juegan a médicos y a enfermeras. Así que pensamos: "Si queremos que nuestros alumnos comprendan el poder que les da saber leer, escribir y hablar correctamente, montémosles una emisora de televisión y otra de radio para que puedan utilizar esas competencias y jugar con ellas en un contexto real". Para los niños de once años, eso sería tan divertido como lo es para los de cinco jugar en un consultorio médico ficticio. En esa época, lo fundamental para nosotros era que los niños disfrutaran de la riqueza de la experiencia y del contexto.»

El siguiente paso fue valorar las enormes competencias de los mejores educadores infantiles que existen, quienes no construyen entornos de juego únicamente para favorecer la parte lúdica. «Durante la primera infancia, la planificación de estos entornos tiene el claro propósito de desarrollar las competencias. Yo quería explorar cómo podíamos emplear esa experiencia basada en el juego de representación de roles para desarrollar el trabajo de equipo, la resiliencia, la confianza en uno mismo y la responsabilidad con la comunidad.»

Los resultados del cambio que experimentó Grangeton fueron evidentes en todos los ámbitos. Los alumnos que manifestaban escaso interés en ir a la escuela de pronto mostraron un alto grado de compromiso y un gran entusiasmo. Y la mejora del rendimiento general rebasó todas las expectativas. En poco más de tres años, Grange pasó de ser una de las escuelas del distrito con peores notas y reputación a ser la mejor.

«Nuestro rendimiento académico en Grange rebasó el listón más alto en un 5 por ciento. Mis alumnos y mis profesores trabajaban más que en cualquier otra escuela, pero no estaban molestos por ello, porque veían resultados palpables. El nivel de trabajo era tremendo, pero todo el mundo estaba comprometido al cien por cien.»

El cambio que experimentó Grange ilustra tres de los temas fundamentales en los que baso mis argumentos: la posibilidad de llevar a cabo innovaciones radicales dentro del sistema educativo; el poder de los líderes con visión de futuro para conseguir esos cambios, y la necesidad de que directores y profesores creen en las escuelas las condiciones adecuadas para que los alumnos desarrollen todo su potencial.

Los ejemplos que acabamos de citar ilustran el tema que estamos abordando. También revelan que la educación no es un proceso industrial, sino orgánico, por mucho que algunos políticos se empeñen en lo contrario. La educación trata con personas vivas, no con cosas inanimadas. Si seguimos viendo a los alumnos como productos o datos, tendremos un concepto equivocado de cómo debería ser el modelo educativo. Los productos, sean tuercas o aviones, carecen de opiniones y de sentimientos respecto a su fabricación y a su futuro. Las personas, no. Tienen motivaciones, sentimientos, talentos y unas circunstancias vitales. Se ven influidas por lo que les sucede y, a su vez, influyen en la vida de los demás. Pueden oponerse o colaborar, implicarse o desentenderse. Comprender esto apunta a una analogía incluso más estrecha entre la educación de masas y la industrialización.

Hasta el momento he comparado la educación con la fabricación de productos. Quizá piense usted que eso está muy bien, pero que nadie cree seriamente que los alumnos sean artefactos y las escuelas, fábricas. Tal vez sí o tal vez no. Sea como fuere, creo que resulta más apropiado establecer una analogía entre la educación industrial y la agricultura.

La Revolución Industrial no solo transformó el proceso de fabricación, sino también la agricultura. Como ya he mencionado, en la era preindustrial la mayoría de las personas vivían en el campo. Casi todas ellas trabajaban la tierra y criaban animales para uso propio y consumo local, y utilizaban los mismos métodos de labranza que las generaciones anteriores. En el siglo XVIII, aquello comenzó a cambiar. La fabricación de arados mecánicos, trilladoras y otras maquinarias para procesar materias vegetales, tales como el algodón, la caña de azúcar y el maíz, dio lugar a una revolución en el campo que fue tan trascendental como las convulsiones industriales que sufrió la ciudad. La industrialización supuso enormes mejoras en la eficacia de la siembra, de la cosecha y del procesamiento de toda clase de cultivos. En el siglo xx, el uso generalizado de fertilizantes y de pesticidas químicos aumentó de forma considerable el rendimiento de las cosechas y la productividad. Estas innovaciones en la agricultura industrial y en la producción de alimentos sustentaron a su vez el vasto crecimiento de la población.

Uno de los principales objetivos de los sistemas agrícolas industriales es aumentar el rendimiento de las cosechas y sacarle el máximo provecho a la crianza de animales de granja. Y lo han logrado mediante el desarrollo de enormes granjas con extensos campos, a menudo de monocultivo, reforzados por el uso de fertilizantes y pesticidas químicos. Las mejoras en el rendimiento han sido espectaculares y han aportado grandes beneficios a la humanidad. Como ocurre con muchos procesos industriales, el precio a pagar por estos éxitos ha sido muy elevado.

Los vertidos de pesticidas y fertilizantes en ríos y mares han creado una contaminación devastadora. La matanza indiscriminada de insectos ha desequilibrado ecosistemas enteros que dependen de ellos y dio origen a la *Primavera silenciosa* de Rachel Carson.[6] En cuanto a la producción agrícola, los daños producidos se han visto reflejados en la degradación del mantillo en todo el mundo, hasta tal punto que en la actualidad se abrigan serias dudas sobre la sostenibilidad de estas prácticas.

Existen problemas similares en la producción de productos animales. Las granjas industriales sustituyeron a la cría en libertad de la era preindustrial. Hoy en día, una cantidad desmesurada de animales se crían en espacios cerrados en condiciones pensadas para maximizar la producción con costes mínimos, como es el uso generalizado de hormonas de crecimiento para aumentar el tamaño y el valor de los animales. En unas condiciones de crianza tan poco naturales, resulta inevitable la utilización sistemática de potentes antibióticos para controlar las enfermedades. Todas estas técnicas industriales han tenido los correspondientes efectos adversos sobre la salud humana.[7]

En los últimos treinta años se tiende cada vez más a poner en práctica sistemas alternativos de agricultura ecológica u orgánica. Estos priorizan la nutrición del suelo antes que los cultivos en sí mismos. A diferencia de la agricultura industrial, considera que la producción depende de la vitalidad de la tierra y de su sostenibilidad a largo plazo. Si el ecosistema es diverso y se gestiona bien, la salud de las plantas aumentará a la par que las cosechas. El propósito es concebir la agricultura como parte de una trama de vida mucho más amplia. El mismo enfoque se adopta con el tratamiento de los animales. Aunque la agricultura orgánica abarca una amplia variedad de prácticas, se basa fundamentalmente en cuatro principios:[8]

- *Salud.* El buen estado de todo aquello que abarca el proceso agrícola —desde el suelo, las plantas y los animales hasta la totalidad del planeta— es fundamental, y habría que evitar cualquier clase de práctica que ponga en peligro su salud y su bienestar.
- *Ecología.* Los procesos agrícolas tienen que ser compatibles con los sistemas y ciclos ecológicos, y es vital mantener el equilibrio y la interdependencia de los sistemas biológicos.
- *Justicia.* Todos los participantes en el proceso —sean el agricultor, los trabajadores o el consumidor— deben recibir un trato justo.
- *Cautela.* Antes de utilizar una nueva tecnología o técnica, hay que analizar primero sus efectos en el entorno biológico a corto y largo plazo.

Al igual que la agricultura, la educación industrial se ha centrado —y esto se acentúa cada vez más— en la producción y en el rendimiento: mejorar las notas, encabezar las tablas de clasificación, aumentar el número de graduados universitarios.

También como en la agricultura, tanto los alumnos como los profesores se hallan en un entorno que inhibe su desarrollo. Con demasiada frecuencia están aburridos y descontentos, y se recurre cada vez más a los fármacos (que centran su atención de forma artificial) para mantenerlos dentro del sistema. Por otra parte, el coste de los efectos colaterales alcanza cotas devastadoras que no cesan de aumentar. El sistema educativo de la era industrial fue eficaz durante un tiempo, pero hoy en día se está consumiendo junto con muchas de las personas que hay en él. El precio que estamos pagando por ello es una dañina erosión de la cultura del aprendizaje.

Podremos mejorar el modelo de enseñanza cuando comprendamos que también se trata de un sistema biológico y que las personas se desarrollan en determinadas condiciones y no en otras. Los cuatro principios fundamentales de la agricultura orgánica pueden aplicarse al tipo de educación que necesitamos cultivar con urgencia. Siguiendo esta analogía, serían los siguientes:

- *Salud.* La educación orgánica impulsa el desarrollo y el bienestar del alumno en su conjunto: intelectual, físico, espiritual y social.
- *Ecología.* La educación orgánica reconoce la interdependencia clave de todos estos aspectos del desarrollo en cada alumno y en el conjunto de la comunidad.
- *Justicia.* La educación orgánica cultiva los talentos y el potencial de todos los alumnos, al margen de sus circunstancias, y respeta las funciones y responsabilidades de quienes trabajan con ellos.

- *Cautela*. La educación orgánica crea las condiciones óptimas para el desarrollo de los alumnos, basadas en la compasión, en la experiencia y en la sabiduría práctica.

Las mejores escuelas siempre han fomentado estos principios. Si todos los centros educativos hicieran lo mismo, la revolución que necesitamos ya estaría muy avanzada. Sea como fuere, nuestro cometido no consiste en mejorar el rendimiento de las escuelas a costa de la implicación de los alumnos; se trata de vigorizar la cultura biológica de los propios centros. De hecho, ese es el objetivo que pretenden alcanzar estos principios.

¿Qué fines básicos de la educación debería cumplir la cultura de las escuelas? En mi opinión, son cuatro: *económico*, *cultural*, *social* y *personal*.

## Económico

**La educación debe capacitar a los alumnos para convertirse en personas responsables e independientes económicamente.**

Hay quienes sostienen que la educación es tan importante que lo que sucede en las escuelas no debería estar influido por intereses «externos», como las necesidades del comercio y de la economía. Es una visión ingenua del asunto. La educación de masas siempre ha tenido fines económicos, y es comprensible que así sea, pero eso no implica que sus propósitos sean solo de este tipo. Abordaremos esos otros objetivos más adelante. Sin embargo, no puede negarse la importancia de este ámbito en el sistema educativo en cuanto a la influencia que ejerce en los individuos, comunidades y países.

Los gobiernos invierten mucho dinero en educación porque saben que necesitan de una población activa instruida para que prospere la economía. Los alumnos y sus familias también lo saben. Por esa razón, en la India, el 80 por ciento de las familias que viven en la pobreza se gastan hasta una tercera parte de lo que ganan en educación, después de la alimentación y de la vivienda. Al igual que los padres de todo el mundo, esperan que esa educación ayude a sus hijos a encontrar trabajo y a independizarse económicamente. Yo también espero lo mismo. ¡No sabe cuántas ganas tengo de que mis hijos se vayan de casa lo antes posible! Ante los profundos cambios que están ocurriendo en el mundo laboral, la pregunta es: ¿qué clase de educación necesitan los alumnos de hoy día para poder independizarse?

Muchas de las profesiones para las que fueron creados los sistemas educativos actuales están desapareciendo rápidamente. Al mismo tiempo, están surgiendo nuevas formas de trabajo, sobre todo como resultado del efecto transformador de las tecnologías digitales. Es prácticamente imposible predecir qué clase de trabajos desempeñarán los estudiantes dentro de cinco, diez o quince años, suponiendo que consigan un empleo, claro está.

Hoy en día, se habla mucho sobre la necesidad de las escuelas de impulsar «competencias del siglo XXI». La Sociedad para las Competencias del siglo XXI, con sede en Estados Unidos, es un consorcio de diecinueve Estados y treinta y tres empresas asociadas. Propugna un enfoque amplio del plan de estudios y el aprendizaje que engloba las siguientes categorías:[9]

### Temas interdisciplinarios
- conciencia planetaria
- cultura financiera, económica, comercial y empresarial
- cultura cívica
- cultura sanitaria
- cultura ambiental

**Competencias para el aprendizaje**
- creatividad e innovación
- pensamiento crítico y resolución de problemas
- comunicación y colaboración

**Competencias para la vida y el trabajo**
- flexibilidad y adaptabilidad
- iniciativa y autonomía
- competencias sociales y transculturales
- productividad y responsabilidad
- capacidad de liderazgo y responsabilidad

Nos extenderemos más sobre algunas de estas competencias a lo largo del libro. No obstante, es fundamental que quede claro que no son exclusivamente «competencias del siglo xxi». Numerosos educadores y escuelas ya las practicaban e impulsaban mucho antes de que se iniciara el siglo xxi. Siempre han sido importantes y lo son aún más en la actualidad. El movimiento de normalización también aboga por ellas, pero los métodos que han instaurado en las escuelas no favorecen su desarrollo. El nuevo desafío inmediato consiste en fomentar modelos educativos que animen a los jóvenes a implicarse en las cuestiones económicas mundiales relacionadas con la sostenibilidad y el bienestar ambiental, es decir, en orientarlos hacia las actividades económicas que impulsan el respeto y la renovación de los recursos naturales en vez de optar por los que explotan y agotan el medio ambiente.

Para cumplir con esos fines económicos que persigue la educación, las escuelas necesitan cultivar la gran diversidad de talentos e intereses de los jóvenes, eliminar las fronteras entre los estudios académicos y los técnico-profesionales y conceder la misma importancia a las dos áreas de estudio, y finalmente fomentar asociaciones prácticas con el mundo laboral para que los jóvenes puedan experimentar en persona distintos tipos de entornos laborales.

## Cultural

**La educación debe capacitar a los alumnos para comprender y valorar su propia cultura y respetar todas las demás.**

Cuando las personas mantienen un contacto frecuente entre sí, ejercen una profunda influencia en sus respectivas formas de pensar y de actuar. Con el tiempo, todas las comunidades humanas cohesionadas desarrollan convenciones y valores comunes, es decir, crean una cultura. Yo defino «cultura» como los valores y conductas que caracterizan a los distintos grupos sociales. Una manera más concisa de expresarlo sería: «Cultura es cómo hacemos las cosas aquí».

La cultura de una comunidad presenta muchos aspectos entrelazados: sistemas de creencias, prácticas jurídicas, patrones de trabajo, tipos de relación aceptados por la sociedad, alimentación, indumentaria, prácticas artísticas, idiomas y dialectos, etcétera. Una cultura cobra vida en la interacción de todos estos elementos. Es muy frecuente que dentro de las diferentes culturas existan subculturas: individuos y grupos que se especializan en distintos aspectos de la cultura global o se apartan de ellos, como los Ángeles del Infierno, que rechazan el boato de la sociedad burguesa pero que, sin embargo, se compran motos Harley-Davidson y utilizan las autopistas.

A menos que una comunidad esté físicamente aislada durante un largo período de tiempo, como ocurre con algunas tribus, las distintas culturas se ven influidas por sus interacciones entre sí. A medida que el mundo se convierte en un lugar cada vez más poblado y conectado, adquiere también una mayor complejidad cultural. Hace poco di con una reflexión en internet sobre qué suponía ser británico en la actualidad. Decía: «Ser británico significa ir a casa en un coche alemán, parar a comprar un curry indio o una pizza italiana y pasar la tarde sentado en muebles suecos, bebiendo cerveza belga y mirando programas estadounidenses en un televisor japonés. ¿Y lo más británico de todo? Desconfiar de todo lo foráneo».

Los adultos, y en especial los niños, se mueven normalmente entre diversas comunidades culturales y subculturales. Por ejemplo, el Distrito Escolar Unificado de Los Ángeles (LAUSD, del inglés, «Los Angeles Unified School District»), con una población de setecientos mil alumnos, es el segundo de Estados Unidos en extensión, después de la ciudad de Nueva York. El alumnado está formado aproximadamente por un 73 por ciento de hispanos, un 12 por ciento de negros, un 9 por ciento de blancos, un 4 por ciento de asiáticos y un 2 por ciento de filipinos. En las escuelas del LAUSD se hablan noventa y dos lenguas; para más de las dos terceras partes de los alumnos, el inglés no es la lengua vernácula.

Uno de los directores de mi tesis doctoral, que realicé en la Universidad de Londres en los años setenta, fue Harold Rosen, un profesor extraordinario, activista y catedrático de Lengua y Literatura Inglesas. Recuerdo una conversación que tuvimos después de una reunión sobre la diversidad lingüística de las escuelas de Londres. Un profesor se había quejado de que la cantidad de lenguas que se hablaban en las escuelas —creo que unas ochenta por aquel entonces— le hacía muy difícil su trabajo. Harold estaba asombrado de que los profesores considerasen que la diversidad lingüística suponía un problema en vez de una oportunidad. La diversidad cultural es una de las mayores riquezas de la existencia humana. Las comunidades de todo el mundo se enriquecen de forma extraordinaria honrando su propia cultura y, asimismo, las costumbres y tradiciones de las demás.

Esta diversidad tiene un lado oscuro: los diferentes valores y creencias que caracterizan cada comunidad pueden engendrar odio y hostilidad entre las mismas. En la historia de los conflictos humanos, la cultura ha causado tantas guerras como el dinero, las disputas sobre territorios y el poder. Los conflictos regionales a menudo se centran en profundas divisiones culturales, entre cristianos y musulmanes, suníes y chiítas, católicos y protestantes, hutus y tutsis, etcétera. Los antagonismos sociales se deben normalmente a pretendidas diferencias, como blancos y negros, heterosexuales y homosexuales, jóvenes y ancianos. A medida que los seres humanos se vuelven más numerosos y se relacionan más entre sí, respetar esa diversidad no solo es una decisión ética, sino un imperativo práctico.

Las prioridades culturales de las escuelas son tres: ayudar a los alumnos a entender su propia cultura, conocer otras distintas a la suya y fomentar un clima de tolerancia y de coexistencia cultural. Para alcanzar estos objetivos, se necesita un plan de estudios variado de base ancha, no uno pobre y restringido. El movimiento de normalización está muy lejos de abordar estas complejidades.

*Social*

**La educación debe capacitar a los jóvenes para convertirse en ciudadanos activos y compasivos.**

Durante mucho tiempo, las escuelas públicas han sido la puerta de acceso a una vida plena y próspera al margen de «la clase social o las circunstancias del nacimiento».[10] Para algunas personas, el sueño se ha hecho realidad; para muchas otras, no. Las desigualdades sociales entre pobres y ricos han ido aumentando año tras año, y no solo en Estados Unidos. Y también existe cada vez más diferencia entre el rendimiento de los alumnos, sobre todo en los de color.

Para quienes viven en la pobreza, la educación se está convirtiendo cada vez más en una carrera de obstáculos. A menudo, debido al mal empleo de los recursos, a las altas tasas de rotación laboral entre los profesores y a los problemas sociales agravantes, las escuelas no son carreteras que conducen al éxito, sino callejones educativos sin salida. El movimiento de normalización no hace nada para abordar estas desigualdades; por el contrario, solo consigue exacerbarlas.

Hay otra cuestión. En las democracias, el objetivo principal de la educación es fomentar la participación ciudadana. Actualmente vivo en Los Ángeles. En junio de 2013 se celebraron elecciones a alcalde, el representante más importante de la ciudad. Los ocho candidatos y sus partidarios se gastaron alrededor de dieciocho millones de dólares en sus diversas campañas. No obstante, solo el 16 por ciento del millón ochocientos mil votantes censados en Los Ángeles se molestó en acudir a las urnas.[11] Esto sucede en un país en el que han muerto personas por defender el derecho a voto, igual que ha pasado en otros países, entre ellos Reino Unido.

En 1913, ocurrió un suceso insólito en el derby de Epsom, uno de los acontecimientos más importantes de la temporada hípica de Reino Unido. Uno de los mejores caballos era propiedad del rey Jorge. Cuando los equinos entraron en la recta final, una mujer joven, Emily Davison, pasó por debajo de la valla que bordeaba la pista y se dirigió corriendo hacia el caballo del rey. Fue derribada y tres días después moría sin haber recobrado el conocimiento. Aunque se desconoce si tenía intención de suicidarse, sí se saben sus motivos para enfrentarse al caballo del rey: Emily Davison era partidaria del sufragio femenino y murió por defender el derecho a voto de las mujeres.

Cincuenta años después, en 1963, Martin Luther King pronunció su histórico discurso «Tengo un sueño» en Washington, D.C. Expuso una noción de la democracia que, al menos en esencia, habría obtenido la entusiasta aprobación de los Padres Fundadores de Estados Unidos. Pedía una democracia que fuera «global, sustantiva y transformadora». Medio siglo más tarde, todavía hay numerosas personas sin derecho a voto, y muchas de las que lo tienen deciden no ejercerlo.

Para garantizar la democracia, es fundamental que la mayoría de sus ciudadanos participen activamente en las urnas y en la comunidad. Las urnas son el instrumento más poderoso de las democracias. Y muchas de ellas se están debilitando por esa falta de participación. Las escuelas tienen un papel fundamental a la hora de fomentar el civismo ciudadano, pero no lo conseguirán si se limitan a impartir cursos académicos sobre ello; deben convertirse en entornos que practican estos principios en su funcionamiento diario si quieren lograrlo.

## Personal

**La educación debe capacitar a los jóvenes para relacionarse con su mundo interior, además de hacerlo con el mundo que les rodea.**

La educación es una cuestión que afecta al ámbito mundial, pero también es un tema profundamente personal. Ninguno de los otros fines puede cumplirse si olvidamos que la educación consiste en enriquecer las mentes y corazones de seres humanos. Muchos de los problemas que padecen los sistemas educativos actuales provienen de la incapacidad de comprender esta cuestión fundamental. Todos los alumnos son personas únicas con esperanzas, talentos, preocupaciones, pasiones y aspiraciones propios. Tratarlos como individuos es esencial para aumentar su rendimiento escolar.

Los seres humanos vivimos en dos mundos. Uno es el que existe independientemente de nosotros; ya estaba antes de que naciéramos y seguirá ahí cuando nos vayamos. Es el mundo de los objetos, de los acontecimientos y de las otras personas; es, en definitiva, el que nos rodea. Hay otro mundo que existe únicamente porque nosotros lo hacemos: es el universo privado de nuestros pensamientos, sentimientos y percepciones, nuestro mundo interior, que nace y también morirá con nosotros. Conocemos el entorno que nos rodea a través de nuestro mundo interior, mediante los sentidos con que lo percibimos y las ideas con que le damos un significado.

En las culturas occidentales nos hemos habituado a trazar firmes distinciones entre estos dos mundos, entre pensar y sentir, objetividad y subjetividad, hechos y valores. Como veremos más adelante, estas distinciones no son tan fiables como parecen. Nuestra forma de entender el mundo que nos rodea puede estar profundamente influida por nuestros sentimientos, y estos pueden estarlo por nuestros conocimientos, percepciones y experiencias personales. Nuestras vidas están conformadas por las constantes interacciones entre estos dos mundos, y ambos influyen en cómo vemos y actuamos en cada uno de ellos.

El plan académico y convencional de estudios se centra casi por completo en el entorno que nos rodea y apenas tiene en cuenta nuestros sentimientos, lo que provoca aburrimiento, desinterés, tensión, acoso escolar, ansiedad, depresión y abandono de los estudios. Estos son problemas que afectan al ser humano y que exigen respuestas por parte del mismo.

Como hemos demostrado en los libros del Elemento, aquello que las personas aportan a su entorno está determinado en gran medida por cómo viven su mundo interior. Hay ciertas cosas que exigimos que todos los alumnos sepan, entiendan y sean capaces de hacer debido a su aprendizaje en la escuela. Pero ellos tienen, asimismo, unas aptitudes, intereses e inclinaciones que les son propias. El sistema educativo debe tenerlas en cuenta. Personalizar la educación repercute en el plan de estudios y en los métodos de enseñanza y evaluación. Requiere un cambio de la cultura escolar. ¿Cómo se lleva esto último a la práctica?

# 3

## Cambiar las escuelas

«¿Sabes qué? Ayer fue tu último día de escuela. ¿Qué quieres hacer ahora?» Esta es una pregunta que Ken Danford, cofundador de Aprendizaje Autónomo para Adolescentes North Star, en Hadley, Massachusetts, plantea de forma habitual a chicos que quieren aprender pero a los que la escuela les ha resultado frustrante, hostil y aburrida. ¿Cómo reaccionan cuando Ken les dice que ya no tienen que ir a la escuela? «Se quedan pasmados —me explicó—. Responden cosas como: "¿En serio? Si haces eso, ¿aún puedes ir a la universidad y encontrar trabajo, y que la gente te acepte?". Es la primera vez que les dicen algo así.»

Ken no siempre fue un iconoclasta. Se formó como profesor en la universidad y encontró trabajo en una escuela de enseñanza secundaria de Amherst, Massachusetts. Él disfrutaba dando clase, de modo que no estaba preparado para lo que descubrió en ese nuevo centro. «Era espantoso. Aquellos chicos no querían estar en clase. Yo intentaba que se entusiasmaran con la historia de Estados Unidos pero ellos no querían aprender. Les leía la cartilla: "Si no os sabéis la historia de Estados Unidos en segundo de secundaria, no llegaréis a nada en la vida". Cuando me escuchaba, me sentía imbécil. Discutía con ellos por no ponerse la gorra, llegar tarde e ir demasiadas veces al baño y, si no era duro con ese tipo de conductas, la escuela me daba la lata. Sencillamente yo no podía hacerlo.

No podía decirles esas cosas en serio y hacer una montaña de un grano de arena.

»Leí *The Teenage Liberation Handbook*, que hablaba de la educación en casa y de la no escolarización como el feudo de aquellos que eran críticos con el sistema educativo, y que decían: "Voy a hacer algo con mi vida. No quiero desperdiciar ni un solo día más. No pienso esperar a los dieciocho años para empezar; me voy". Resulta que hay gente que hace eso y que apuesta por una vida próspera. Así que me pregunté qué hacer para no tener que ir a la escuela. Pero antes debía averiguar qué les apetecía aprender. ¿Queréis estar aquí hoy? ¿Adónde os gustaría ir? ¿Con quién? ¿Durante cuánto tiempo? ¿No queréis aprender historia conmigo? Vale, pues no haremos historia. ¿No queréis leer? Pues no leáis. ¿Y cómo se hace eso? Pues creando algo que no es una escuela, sino un centro social. Se elabora un programa y se les dice a los chicos: "Voy a ayudaros a tus padres y a ti a haceros cargo de tu vida; te ofrecemos este sitio acogedor y alegre, al que podrás venir las veces que quieras. Podrás hacer lo que te apetezca mientras estés aquí, siempre que te comportes. Podrás ir y venir a tu antojo. ¿Y sabes qué? Probablemente saldrá bien".»

North Star es un centro (Ken y sus compañeros tienen mucho cuidado de no llamarlo «escuela» porque no está acreditado como tal) que ayuda a los adolescentes a descubrir aquello que les apasionaría aprender y que el sistema educativo convencional ha saboteado o anulado casi por completo. Aunque no es una «escuela» normal, para muchos desempeña esta función con eficacia. «North Star está pensada principalmente para esos adolescentes que se deprimen cuando asisten a clase, porque no les apetece ir. Algunos sacan sobresalientes; los hay que tienen aficiones, Y otros están completamente desorientados y sufren problemas de todo tipo.

»Dejar a las personas tranquilas, permitirles que tomen sus

propias decisiones, tiene un efecto muy positivo sobre ellas. Nos era imposible hacer eso cuando dábamos clase. ¿Qué quieres hacer y cómo puedo ayudarte? Ellos no lo saben todavía, así que tienen que probarlo todo para averiguarlo. También pueden negarse a hacer cualquier cosa para vaciar su vida de contenido y ver qué pasa si no hacen nada durante un tiempo. Es realmente divertido ver cómo reaccionan.»

Podría pensarse que North Star está alentando el abandono escolar, pero es todo lo contrario. La mayoría de sus participantes siguen estudios superiores en el Instituto Tecnológico de Massachusetts (MIT), en la Universidad Brown, en el Smith College, en la Universidad de California en Los Ángeles (UCLA) y en la Universidad de Columbia, entre otros.[1] Los comités de admisiones a menudo valoran la participación en North Star de forma positiva porque saben que los chicos de este centro aprenden de forma autónoma y tienen verdadera curiosidad intelectual. Ken nos dio un ejemplo especialmente convincente.

«Tuvimos un alumno que llegó cuando cursaba 1.º de secundaria, después de haber sido educado en casa. Venía a pasar el rato, hablaba con la gente e intentaba no cerrarse. Siempre iba cargado con sus libros de texto de matemáticas, y aquí tenía un profesor particular. A los quince años se matriculó en cálculo en un colegio preuniversitario y le fue genial. Quiso seguir estudiando esta materia, y fue a la Universidad de Massachusetts. También le fue muy bien. Continuó estudiando otros dos cursos de cálculo durante el verano en la universidad. Para entonces había cumplido los dieciséis. Al estudiar por libre, ya no podía apuntarse a los cursos que quería, así que fue a la oficina de admisiones y dijo: "Oigan, tengo dieciséis años. No he estudiado cuatro años de esto o tres de aquello. No he hecho el examen de acceso a la universidad. Lo único que sé es que necesito matricularme aquí para poder apuntarme a estos cursos de matemática avanzada". Y la universidad lo puso en el programa de la Commonwealth, que supuestamente es para los alumnos que se gradúan con la mejor nota de su promoción. A los veinte se licenció en matemáticas y en chino.»

No todos los alumnos de North Star tienen experiencias como esta, pero, en general, se implican muchísimo más que en la enseñanza convencional, y a menudo se marchan del centro listos para hacer algo positivo con su vida. El modelo de North Star ha conducido a la creación de Liberated Learners, un programa de divulgación que ofrece ayuda a quienes quieren crear centros basados en este mismo modelo.[2]

Ken y North Star saben que hay muchas maneras de aprender, que el mismo método de enseñanza no sirve para todos los alumnos y que, cuando se les instruye de la forma que más se adecúa a su capacidad de aprendizaje y a sus intereses, los jóvenes pueden hacer grandes cosas. Aunque es un modelo poco convencional, su éxito refleja la necesidad de que las escuelas se replanteen el sistema educativo actual.

## NORMAS CON MARGEN DE MANIOBRA

A menudo oigo comentarios como este: «A nuestro distrito le encantaría atender las necesidades de todos nuestros alumnos, pero el estado/gobierno federal no nos lo permite». Como ya hemos mencionado, en Estados Unidos, los programas estatales y federales, centrados en planes de estudios normalizados y en los llamados exámenes de alto riesgo, imponen importantes restricciones a la flexibilidad de los sistemas educativos locales. Más adelante expondremos la necesidad de exigir cambios radicales en esta política, pero también es fundamental efectuarlos dentro del propio sistema. Como Laurie Barron, de la que ya hablamos en el primer capítulo, demostró en Smokey Road, y como ilustran muchos otros ejemplos de este libro, ya disponemos de un margen de maniobra y de innovación, partiendo de los cuatro principios de la educación orgánica.

Todas las escuelas tienen la posibilidad de cambiar su sistema educativo, incluso aquellas en las que los exámenes de alto riesgo han adquirido una importancia extrema. A menudo los centros funcionan de una manera porque siempre lo han hecho así. El modelo educativo de cada escuela comprende costumbres y sistemas que la administración y educadores ponen en práctica a diario. Muchos de estos hábitos son más voluntarios que obligatorios: por ejemplo, enseñar por edades, la duración de las clases cuyo comienzo y final se indica con un timbre, sentar a todos los alumnos mirando en la misma dirección con el profesor frente a ellos, enseñar matemáticas solo en clase de esta materia e historia en la de historia, etcétera. Muchas escuelas, algunas de las cuales afrontan actualmente circunstancias adversas y han sufrido graves problemas en el pasado, han utilizado este margen de maniobra para innovar dentro del sistema, a menudo con resultados inspiradores. La innovación es posible precisamente por las características que definen el sistema educativo.

## HISTORIA DE DOS SISTEMAS

Como ya he mencionado anteriormente, para cambiar cualquier situación se necesitan tres formas de discernimiento: una *crítica* del estado actual, una *visión* de cómo debería ser y una *teoría transformadora* para pasar de uno a otro. A continuación, mostraré dos ejemplos de movimientos reformistas nacionales que difieren en estos tres puntos en lo fundamental y que han tenido consecuencias muy distintas.

En 1983, el Departamento de Educación de Estados Unidos publicó un informe titulado «A Nation at Risk» y redactado por una comisión de eminentes educadores, políticos y líderes empresariales, que creó una gran controversia entre la opinión pública y política. El informe advertía de que los niveles académicos de la educación pública estadounidense eran pésimos y seguían empeorando. «Comunicamos a los ciudadanos estadounidenses —escribieron los autores— que, aunque podemos enorgullecernos justificadamente de lo que nuestras escuelas y universidades han conseguido a lo largo de la historia para Estados Unidos y el bienestar de su pueblo, en la actualidad los cimientos educativos de nuestra sociedad se están viendo erosionados por una creciente ola de mediocridad que amenaza nuestro futuro como nación y pueblo. Lo que era inimaginable hace una generación está sucediendo: otros países igualan e incluso superan nuestros niveles académicos.» Con una comparación que resulta del todo sorprendente, el informe continuaba de la siguiente manera: «Si una potencia extranjera hostil hubiera intentado imponer a Estados Unidos el mediocre rendimiento educativo que impera en la actualidad, es muy posible que lo hubiéramos considerado un acto de guerra. Hoy por hoy, lo hemos permitido sin que nadie de fuera haya intervenido en ello».[3]

La reacción ante este informe fue impresionante. El presidente Reagan declaró: «Esta sensibilización pública, que espero se convierta en una intervención pública, tenía que haberse llevado a cabo hace ya tiempo.[...] Este país se cimentó sobre el respeto de los estadounidenses por la educación.[...] Actualmente, nuestro desafío es conseguir que resurja ese valor que se le ha dado a la educación y que ha caracterizado la historia de nuestra nación».[4]

En los años siguientes se invirtieron centenares de millones de dólares en iniciativas para aumentar el nivel académico de las escuelas estadounidenses. Después de ser elegido, el presidente Clinton recogió el guante de la educación y anunció el eje central de su estrategia reformista: Objetivos para 2000. Se trataba de una iniciativa de ámbito nacional para llegar a un consenso sobre lo que debía enseñarse en las escuelas, en qué disciplinas y a qué edad. Bajo la dirección del secretario de Educación Richard Riley, se puso en marcha un programa para desarrollar unas pautas de ámbito nacional que los estados podrían adoptar según su criterio. Pese a todas sus ambiciones y a algunos logros importantes, Objetivos para 2000 perdió fuerza ante la oposición de muchos estados que opinaban que el gobierno federal no era quien para decirles lo que debían hacer sus escuelas.

Tras ser elegido en 2000, George W. Bush promulgó la ley «Que ningún niño se quede atrás» (NCLB), una iniciativa que supuso una enorme inversión de dinero, de tiempo y de esfuerzos, y una cultura generalizada de exámenes y de normalización nacionales. Esta estrategia también ha sido adoptada en su mayor parte por la administración Obama. En conjunto, los resultados han sido desalentadores. Mientras escribo estas líneas, Estados Unidos continúa lidiando con una elevada tasa de no graduados universitarios, con unos niveles de lectura, escritura y aritmética que prácticamente no han mejorado y con un descontento generalizado entre los alumnos y profesores, padres, líderes empresariales y responsables de la política educativa. Pese a sus buenas intenciones, muchas de las iniciativas reformistas de Estados Unidos no han sido eficaces ni tan siquiera en sus términos. Y, mientras se basen en una versión incorrecta del modelo educativo, jamás lo serán.

La *crítica* que formula el movimiento reformista de normalización es que los niveles académicos tradicionales son demasiado bajos y hay que aumentarlos. La *visión* es la de un mundo donde los niveles académicos son muy elevados y el mayor número posible de personas tienen una titulación universitaria, con lo cual hay pleno empleo. La *teoría transformadora* dice que la mejor forma de lograr este pleno empleo es determinar cuáles son los niveles académicos a alcanzar y centrarse en ellos de forma implacable mediante un exigente proceso de exámenes normalizados.

El sistema educativo de Finlandia es un caso totalmente aparte. Este país siempre es uno de los que quedan mejor clasificados en las tablas del PISA en matemáticas, lectura y ciencia, un logro que viene repitiendo desde el 2000, año en el que se convocaron por primera vez los exámenes. No siempre ha sido así. Cuarenta años atrás, el sistema de enseñanza finlandés también estaba en crisis; sin embargo, Finlandia decidió no seguir la vía de la normalización y de los exámenes: las reformas que se llevaron a cabo se fundamentaron en unos principios completamente distintos.

Todas las escuelas finlandesas tienen que seguir un plan de estudios amplio y equilibrado que abarca las artes visuales, escénicas y literarias, las ciencias, las matemáticas, los idiomas, las humanidades y la educación física, pero cada centro y distrito disfruta de bastante libertad a la hora de aplicarlo. Los colegios finlandeses conceden mucha importancia a los programas prácticos y técnico-profesionales y al desarrollo de la creatividad. Finlandia ha invertido mucho dinero en la formación y desarrollo de sus profesores, por lo que la docencia es un trabajo muy valorado y estable. Los directores escolares tienen mucha libertad para administrar el centro y un apoyo profesional considerable. Finlandia anima a sus escuelas y profesores a colaborar entre sí en vez de a competir, compartiendo recursos, ideas y conocimientos. También anima a los centros a forjar lazos estrechos con su comunidad y con los padres y otros familiares de los alumnos.[5]

Finlandia muestra de forma sistemática un alto nivel de rendimiento en todos los parámetros internacionales, y sin embargo, en su sistema educativo no hay exámenes normalizados, salvo el que debe pasarse al término de la enseñanza secundaria. Y este alto rendimiento se debe única y exclusivamente a este modelo educativo. Es tan eficaz que visitantes de todo el mundo acuden a Finlandia para entender el milagro que parece haberse obrado en el sistema de enseñanza de este país. ¿Es acaso perfecto? Por supuesto que no; está evolucionando, como hacen los sistemas orgánicos. Pero, en su conjunto, el modelo finlandés resulta eficaz en ámbitos en los que muchos otros sistemas fracasan de forma estrepitosa.

Se podría rebatir que no es posible establecer comparaciones realistas entre Finlandia y Estados Unidos. Finlandia tiene cinco millones quinientos mil habitantes; la población de Estados Unidos asciende a trescientos dieciocho millones. Finlandia es un país pequeño con una superficie aproximada de 337.000 kilómetros cuadrados; Estados Unidos casi ocupa diez millones. Es cierto; pero la comparación sigue siendo válida.

En Estados Unidos, la educación se organiza principalmente a nivel estatal. De los cincuenta estados, treinta tienen poblaciones similares o menores que Finlandia. Oklahoma, por ejemplo, tiene menos de cuatro millones de habitantes; Vermont, poco más de seiscientos mil, etcétera. No hace mucho fui a Wyoming; por lo que vi, el único habitante podría haber sido yo. Incluso en los estados más poblados, la verdadera actividad se desarrolla a nivel de distrito. Hay casi dieciséis mil distritos escolares en Estados Unidos y unos cincuenta millones de niños en edad escolar. Esto equivale a una media de poco más de tres mil alumnos por distrito, muchos menos que en Finlandia.

No se trata de que los responsables de la política educativa de Estados Unidos aprendan a hablar finlandés y rebauticen las capitales de sus estados como Nueva Heklsinki. En otros ámbitos, existen importantes diferencias entre ellos. Culturalmente, Finlandia es mucho más homogénea que algunos estados de Estados Unidos (aunque no todos, ni mucho menos). Ambos países tienen una cultura política muy diferente y posturas distintas en materia de impuestos y de asistencia social. Aun así, los principios que Finlandia ha aplicado para cambiar el sistema educativo pueden trasladarse a otros entornos culturales, entre ellos, Estados Unidos. Los estudios que se han hecho sobre sistemas educativos de todo el mundo con un alto nivel de rendimiento confirman que los principios y las condiciones que definen el modelo finlandés son los que dan realmente resultado.

## CONVIVIR CON LA COMPLEJIDAD

Ya he mencionado que la educación se entiende mejor como un sistema orgánico que como uno industrial. Más concretamente, es lo que se conoce como «sistema adaptativo complejo». Déjeme desarrollar esa idea anes de continuar.

Un sistema es un conjunto de procesos relacionados que tienen un efecto combinado. Una palanca es un sistema simple; es una barra rígida que se apoya y puede girar sobre un punto que está más próximo a uno de los extremos: convierte una fuerza aplicada en el extremo largo en otra mayor en el corto. Un interruptor es un sistema simple que abre y cierra el paso de corriente eléctrica; un microprocesador hace lo mismo.

Hay sistemas complicados formados por numerosos sistemas simples que se organizan para funcionar juntos; por ejemplo: los ordenadores, automóviles, televisores y reactores nucleares, entre otros.

Los sistemas biológicos como las plantas, los animales y los seres humanos no solo son complicados, sino también complejos. En un organismo vivo, todos los sistemas que lo componen, pese a parecer distintos, están íntimamente relacionados y dependen unos de otros para la salud del organismo en su conjunto. Las plantas cuyas raíces están enfermas no crecen ni dan flores ni frutos sanos; si las raíces tienen problemas, estos afectan a toda la planta.

Los animales no sobreviven mucho tiempo si solo les funcionan correctamente algunos órganos; para salir adelante, necesitan que todos se encuentren en buen estado.

Los sistemas biológicos también se adaptan y evolucionan; tienen una relación dinámica y sinérgica con su entorno físico. Los organismos poseen un potencial tremendo que puede activarse según las circunstancias a las que estén expuestos. Si el entorno sufre cambios adversos, un organismo puede sufrir y posiblemente morir, o bien adaptarse con el tiempo a ellos e incluso evolucionar y transformarse en otra cosa.

El ser humano es un sistema adaptativo complejo, cuyo cuerpo es también una compleja trama de procesos físicos, todos los cuales son fundamentales para su salud y supervivencia. Como el resto de los seres vivos, los humanos dependemos de nuestro entorno para obtener los nutrientes que necesitamos para subsistir. Cuando este cambia demasiado deprisa o de una forma que nos perjudica, nos quedamos expuestos. Una opción es adaptarnos a él y modificar nuestra forma de vivir.[6] La vida humana no es solo física, al igual que tampoco nuestra capacidad de adaptación es únicamente metabólica. Como seres conscientes, podemos decidir cambiar de actitud y hacer las cosas de otro modo.

Los sistemas educativos son complejos y adaptativos. Son *complejos* en diversos aspectos. Están compuestos por numerosos grupos de interés: alumnos, padres, educadores, empleadores, organizaciones profesionales y comerciales, editoriales, comités examinadores, políticos y un largo etcétera. Hay múltiples sistemas dentro del principal, que interaccionan entre ellos de forma constante. Son, entre otros, los servicios sociales, los servicios psicológicos y de orientación pedagógica, la asistencia sanitaria y los exámenes y comités examinadores. Todos tienen sus propios intereses, que pueden solaparse o estar reñidos, e influirse entre sí en mayor o menor medida: los empleadores y los políticos pueden ser padres; estos últimos también pueden ser educadores o incluso alumnos.

Existe una gran *diversidad* dentro de los sistemas educativos, y también entre unos y otros. Aunque muchos sistemas nacionales tienen características industriales similares, hay diversos grados de dirección y control. Existen numerosos tipos de escuelas: religiosas, independientes y selectivas, y otras especializadas en determinadas disciplinas. Algunos países disponen de pocos centros privados, mientras que en otros son numerosos.

Al margen de dónde estén y cómo sean, todas las escuelas son comunidades complejas de personas con relaciones, biografías y sentimientos únicos. Cada centro tiene su «ambiente» particular, sus rituales y rutinas, su elenco de personajes, sus propios mitos, historias, chistes privados y códigos de conducta, y sus numerosas subculturas de alianzas y facciones. Las escuelas no son santuarios apartados de la vorágine de la vida cotidiana; están totalmente inmersas en el mundo que les rodea. Un colegio dinámico puede nutrir a toda una comunidad alimentando la esperanza y la energía creativa de sus componentes. He visto cómo la presencia revitalizadora de grandes escuelas levantaba barrios enteros. Por el contrario, las que son malas pueden consumir el optimismo de todos los alumnos y familias que dependen de ellas reduciendo así sus oportunidades para crecer y desarrollarse.

La cultura de las escuelas también se ve influida por otros factores: por las leyes estatales y nacionales, por la situación económica y por circunstancias y tradiciones de la cultura dominante. En todos estos aspectos, la educación es un sistema biológico que se manifiesta diariamente de mil maneras en los actos de personas e instituciones que son reales. Es precisamente esta complejidad y diversidad del sistema educativo lo que hace posible que pueda cambiarse y que, de hecho, lo haga.

Todos los sistemas biológicos tienden a desarrollar características nuevas si se producen cambios en el entorno. Pueden tener «características emergentes» mediante «la interacción de elementos pequeños que se combinan para formar uno más grande».[7] En educación hay actualmente numerosas características emergentes que están modificando el contexto en el que operan las escuelas y sus culturas.

Por ejemplo, la expansión de las tecnologías digitales está cambiando la enseñanza y el aprendizaje en muchas escuelas.[8] En 2014, había unos siete mil millones de ordenadores conectados a internet en la Tierra, el equivalente a la población mundial. En 2015, la cifra se ha duplicado. En 2014 se estimaba que, en un solo minuto en internet, se mandaban doscientos cuatro millones de correos electrónicos, se descargaban cuarenta y siete mil aplicaciones, se realizaban seis millones de visitas a Facebook y dos millones de nuevas búsquedas en Google, se subían tres mil fotografías, se publicaban cien mil tuits, había 1,3 millones de visualizaciones de vídeos en YouTube y se subían treinta nuevas horas de vídeo.[9] Cada minuto... Tardaríamos cinco años en ver todos los vídeos que navegan por la red en un solo segundo.

Como David Price demuestra en su fascinante y completo libro *Open*, la creciente accesibilidad y sofisticación de la tecnología digital está cambiando tanto el mundo donde los alumnos aprenden como su modo de hacerlo.[10] Casi diariamente aparecen nuevas herramientas de aprendizaje y trabajo creativo en toda clase de disciplinas, así como nuevos programas y plataformas que pueden facilitar la adaptación de la enseñanza a cada alumno. Estas tecnologías también están favoreciendo nuevas asociaciones entre alumnos, docentes y profesionales de muchos otros sectores.

Como Marc Prensky, Jane McGonigal y otros autores han demostrado de forma convincente, la dinámica y la estética de los juegos digitales pueden utilizarse con resultados impactantes para vigorizar y revitalizar el aprendizaje en la totalidad del plan de estudios.[11] Por su parte, las tecnologías móviles también están llevando la educación a poblaciones que antes no tenían acceso a ella, como zonas rurales de África, Australasia y América del Sur. Más adelante, veremos cómo Silvina Gvirtz ha utilizado los miniordenadores portátiles para avivar el interés por aprender de niños de barrios marginales de Buenos Aires.

Los cambios no se restringen a la tecnología. A medida que el descontento se extiende con los efectos letárgicos de los exámenes normalizados, las escuelas y sus comunidades están empezando a reaccionar. Cada vez hay más padres que están tomando la iniciativa, preocupados por los efectos de la educación industrial sobre sus hijos. Hay un movimiento aún incipiente pero importante a favor de la educación en casa y de la no escolarización. Más adelante, hablaremos de Logan LaPlante y de lo que la educación en casa ha significado para él.

Cada vez resulta más evidente que las titulaciones universitarias tienen menos valor del que se creía, por lo que los jóvenes están cuestionando la utilidad de seguir estudios superiores y buscan otras alternativas. Al haber disminuido el número de estudiantes, las universidades se están dando cuenta de que ya no tienen el mismo atractivo de antes, y esto les has inducido a desarrollar nuevos modelos. Más adelante, explicaremos cómo ha abordado este desafío la Universidad Clark de Massachusetts.

Estos son solo unos pocos ejemplos de cómo la educación cambia y se adapta a medida que las tecnologías y los valores culturales interactúan cada vez más con el transcurso del tiempo. Hay muchos otros. Por todas estas razones, el mejor lugar para empezar a reflexionar sobre cómo cambiar el modelo de enseñanza es precisamente el que usted ocupa en el sistema. Si modifica la experiencia educativa de las personas con las que trabaja, también cambiará la forma de vivir la vida de estas últimas y, al hacerlo, se convertirá en parte de un proceso de cambio más amplio y complejo de la educación en su conjunto. Este fue el principio que movió a Ken Danford a fundar North Star, y lo mismo puede decirse de los otros ejemplos que figuran en este libro. También fue el que hizo posible el éxito del proyecto «Artes en las Escuelas», que dirigí en Reino Unido. Explicaré brevemente este proceso, porque puede ayudarle a determinar qué condiciones se requieren en su escuela o sistema local para facilitar el cambio.

HISTORIA DE DOS PROYECTOS

Al inicio de mi carrera profesional participé en dos proyectos que tuvieron objetivos similares pero un impacto muy distinto.

Mi primer trabajo serio, es decir, remunerado, en el mundo de la educación fue a mediados de los años setenta. Yo era uno de los tres componentes del equipo principal de un proyecto de investigación nacional sobre la función del teatro en las escuelas, llamado «Drama 10-16». Mi doctorado trataba precisamente de ese tema, de modo que era el trabajo de mis sueños, sobre todo porque me pagaban para desempeñarlo. El proyecto estaba financiado por el

Concejo de Escuelas, que, en esa época, era el principal organismo nacional encargado del desarrollo curricular en Reino Unido.

En los veinte años anteriores se había producido una rápida expansión del teatro en las escuelas. Muchas de ellas tenían departamentos de arte dramático, profesores especializados, talleres y salas de teatro. Casi todos los distritos escolares contaban con asesores teatrales a jornada completa, algunos de los cuales tenían equipos de profesores que también les asesoraban. En las universidades y facultades existían departamentos especializados que ofrecían cursos de formación teatral para profesores. Existía una gran controversia sobre el verdadero valor de la educación teatral y los mejores métodos de enseñanza. Nuestro cometido era examinar en profundidad la labor de los profesores de teatro en las escuelas y hacer recomendaciones para un futuro desarrollo de esta especialidad.

Seleccionamos seis distritos escolares con programas teatrales bien estructurados y colaboramos estrechamente con tres escuelas y con los asesores teatrales locales de cada distrito. Durante el primer año visitamos nuestras escuelas con regularidad y analizamos en detalle la labor que realizaban los profesores de teatro con sus alumnos. Convocamos encuentros de ámbito regional y nacional para abordar los problemas que afectaban a la educación teatral y organizamos una serie de seminarios para todos los asesores y profesores que participaban en el proyecto a fin de compartir prácticas y perspectivas.

En el segundo año trabajamos en un libro, *Learning Through Drama*, que proponía un marco conceptual para impartir teatro en las escuelas y en el que aparecía una serie de recomendaciones prácticas. El Concejo de Escuelas siguió financiándonos durante un año más para que difundiéramos nuestras conclusiones a través de un programa nacional de seminarios, cursos y congresos. Después de aquel tercer año, la financiación cesó, todos pasamos a hacer otras cosas y las actividades del proyecto disminuyeron.

El proyecto «Drama 10-16» siguió un proceso clásico de investigación, desarrollo y divulgación. Nos desplazamos a las escuelas para conocer la labor que llevaban a cabo, desarrollamos nuestras propuestas y después las dimos a conocer al mundo. Nuestro trabajo tuvo una influencia considerable en escuelas de todo Reino Unido, incluso después de que el proyecto concluyera. Aunque contribuimos a la fundación de varios colegios profesionales para apoyar a los profesores de teatro, ningún organismo continuó con nuestro proyecto. Fue un programa limitado y, en consecuencia, tuvo un impacto también limitado.

El proyecto «Artes en las Escuelas» fue distinto.

A finales de la década de los ochenta, el gobierno conservador de Margaret Thatcher aprobó una ley que introducía un plan de estudios nacional para las escuelas inglesas. La ley de reforma educativa de 1988 (ERA, de Education Reform Act) supuso un auténtico terremoto en el sistema educativo británico. Hasta ese momento, las escuelas eran libres de enseñar lo que quisieran. En la práctica, a menudo tenían planes de estudios similares, pero, en teoría, eran autónomas. La ERA puso fin a todo aquello. La propuesta de imponer un plan de estudios nacional ya había sido tema de debate, y el primero en hablar de ello fue el anterior gobierno laborista. Aquello duró hasta 1984, cuando la crisis del petróleo de Oriente Medio tuvo fuertes repercusiones en las economías occidentales. Esto último, combinado con las altas tasas de desempleo, indujo al primer ministro James Callaghan (laborista) a declarar que las escuelas ya no podían seguir yendo a su aire, e insistió en que era necesario llegar a un acuerdo sobre las prioridades nacionales en educación.

En el período anterior a 1988, muchos temían que el nuevo

plan de estudios nacional fuera demasiado restringido y utilitario. A algunos les preocupaba que las artes en particular quedaran relegadas a un segundo plano. Como ataque preventivo, la fundación independiente Calouste Gulbenkian creó una comisión de ámbito nacional para evaluar la función de las artes en la educación. Con otros colaboradores, me documenté y redacté el informe de la comisión: «The Arts in Schools: Principles, Practice and Provision».

Redactamos el informe con cuatro objetivos en mente. El primero era convertir las artes en uno de los temas principales del intenso debate sobre el futuro de la educación que se había desatado en Reino Unido. Hasta ese momento, apenas se había hablado de las artes mientras se decidía el plan de estudios nacional. El segundo era presentar argumentos sólidos en favor de las artes a responsables de todos los ámbitos de la política educativa. Nuestro tercer objetivo era identificar los problemas, prácticos y de otro tipo, a los que se enfrentaba el desarrollo de las artes en los colegios, y el cuarto, proponer un plan de acción viable para las escuelas y los responsables de la política educativa.

La publicación de «The Arts in Schools» generó multitud de proyectos, entre otros, congresos, programas piloto y cursos de perfeccionamiento. Incluso aportó una nueva perspectiva sobre la importancia de las artes como parte de la política social fuera de la escuela, sobre todo para los jóvenes. Dado el impacto que tuvo el informe, me pidieron que elaborara y dirigiese un proyecto nacional para ayudar a las escuelas a poner en práctica aquellas recomendaciones.

Mientras redactaba el informe, tuve presente el impacto importante pero limitado del proyecto »«Drama 10-16». Por consiguiente, basé el proyecto «Artes en las Escuelas» en un modelo de cambio completamente distinto. El objetivo no era únicamente divulgar las recomendaciones del informe, sino capacitar a las escuelas para que las pusieran en práctica y cambiar así el modelo de enseñanza que se impartía en las aulas, lo cual repercutiría favorablemente en sus alumnos, profesores y comunidades. Durante los cuatro años siguientes, el proyecto impulsó la innovación en el ámbito educativo mediante la creación de una red nacional formada por más de sesenta distritos escolares, trescientas colegios y dos mil profesores y otros profesionales. Los beneficios que obtuvieron las escuelas fueron inmediatos, generalizados y, lo más importante, continuados. Aun hoy, tres décadas después, hay personas que siguen hablando del impacto del proyecto en sus escuelas y en su práctica profesional.

«Drama 10-16» fue un programa bien elaborado que impulsó un cambio limitado; sin embargo, el proyecto «Artes en las Escuelas» generó una transformación más generalizada y duradera. ¿Por qué este último resultó ser más eficaz que el anterior? La respuesta guarda relación con cómo se concibieron los programas y con su aplicación práctica. En el segundo tratamos a las escuelas como los sistemas adaptativos complejos que son, es decir, nos centramos en los diversos componentes interdependientes del sistema.

Cada uno de los distritos escolares del proyecto «Artes en las Escuelas» identificó algunos de los centros participantes como los principales escenarios para la innovación. Asimismo, creó un grupo de consulta local para apoyar y orientar la labor de las escuelas, interceder en nombre del proyecto y crear el mejor clima para que se desarrollara con éxito. Los grupos de consulta estaban integrados por responsables de la política educativa, miembros de organizaciones culturales locales, organismos financiadores y líderes empresariales.

El proyecto «Artes en las Escuelas» no resolvió el problema de la discriminación que sufre la educación artística. El movimiento de normalización sigue ignorándola tanto en Reino Unido como en Estados Unidos. Al reconocer la complejidad del sistema educativo y apelar a sus múltiples niveles de forma simultánea, el proyecto logró cambios duraderos en muchas de las escuelas y distritos que participaron en él. Estoy convencido de que cualquier intento de transformación del sistema educativo debe adoptar un enfoque similar.

Asumir la responsabilidad de contribuir al cambio empieza por aceptar que podemos intervenir en ese proceso. Una de las cosas que más me satisfizo de «Artes en las Escuelas» fue que los colegios escucharon nuestras recomendaciones y adoptaron estrategias adecuadas para su situación específica. Poco a poco, centenares de escuelas de Reino Unido fueron aplicando nuestras recomendaciones, cada una a su manera.

A lo largo del libro hablaremos de más centros que están cambiando la educación con métodos de aprendizaje personalizado, adaptados tanto al alumno como a la comunidad. Estas escuelas van más allá de las formas convencionales de organización (enseñar por edades, clases fijas, separación estricta de las asignaturas y pautas lineales de evaluación) a las que muchos centros se atienen. Y lo hacen porque saben que el cometido fundamental de las escuelas no es mejorar las notas de los exámenes, sino favorecer el aprendizaje.

*El fondo del asunto*

En mi libro *Out of Our Minds* mencionaba la labor del director de teatro Peter Brook. A lo largo de toda su vida, la pasión que ha impulsado su trabajo ha sido hacer del teatro una experiencia transformadora.[12] Reconoce que gran parte de las creaciones teatrales carecen de ese carácter innovador; es tan solo una noche de diversión, para pasar un buen rato. Para acrecentar su influencia, dice, es de vital importancia comprender cuál es la esencia del teatro. Y según él, hay que eliminar aquellos elementos que caracterizan la típica representación teatral para que esta se convierta en auténtico teatro.

Podemos deshacernos del telón y de los focos, afirma, junto con el vestuario, pues no son esenciales, al igual que el guión: parte del teatro carece de él. Podemos prescindir del director y también del escenario, de los tramoyistas y del edificio en el que se representa la obra. Muchas representaciones teatrales se escenifican sin ninguno de estos elementos, y siempre se ha hecho así.

Lo único de lo que no podemos prescindir es de un actor en un espacio y ante un público. Tal vez solo haya un intérprete y un espectador, pero estos son los elementos esenciales e imprescindibles del teatro. El actor representa una obra que el público experimenta. «Teatro» es la relación absoluta que se establece entre el público y la obra representada. Para que sea lo más transformador posible, es fundamental centrarse en esta relación y conferirle la mayor intensidad posible. No habría que añadirle ningún otro elemento, dice Brook, a menos que se trate de algo que convierta esa relación en más profunda. Brook ha ilustrado esta convicción en una serie de innovadoras producciones aclamadas en todo el mundo.

Para mí, la analogía con la educación es evidente. En la introducción he hablado de las diferencias existentes entre aprendizaje y educación. El fin fundamental de la educación es ayudar a los alumnos a aprender, y esta función es competencia del profesor. Pero los sistemas educativos modernos están atestados de toda clase de distracciones. Hay objetivos políticos, prioridades nacionales, posturas sindicales, normativas de construcción, perfiles profesionales, ambiciones de los padres, presiones de los compañeros... La lista es larga. Pero la base de la educación es la relación entre profesor y alumno. Todo lo demás depende de lo fructífero y eficaz que sea ese vínculo. Si esto falla, el sistema también fallará. Si los alumnos no aprenden, entonces no hay educación. Tal vez se trate de otra cosa, pero desde luego no es educación.

Gran parte del aprendizaje, y de la educación, continúa fuera del marco oficial de las escuelas y de los planes de estudios nacionales. Hay aprendizaje dondequiera que haya alumnos con buena disposición y profesores motivadores. El desafío radica en crear y mantener estas experiencias dentro de las escuelas, y la labor primordial consiste en generar las condiciones óptimas para el desarrollo de la relación entre alumnos y profesores. A esto me refiero cuando hablo de revolucionar la educación desde la base. En esta tarea hay un ecosistema natural de responsabilidades.

- En su aspecto más fundamental, la educación debe centrarse en crear las condiciones para que los alumnos quieran y puedan aprender. Todo lo demás debe articularse sobre esa base.
- La función de los profesores es facilitar el aprendizaje de los alumnos. Desempeñar esta labor correctamente es todo un arte, y será el tema que desarrollaremos en el capítulo 5.
- La función de los directores es crear en sus escuelas las condiciones para que los profesores puedan ejercer su trabajo. Este cometido repercute en la dirección y en la cultura de las escuelas.
- La función de los responsables de la política educativa es crear condiciones en su ámbito de competencia para que los directores y las escuelas puedan cumplir estas responsabilidades.

En un sistema educativo financiado con dinero público es necesario que exista cierto consenso sobre qué deben aprender los alumnos y por qué, así como una serie de mecanismos para que los profesores y las escuelas respondan por lo que hacen. También trataremos estos aspectos. Pero, antes, vayamos al fondo del asunto y hablemos del aprendizaje. Para que las escuelas mejoren, debemos conocer cuál es la naturaleza del propio aprendizaje, qué métodos de enseñanza son los mejores para los alumnos y de qué opciones disponemos. Si las escuelas y la política educativa se equivocan en estas cuestiones, todo lo demás es mero ruido de fondo.

# 4

## Aprendices natos

Los recién nacidos tienen una necesidad insaciable de aprender sobre el mundo que les rodea. Pensemos en el lenguaje. Normalmente, a los dos o tres años, la mayoría de los niños aprenden a hablar con extraordinaria fluidez, y no son los padres quienes les enseñan a hacerlo; no podrían, pues no disponen de tiempo ni tendrían la suficiente paciencia. Los niños asimilan el lenguaje por el simple hecho de verse expuestos a él. Los padres pueden corregirlos, animarlos y felicitarles, pero resulta impensable sentarse con ellos y decirles: «Oye, tenemos que hablar. O, más concretamente, tú tienes que hablar». El proceso no funciona así, y el lenguaje es solo un ejemplo de la enorme capacidad de aprendizaje que todos tenemos.

En el capítulo 2 he descrito el cambio que Richard Gerver propició en la escuela de enseñanza primaria Grange en Reino Unido. Pese al éxito de su idea, Richard no intenta convencernos de que todos los distritos escolares del mundo deberían convertir sus escuelas en pueblos. Más bien nos sugiere que adoptemos el enfoque de volver a lo básico que dio origen a Grangeton. «Como punto de partida, deberíamos conseguir que todos los educadores —trabajen en universidades, escuelas o en desarrollo profesional— visitaran los mejores parvularios de su región y pasasen un tiempo aprendiendo de lo que hacen —me comentó—. Luego deberían preguntarse: "¿Cómo puedo aplicar parte de lo que hacen a un nivel apropiado para nuestros alumnos?". Esa es la mejor forma de honrar el aprendizaje natural, que es práctico y tangible.»

¿Hasta qué punto los niños son aprendices natos? Sugata Mitra se planteó esta pregunta en 1999 cuando llevó a cabo un experimento en un suburbio de Nueva Delhi. Instaló un ordenador en una pared, lo encendió, lo conectó a internet y observó cómo los niños reaccionaban ante él. Además de no haber visto un aparato como ese en su vida, aquellos niños no sabían inglés, que era el idioma del navegador. Con una rapidez inusitada, aprendieron qué podían hacer con el ordenador y luego empezaron a enseñarse unos a otros. Al cabo de unas horas, ya estaban jugando con él, grabando su propia música y navegando por la red como profesionales.[1] Si Twitter hubiera existido en esa época, es probable que a finales de mes hubiesen tenido medio millón de seguidores.

Sugata decidió probar un experimento más ambicioso. Conectó un ordenador a un conversor de voz a texto y se lo entregó a un grupo de niños indios que hablaban inglés con un acento telugú muy marcado. El ordenador no podía descifrar lo que decían debido a su acento, de modo que el conversor escribía palabras sin sentido. Los niños no sabían cómo hacer para que el ordenador interpretase lo que decían, y Mitra tampoco, de modo que les dejó el ordenador durante dos meses. A su regreso, ellos habían conseguido eliminar el acento y hablaban en un inglés neutro que el ordenador sí estaba programado para entender.

Poco tiempo después, Sugata trató de averiguar si niños de

doce años, hablantes de tamil, podían aprender ellos solos biotecnología explicada en inglés. Una vez más, les dio dos meses, pero no esperaba grandes resultados. «Les haré un examen y sacarán un cero —se dijo—. Les daré material de estudio, les haré otro examen y sacarán otro cero. Volveré y les diré: "Sí, hacen falta profesores para determinadas cosas".

»Regresé al cabo de dos meses y los veintiséis niños entraron muy, muy callados. Les comenté: "¿Qué, habéis mirado alguna cosa?". Ellos respondieron: "Sí". "¿Habéis entendido algo?" "No, nada." Así que les pregunté: "¿Cuánto habéis practicado antes de decidir que no entendéis nada?" Ellos respondieron: "Lo hemos mirado todos los días". Así que les dije: "¿Os habéis pasado dos meses mirando cosas que no entendíais?" Una niña levantó la mano y dijo literalmente: "Aparte del hecho de que la replicación incorrecta de la molécula de ADN causa enfermedades genéticas, no hemos entendido nada más".»[2]

Sugata continúa investigando hasta qué punto pueden aprender los niños por sí mismos si se les proporcionan herramientas eficaces. Recientemente, ha creado una «nube de abuelos», un grupo de profesores jubilados que ayudan a alumnos a aprender y a explorar por Skype,[3] y a finales de 2013 fundó la primera «Escuela en la Nube», «donde los niños pueden embarcarse en aventuras intelectuales utilizando los recursos de internet y relacionándose con mentores en línea».[4]

Sus experimentos han arrojado luz sobre la asombrosa capacidad de aprendizaje de los niños.[5] Así pues, si los niños son aprendices natos, ¿por qué a tantos les cuesta estudiar y les aburre la escuela? En muchos aspectos, esto es debido al propio sistema y a las convenciones por las que se rige.

En las aulas de las escuelas de enseñanza secundaria convencionales, los alumnos se sientan a pupitres, mirando al frente, mientras el profesor les instruye, les explica y les manda hacer tareas. El modo de aprendizaje que predomina es verbal o matemático; es decir, los alumnos principalmente escriben, calculan o hablan con el profesor. El plan de estudios es un conjunto de datos que hay que aprender y se organiza en diversas asignaturas, impartidas, en general, por profesores distintos. Hay exámenes frecuentes y se invierte mucho tiempo en la preparación de estos. De forma inevitable, algunos alumnos asimilan ciertos datos con más rapidez que otros, pero la clase debe aprender a igual ritmo y en el mismo período de tiempo. La facilidad con la que aprende cada alumno refleja, supuestamente, la totalidad de sus capacidades como ser humano.

La jornada escolar se divide normalmente en períodos de tiempo de unos cuarenta minutos, que se asignan a distintas actividades en un horario semanal repetitivo. Al final de cada clase hay una señal, a menudo una campana o un timbre, para que todos los alumnos interrumpan lo que están haciendo y pasen a la siguiente actividad con otro profesor en otra aula.

¿Por qué hay tantas escuelas que proceden de este modo? La razón principal es que la educación de masas se edificó sobre dos pilares que aún resultan evidentes en el funcionamiento de los sistemas educativos modernos: son la cultura *organizativa* y la cultura *intelectual* de las escuelas. Como he argumentado en el segundo capítulo, la cultura organizativa de la educación de masas se fundamenta en los procesos de fabricación de la industrialización. La cultura intelectual tiene raíces mucho más profundas que se remontan a la Antigüedad y a la Academia platónica (el origen de nuestro término «académico»).

Ya he comentado anteriormente que la educación se sustenta básicamente en la noción de capacidad académica. Para muchas personas, «académico» es sinónimo de «inteligente» y «éxito aca-

démico» lo es de «rendimiento educativo». En su acepción correcta, «académico» tiene un significado mucho más restringido: se
refiere al trabajo intelectual que es fundamentalmente teórico o
especulativo en vez de práctico o aplicado. (Es por esta razón que
la palabra «académico» también se utiliza en ocasiones para describir ideas, y personas, que se consideran poco prácticas o puramente teóricas.)

El trabajo académico consta de tres elementos principales. El
primero es lo que los filósofos denominan «conocimiento proposicional»: se trata de los datos que tenemos sobre algo, por ejemplo,
sabemos que la Declaración de la Independencia se firmó en 1776.
El segundo se centra en el análisis teórico de conceptos, procedimientos, suposiciones e hipótesis, por ejemplo, la naturaleza de
la democracia y de la libertad, de las leyes del movimiento, o de la
estructura de los sonetos. El tercer elemento se deriva de los otros
dos: se trata del predominio de los estudios abstractos, que requieren principalmente leer, escribir y realizar operaciones matemáticas, sobre los estudios técnicos, prácticos y aplicados que precisan
destreza manual, aptitudes físicas, coordinación manual-ocular y
el uso de herramientas.

El conocimiento proposicional suele describirse como «saber
que» y se diferencia del procedimental, que se define con la expresión «saber cómo». El conocimiento procedimental es el que utilizamos cuando fabricamos cosas y realizamos trabajos de carácter
práctico. Se puede estudiar historia del arte aunque no se sepa
pintar o teoría musical sin saber tocar un instrumento. Crear arte o
música —para que, de hecho, haya algo sobre lo que poder estudiar—, requiere «saber cómo», además de «saber que». El conocimiento procedimental es de importancia vital en todos los campos
prácticos, de la ingeniería a la medicina, pasando por la danza.
Algunas personas florecen con el trabajo académico y descubren

su verdadera pasión en el estudio; otras disfrutan con la aplicación práctica de ideas y técnicas.

Por supuesto, el trabajo académico es importante en sí, y la teoría puede y debería ser la estructura sobre la que se fundamenta la práctica en todas las facetas de la vida. Pero el plan de estudios académico convencional se centra exclusivamente en la teoría. Es incuestionable que los estudios académicos son esenciales y deberían formar parte de la educación de todos los alumnos; sin embargo, se necesita mucho más para el tipo de educación que los alumnos precisan en la actualidad.

La inteligencia humana no se restringe a la capacidad académica; también participa en el terreno de las artes, los deportes, la tecnología, los negocios, la ingeniería y en muchos otros ámbitos que suscitan el interés de muchas personas y a los que estas pueden dedicar su tiempo y su vida. Nuestra existencia y futuro dependen de que haya individuos que dominen una amplia gama de capacidades y destrezas prácticas. Aunque no es realista esperar que las escuelas las enseñen todas a todos los alumnos, deberían al menos sentar las bases para su desarrollo concediéndoles el mismo rango de igualdad y el lugar que merecen en la educación general.

Quizá le parezca curioso que, pese a la evidente riqueza de la inteligencia humana, nuestras escuelas hayan acabado centrándose en el aspecto puramente académico. Las razones, como argumento en *Out of Our Minds*, están estrechamente relacionadas con el impacto de la Ilustración europea en la educación superior y en la evolución del método científico y de sus aplicaciones en la era industrial. No voy a repetirlo aquí, pero la consecuencia es que nuestros sistemas educativos actuales son un compendio de rituales organizativos y hábitos intelectuales que no reflejan la gran diversidad de talentos que poseen los alumnos que forman parte de este mundo.

Al no adaptarse a estos modelos educativos, demasiados alumnos creen que ellos son el problema, que no son inteligentes o que deben de tener dificultades de aprendizaje. En algunos casos sí que es así, y es posible que necesiten un apoyo especial. Pero para muchos otros, el problema no radica en su incapacidad de aprender, sino en la metodología que se les impone.

## ¿De quién es el problema?

Ya he mencionado anteriormente que la educación es tanto una cuestión global como un tema profundamente personal, y lo es para todos nosotros. Yo nací en Liverpool, Inglaterra, en el seno de una familia numerosa de clase obrera. Tengo cinco hermanos y una hermana. He contado algunas de sus historias en la serie del Elemento. Crecimos con nuestros padres, y a menudo con otros parientes, en una pequeña casa adosada de Spellow Lane, cerca del estadio del Everton, uno de los mejores equipos de fútbol del país. De pequeño contraje poliomielitis y, aunque resulte paradójico, fue una suerte para mí porque me mandaron a una escuela especial.

Mientras estudié allí, tuve algunos profesores muy buenos y pude aprobar el 11+, un examen que determinaba qué alumnos eran aptos para seguir estudiando en las prestigiosas *grammar schools*, de corte académico, en vez de ir a las *secondary moderns*, de menor prestigio. Estudiar en las *grammar schools* era la vía para entrar en la universidad, y dejar atrás los trabajos manuales y administrativos, para acceder al mundo de los negocios y de los cuerpos profesionales. De no haber accedido a ese tipo de escuela, yo no tendría mi vida actual ni estaría desarollando mi labor actual. Dos de mis hermanos también aprobaron el examen y siguieron estudiando en el mismo tipo de centro. Mis otros hermanos y mi hermana Lena, a pesar de estar tan capacitados como nosotros, lo suspendieron.

A principios de los años cincuenta, Lena se lo pasaba muy bien en la escuela de enseñanza primaria Gwladys Street. Le encantaba el ambiente relajado y las oportunidades que tenía para leer, escribir, pintar, hacer manualidades y deporte, y sencillamente jugar. El 11+ supuso un jarro de agua fría para ella. Todos los niños sabían que era importante, pero no estaban muy seguros de por qué. El día del examen, los llevaron en autobús a una escuela desconocida y los apiñaron en una sala con niños de otros colegios.

Los sentaron a pupitres individuales y les ordenaron no hablar. Les dieron unas hojas con preguntas y problemas a resolver que tenían que terminar en un tiempo determinado. Luego recogieron los exámenes y los alumnos regresaron a sus respectivas escuelas. Varias semanas después, echaron en el buzón de casa un sobre de papel manila del Comité de Educación de Liverpool. Nuestros padres lo abrieron y, en voz muy baja, le dijeron a Lena que había suspendido. Ella no se sorprendió; no la habían preparado para ese examen y no tenía la menor idea de qué debía hacer. Poco después, recibimos una carta que nos informaba que iría a la *modern school* femenina Stanley Park.

Lena pasó cuatro años en aquella escuela, desde los once hasta los quince. Y no hubo nada de lo que le enseñaron que le gustara. Había un plan de estudios fijo sin posibilidades de elegir. Se pasaba la mayor parte de la jornada escolar en aulas de cuarenta o más alumnas de su misma edad, mirando al frente, haciendo lo que les mandaban. Tenían clases de historia, geografía, matemáticas, lengua y literatura y ciencias. Lena fue pasando de curso sin protestar jamás por nada, haciendo lo que debía. De carácter tímido, nunca levantó la mano para formular una pregunta por temor a llamar la atención.

Las clases que más les gustaban eran las que le permitían moverse y hacer cosas tangibles: hogar, donde cocinaba con verdaderos alimentos; química, donde podía hacer experimentos; costura, donde podía cortar y coser telas; y deporte, donde podía respirar libremente y correr. Pero, con todas las horas que pasaba sentada, escribiendo y sin hablar, aquellos buenos momentos le parecían escasos y muy espaciados entre sí.

El último curso, la clase se reunió con el orientador profesional que visitó la escuela y este les explicó que, en función de sus capacidades, podrían trabajar de secretarias, asistentes personales, enfermeras, peluqueras o en una fábrica. Y eso fue lo que hicieron. De todas las alternativas, Lena y otras cuatro o cinco compañeras eligieron peluquería, que les parecía la más interesante. Requería hacer prácticas en un salón durante tres años; ir a la universidad un día a la semana para estudiar arte, química, corte y estilismo; y, sobre todo, trabajar con personas relacionadas con ese ámbito. Lena estaba satisfecha con su decisión y mis padres también. En aquel momento, el futuro laboral de su hija no era una prioridad para ellos. Mi padre se había roto el cuello en un accidente laboral y se había quedado tetrapléjico. Así pues, Lena decidió estudiar peluquería con el beneplácito de la familia, que en aquel momento, debido a lo ocurrido con nuestro padre, no era del todo consciente de la decisión que había tomado mi hermana.

El último día de escuela, la directora pasó por todas las clases para dar algunos consejos a las alumnas. También les pidió que se pusieran de pie a medida que nombraba las diversas salidas profesionales. Felicitó a las futuras enfermeras, secretarias y obreras. A continuación, preguntó si alguna había decidido ser peluquera. Cinco chicas, entre ellas Lena, se levantaron. «Bueno —dijo la directora—, tendría que haberme imaginado que las vagas escogerían un trabajo para vagos.» Ellas se habían levantado orgullosas y expectantes, y se sentaron desconcertadas y avergonzadas. Lena siempre se había esforzado, y nadie le había dicho nunca que fuera una vaga. Había llegado a Stanley Park a los once años con la sensación de haber fracasado y, a los quince, se marchaba con el mismo sentimiento. Aunque, por otra parte, era la primera vez que la directora le dirigía la palabra...

Y curiosamente Lena se convirtió en una buena peluquera con un negocio propio. No obstante, más adelante comprendió que, si la escuela se hubiera molestado en descubrir sus verdaderas capacidades, quizá le habría ayudado a tomar otro camino. Ha descubierto que es una persona muy organizada, con una gran capacidad para trabajar en equipo y ahora cree que debería haber elegido una profesión que potenciase estos talentos.

Pero estudió en una *secondary modern school* en la década de los sesenta, cuando apenas se esperaba nada de aquellos alumnos, en especial si eran chicas. Como Lena dice: «Cuando en la escuela eres uno más del montón y te juzgan igual que al resto, ¿cómo se supone que van a saber quién eres o de lo que eres realmente capaz?». Exacto.

En aquel entonces, y al igual que ahora, la razón por la que los jóvenes se sentían desmotivados y tenían problemas de aprendizaje se debía al propio sistema. Por lo tanto, si cambiamos el modelo educativo, muchos de estos problemas desaparecerán. Daré otro ejemplo de lo que sucede cuando la estructura que normalmente se impone al aprendizaje se elimina.

## Libertad para aprender

Después de ocupar el cargo de director artístico en la escuela BRIT de artes escénicas y tecnología durante mucho tiempo, a Adrian Packer se le ofreció la oportunidad de convertirse en el primer director de la escuela libre Everton, una institución educativa alternativa para adolescentes, creada por el club de fútbol Everton, uno de los equipos de fútbol más populares de Reino Unido. Por una extraordinaria coincidencia, al menos para mí, la escuela se está edificando en un descampado de Spellow Lane, la calle en la que me crié, casi enfrente de la casa donde vivíamos mi familia y yo. En parte por esta razón, me conmovió saber que la escuela libre Everton aspira a «institucionalizar las oportunidades» para todos los alumnos al margen de sus circunstancias.

Las escuelas libres son una novedad en Reino Unido. Como las escuelas concertadas de Estados Unidos, están subvencionadas por el gobierno, pero no están obligadas a ceñirse al plan de estudios nacional y tienen más libertad en cuanto a la organización de la jornada escolar, contratación del personal y presupuestos.[6] La escuela libre Everton se fundó para ofrecer oportunidades personalizadas a adolescentes con quienes la educación tradicional no daba resultado.

Callum Mains era uno de estos adolescentes. Durante toda su infancia, Callum había ido al colegio encantado, pero, cuando entró en la adolescencia, su escuela le pareció demasiado grande e impersonal, de modo que empezó a faltar a clase con frecuencia. En casa, la situación era difícil tras la muerte de su padre cuando Calum tenía trece años, y la escuela no le suponía ningún aliciente porque lo que estudiaba no despertaba su interés ni le permitía descubrir algo que pudiera interesarle. Para él, la escuela libre Everton supuso un salvavidas, una oportunidad de formar parte de una institución que tenía realmente en cuenta a las personas y a sus aspiraciones.

«Aquí sientes que trabajas con los profesores, no contra ellos —me explicó—. Tienes la sensación de que te ven y que tendrán en cuenta lo que piensas. Creo que, si no fuera por la escuela libre, yo solo sería uno de esos chicos que fuman hierba. Este lugar me ayudó mucho a no ir por ese camino; me enseñó que podía hacer lo que quisiera.» La escuela libre Everton, y todas aquellas que hemos visitado, ponen de manifiesto dos cuestiones de suma importancia: la primera, que todos los alumnos poseen grandes capacidades innatas; y la segunda, que la clave para desarrollarlas es trascender la rigidez que imponen el academicismo y la obligada adaptación al medio para crear sistemas personalizados que se adecuen a las capacidades reales de cada alumno.

## ESTA VEZ, ES PERSONAL

Hace unos años, me compré un coche nuevo. Me llevó mucho tiempo decidirme y, por fin, opté por un modelo básico. Entonces el vendedor me ofreció incontables posibilidades para adaptarlo a mis gustos y necesidades personales: color, acabado, tapizado, sistemas de sonido, embellecedores, número de puertas, tamaño del motor, etcétera. Fue como rellenar los formularios de la declaración de la renta. Le pregunté cuántas versiones del coche había. Él no lo sabía, pero suponía que el mío sería un modelo único, igual que todos los que había vendido. En cambio, cuando compré mi primer coche, con veintitrés años, solo te hacían una pregunta: «¿Se lo queda o no?».

Hoy en día, damos por sentado que podemos personalizarlo casi todo, desde las aplicaciones de nuestro teléfono móvil hasta la ropa que llevamos o nuestra página de Facebook. Lo mismo ocurre con el cuidado de la salud. A medida que la tecnología avanza y adquirimos un mejor conocimiento de la biología, los medicamentos que tomamos se ajustarán cada vez más a la constitución física de cada uno.

Este proceso de personalización parece estar por todas partes, pero aún no ha echado raíces en la educación. No deja de ser una ironía porque es precisamente en el ámbito de la educación donde la personalización se necesita con más urgencia. Así pues, ¿qué significa exactamente?

- Reconocer que la inteligencia es diversa y polifacética.
- Capacitar a los alumnos para desarrollar sus intereses y cualidades personales.
- Adaptar el horario al ritmo de aprendizaje de cada alumno.
- Evaluar a los alumnos con métodos que estimulen su progreso y su rendimiento personal.

## LA DIVERSIDAD DE LA INTELIGENCIA

Como ya he comentado, los niños son aprendices natos. En los primeros años de vida, aprenden de una forma prodigiosa sobre el mundo y las personas que les rodean y empiezan a desarrollar algunas de sus capacidades innatas más extraordinarias. También otras especies aprenden con rapidez. Cada vez tenemos más datos sobre lo inteligentes que son muchos otros animales y sobre la complejidad de su comportamiento, capacidades y relaciones.

Sin embargo, existe cierta polémica sobre si los animales aprenden en el sentido que nosotros conferimos al término, pero disponemos de estudios convincentes. Por ejemplo, en *The Pig Who Sang to the Moon*, el autor Jeffrey Moussaieff Masson cuenta la historia de Piglet, un cerdo que va a nadar todas las mañanas, disfruta estando con niños (siempre que le rasquen la barriga) y parece cantar al cielo cuando hay luna llena.[7]

Asimismo, está el caso de 007, el cuervo que resuelve problemas, y que, en un experimento realizado por el doctor Alex Taylor, consiguió salvar ocho obstáculos, los cuales requerían que los abordara de una forma específica, para acceder a la comida escondida en el interior de una caja.[8] El caso más famoso tal vez sea el de Koko, la gorila a la que la Fundación Gorila enseñó el lenguaje de signos del inglés estadounidense. Koko aprendió más de mil signos, creó otros compuestos para comunicar información nueva y demostró tener una comprensión considerable del inglés hablado.[9]

Durante un tiempo y en algunos ámbitos, algunos animales superan en capacidades de aprendizaje a los bebés humanos. Sin duda, Koko se hacía entender mejor que la mayoría de los bebés. No obstante, los humanos enseguida manifestamos una capacidad que nos distingue del resto de criaturas: la capacidad del pensamiento simbólico, del cual el lenguaje es el ejemplo más obvio. Al menos en un aspecto fundamental, los seres humanos somos distintos al resto de los seres vivos que pueblan la Tierra: no vemos el mundo tal como es en su forma más sencilla, como parecen hacer otras especies, sino que lo experimentamos a través de sistemas de ideas y valores. No solo existimos en el mundo; también tenemos ideas y teorías sobre él que influyen en cómo lo interpretamos y nos vemos a nosotros mismos y a los demás. La imaginación y la creatividad es uno de los pocos atributos que nos distingue del resto de los seres vivos que pueblan la Tierra, pero es de gran importancia.

Al crecer, los niños aprenden, al igual que todos nosotros, que no viven en un mundo, sino en dos. Como ya he explicado, hay un mundo que existe al margen de nosotros: el de las otras personas, de los objetos materiales y de los acontecimientos. También hay otro que solo existe porque nosotros lo hacemos: nuestra conciencia, un reducto privado. Uno de los desafíos de la vida reside en entender estos dos mundos y la relación existente entre ellos.

Cuando las personas vivimos en estrecho contacto, nos influimos las unas a las otras en cómo pensamos y sentimos. Desarrollamos formas comunes de convivencia, valores y comportamientos. Al crecer, los niños asimilan la manera de percibir y pensar integrada en el idioma que hablan y los valores y estilos de vida de sus comunidades. Partiendo de una colectividad, hemos creado lenguajes sofisticados y sistemas organizados de pensamiento, teorías abstractas y tecnologías prácticas, formas de arte complejas y elaborados rituales culturales. En este sentido, creamos literalmente el mundo en el que vivimos, y los que habitan otras culturas a menudo nos sorprenden por lo opuestos que son al nuestro.

En *Out of Our Minds* hablo de los muchos sentidos (más de cinco) que tenemos y los comparo con los de otras especies, algunas de las cuales son capaces de percibir aspectos del entorno en el que se mueven que nosotros ni siquiera detectamos. Aun así, estamos dotados de grandes capacidades para pensar sobre el mundo y actuar en él, las cuales son muy distintas de las del resto de los seres vivos. Nosotros pensamos y nos comunicamos sobre el mundo a partir de cómo lo experimentamos. Pensamos en sonidos e imágenes, en movimiento, en palabras y números, y también de todas las formas que estas distintas vías hacen posibles. Pensamos en metáforas y establecemos analogías; razonamos y nos ponemos en la piel de los demás, especulamos y suponemos, imaginamos y creamos.

Una de las características de la vida humana es la variedad de talentos, intereses y temperamentos que tenemos las personas, y que los psicólogos y otros especialistas en ciencias humanas intentan definir y clasificar. La teoría de la inteligencia que más ha influido en este último siglo es la del cociente intelectual (CI); según esta, todos nacemos con un determinado grado de inteligencia, que es fácil de medir y cuantificar. Ya he escrito sobre las limitaciones de este parámetro en otros de mis libros, por lo que no voy a repetirlas aquí; no quisiera poner a prueba su paciencia.[10] Solo diré que postula un concepto limitado y erróneo de la verdadera riqueza y diversidad de la inteligencia humana.

Se han propuesto varias teorías más complejas sobre la inteligencia. Una de las más influyentes es la de las inteligencias múltiples (IM) de Howard Gardner. Este describe su teoría como «una crítica del concepto de inteligencia tradicional en psicología: existe una sola inteligencia que se mide de forma apropiada mediante el CI u otros exámenes de respuestas cortas». Basándose en pruebas de fuentes diversas, Gardner argumenta que los seres humanos poseen una serie de capacidades intelectuales relativamente específicas. Identifica ocho modos de inteligencia y sugiere que todos tenemos una mezcla única de ellos.[11]

La teoría de las IM ha sido objeto de un amplio debate; también se han propuesto otros conceptos. Estas y otras teorías sobre la diversidad de la inteligencia han atraído críticas; suele ocurrir cuando se conjetura sobre algo. Algunos críticos cuestionan su estructura: ¿hay tres modos de inteligencia o deberían ser cuatro, ocho o diez? Otros argumentan que tan solo son teorías para las que no hay pruebas científicas y que, hasta que se demuestren, deberíamos considerarlas especulativas y provisionales. Ambas críticas son razonables y fundadas. El progreso de la ciencia, como arguyó Karl Popper, no es lineal.[12] Se basa en «conjeturas y refutaciones». Cualquier teoría, por muy atractiva que sea, debe esperar que aparezcan otras mejores o que se aporten pruebas que la sustenten, cuestionen o refuten.

Lo que me resulta curioso en este caso es el hecho de que algunos críticos hayan concluido que, como estas teorías de las inteligencias múltiples no se han demostrado científicamente, lo que tratan de explicar es insustancial. Pues bien, resulta evidente que no es así. Hace unos años, me reuní con un alto funcionario de un gobierno del norte de Europa en su despacho. Él tenía dudas sobre la diversidad de la inteligencia y me preguntó si disponíamos de pruebas. Estábamos sentados a una hermosa mesa labrada de caoba, en una sala con las paredes revestidas de roble, en un edificio del siglo xvii. Había valiosas pinturas modernistas colgadas en las paredes, un gran televisor de pantalla plana con un canal que retransmitía noticias veinticuatro horas, dos ordenadores Apple sobre su escritorio de cristal y acero y una elaborada alfombra tradicional tejida a mano en el suelo. Detrás de él se veían estantes repletos de novelas, poesía y libros encuadernados en piel. Una grabación de Mozart sonaba a bajo volumen como música de ambiente. Todas estas cosas son fruto y prueba de la extraordinaria diversidad de la inteligencia y capacidad humanas. «Mire a su alrededor —dije— y escuche. La diversidad de la inteligencia está en todas partes.» Mi comentario pareció calarle hondo.

La prueba está en los múltiples logros y culturas que caracterizan la vida humana en la Tierra, en la ciencia y en las artes, en la filosofía y en la religión, en la tecnología y en la ingeniería, en los deportes y en el atletismo, y en las muchas formas en que estas actividades humanas se influyen y enriquecen unas a otras.

Si de verdad queremos cumplir los cuatro fines básicos de la educación, debemos tener en cuenta las distintas formas en que nuestra inteligencia nos permite actuar en nuestro entorno y entender nuestro mundo interior. Es fundamental que las escuelas ofrezcan a todos los alumnos las herramientas adecuadas para explorar la amplitud de sus capacidades y sensibilidades, más allá del trabajo académico convencional. Esto repercute de manera fundamental en la estructura y en el equilibrio del plan de estudios.

*Capacitar a los alumnos para desarrollar sus intereses*
*y cualidades personales*

Todos tenemos un amplio abanico de aptitudes naturales, que deben desarrollarse conforme es cada uno. Para llevar a cabo esta personalización, es necesario que los profesores tengan en cuenta estas diferencias a la hora de enseñar a cada alumno. También implica flexibilizar el plan de estudios para que los estudiantes, además de aprender los conocimientos que todos necesitan saber, también tengan oportunidades para desarrollar sus intereses y cualidades personales.

En los libros del Elemento afirmo que, para estar en nuestro elemento, el talento debe encontrarse con la pasión. Todos tenemos distintas capacidades más desarrolladas que otras, diferentes talentos. En mi caso, también hay cosas para las que tengo una habilidad natural; por ejemplo, siempre he sabido expresarme bastante bien con palabras. Sin embargo, y pese a todo mi empeño, jamás me han atraído los números. Tuve amigos en la escuela que disfrutaban mucho con las clases de matemáticas; tenían facilidad para los números. Yo estudiaba y aprobaba los exámenes de matemáticas, pero a menudo me suponía un esfuerzo entender algunos de los conceptos y técnicas que para otros resultaban tan fáciles. Por supuesto, cualquier capacidad, aunque carezcamos de aptitud para ella, puede desarrollarse con la práctica. Y cualquier talento, por prodigioso que sea, también puede perfeccionarse con la práctica. Pero, si dos personas con capacidades diferentes en cualquier ámbito practican el mismo tiempo, es casi seguro que su rendimiento será distinto. Así pues, no resulta tan difícil apreciar estas diferencias, incluso en nuestra propia casa.

Haga la prueba con un aparato electrónico nuevo. Cuando llegue a casa, pida a cada miembro de su familia que intente ponerlo en marcha. Su pareja quizá recurra directamente al manual de instrucciones, mientras que uno de sus hijos se conectará a internet para ver algunos vídeos sobre el aparato en YouTube y otro se limitará a encenderlo para ver qué pasa. Todos ellos abordan el aprendizaje acerca de este nuevo objeto de forma distinta, porque son individuos diferentes. Si esto es así, enseñar a todo el mundo de la misma manera es, cuando menos, ineficaz.

Para estar en nuestro elemento, no basta con que descubramos nuestros talentos. Algunas personas tienen facilidad para hacer cosas que, de hecho, no les gustan. Estar en nuestro elemento significa que debe entusiasmarnos lo que hacemos, hemos de apasionarnos con ello. El concepto que tenemos del mundo que nos rodea está estructurado, en parte, por nuestras características físicas y por nuestra cultura. Pero todos tenemos nuestra propia personalidad, talentos, intereses, esperanzas, motivaciones, preocupaciones e inclinaciones. Cuando los alumnos disponen de espacio para explorar sus intereses y capacidades, pueden ocurrir grandes cosas. Laurie Barron no logró ningún avance con sus alumnos hasta que se dio cuenta de que lo que ellos consideraban más importante era, de hecho, lo más importante. El fútbol, el arte o la música (o también la ciencia, la literatura o la historia) les ayudaba a pasar el día y les hacía más llevaderas las clases que no les motivaban.

Todo aprendizaje se fundamenta, en parte, en memorizar información e ideas. Las escuelas parecen dar por sentado que solo existen dos opciones: tener buena memoria o no; y si no se tiene, deducen que el alumno no es muy inteligente y que deberá esforzarse más. No obstante, a aquellos estudiantes que tienen dificultades para memorizar fechas históricas o las tablas de multiplicar a menudo no les cuesta recordar la letra de centenares de canciones o referirse a una jugada concreta de un evento deportivo de hace diez años. Su «mala» memoria en la escuela puede deberse a una falta de motivación, no de capacidad.[13]

## Adaptar el horario al ritmo de aprendizaje de cada alumno

Si las personas necesitan una manera específica para mejorar su aprendizaje, lo mismo ocurre con su ritmo. Si los profesores deben enseñar a toda una clase y ceñirse a un programa fijo, tendrán dificultades para reconocer y conciliar estas diferencias, por lo que algunos alumnos no rendirán tanto como podrían. Cuando el rendimiento de un estudiante es bajo, los profesores suelen esperar poco de él, lo cual puede tener un efecto perjudicial en toda su trayectoria escolar. Mejorar el rendimiento de cada alumno requiere motivarlos como individuos y no imponer una carrera de obstáculos que todos deben superar al mismo tiempo y de igual manera.

Una de las tradiciones más establecidas en el mundo de la educación es agrupar a los alumnos por edades. Algunos padres esperan un año más antes de llevar a sus hijos al jardín de infancia porque consideran que aún no están preparados, pero, en cuanto entran en el sistema, avanzan cada curso con otros compañeros de su misma edad. Los niños de ocho años van a clase con otros niños de ocho años; un alumno de catorce años puede compartir una asignatura optativa con uno de diecisiete, pero estudiará lengua con otros alumnos de catorce años.

Si uno observa cualquier clase de primero de primaria, probablemente verá a unos cuantos niños que leen sin problemas, a otros tantos que pronuncian correctamente todas las palabras, a un par que tienen dificultades para entender lo que leen y a uno o dos que ya se han pasado a la literatura juvenil. La mayoría acabará leyendo con soltura, pero, en este punto, sus niveles de comprensión son distintos. Algunos tienen facilidad para las matemáticas y probablemente disfrutarán estudiando álgebra en tercero. Otros ven las matemáticas como una fiesta a la que no han sido invitados y es probable que necesiten repasar los quebrados en segundo de secundaria. Además, está el absurdo horario convencional, propio de una cadena de montaje. Piense en cómo sería aplicar este enfoque al mundo empresarial. Si cada cuarenta minutos más o menos todos los empleados tuvieran que interrumpir lo que están haciendo, trasladarse a otra sala, pasar a otra cosa completamente distinta y repetir esto seis veces al día, la empresa se colapsaría enseguida y probablemente estaría en quiebra al cabo de unos meses. Hay actividades que requieren más tiempo que otras. Un proyecto de grupo puede necesitar varias horas de trabajo ininterrumpido; si se trata de redactar un texto escrito individualmente, lo más conveniente sería repartirlo en varias sesiones de menor duración. Si el horario es flexible y más personalizado, favorecerá sin duda el plan de estudios dinámico que los alumnos necesitan en la actualidad.

Una de las características más exasperantes del horario convencional es tener que dejar una actividad antes de terminarla. Para resolver esta problemática, están las personas como Joe Harrison.

Joe no era profesor titulado cuando empezó a trabajar en el programa de educación musical de una escuela de Manchester, Reino Unido. Allí pudo comprobar cómo el ritmo frenético de una jornada escolar normal impedía en gran medida que los alumnos se implicasen realmente en cualquier proyecto o asignatura. «Era un trabajo interesante —me dijo refiriéndose a su labor en Manchester—. Resultaba motivador y estimulante. Los alumnos disfrutaban y los profesores también, y tuvimos algunas ideas interesantes. Pero, al margen de los objetivos que nos proponíamos alcanzar con aquel proyecto musical, se limitaba a una hora todos los lunes por la mañana. Entonces todo el proyecto perdía gran parte de su potencial educativo. Las posibilidades didácticas que ofrecía se reducen, porque los alumnos tienen que ir a la clase siguiente. Era imposible entrar de lleno en la materia. Fue entonces cuando comprendí que el sistema educativo no funcionaba como debería.»

Después de aquello, Joe comenzó a colaborar con «Asociaciones Creativas», un programa del gobierno británico para desarrollar la creatividad en las escuelas, una de las recomendaciones del informe *All Our Futures* que yo dirigí. Joe se dio cuenta de que debía centrarse en el problema que había identificado mientras trabajaba en la escuela de Manchester. «Yo intentaba ofrecer tiempo y espacio para que los jóvenes pudieran desarrollar su creatividad. Todos los proyectos que realizaba trataban sobre encontrar un hueco en su frenética jornada escolar.»

Mientras colaboraba con «Asociaciones Creativas», descubrió el libro de Carl Honoré *Elogio de la lentitud*,[14] un canto a la importancia de tomarse el tiempo necesario para hacer las cosas al ritmo apropiado. El libro, que dio origen al «movimiento lento» en todo el mundo, parecía referirse a una necesidad evidente que Joe veía en el modelo educativo. Entonces se interesó por el movimiento lento, pero le sorprendió no encontrar ninguna alusión a la educación, el campo que más le importaba, y eso le espoleó a fundar Slow Education. Creó una página web para hablar sobre educación lenta con personas de todo el mundo, en la que también ofrecía sus servicios a nivel local. Comenzó a colaborar con centros en un modelo nuevo. Una de ellas fue la escuela de enseñanza primaria Holy Trinity de Darwen, Lancashire.

«Darwen es una zona deprimida. Muchos alumnos tienen problemas emocionales y de conducta, y el número de niños que acuden al comedor escolar gratuito están muy por encima de la media nacional. El rendimiento de la escuela era realmente muy bajo, y decidieron iniciar un proceso de cambios que debía resolver este problema. Fue entonces cuando comprendimos que debíamos poner en práctica el concepto de educación lenta. La escuela dedicó mucho tiempo a estudiar las relaciones y a conocer la comunidad y a los niños con los que trabajaba. En vez de desesperarse intentando mejorar las notas, consiguió que los alumnos tuvieran los desayunos gratuitos. Puso en marcha proyectos colectivos, en los que participó mucha gente de la ciudad. Gracias a esta implicación más personal, lo que se enseñaba y aprendía se afianzaba mucho más. Al menos una vez a la semana, los profesores tenían sesiones individuales con todos los alumnos.»

En Holy Trinity, Joe comprobó hasta qué punto podía mejorar la situación si la escuela y la comunidad dedicaban tiempo en conocer a cada alumno y a averiguar qué le gustaba, así como a crear programas orientados a intereses y capacidades específicos. La escuela dio menos importancia a las notas y más a la interacción personal entre alumnos, profesores y la comunidad. La consecuencia, como era de esperar, fue que los estudiantes empezaron a disfrutar muchísimo con la experiencia educativa. Se referían a Holy Trinity como su segunda casa, y las conductas problemáticas disminuyeron. Al mismo tiempo, sus notas mejoraron y el organismo regulador de los centros escolares clasificó a la escuela en mejor lugar.[15]

Joe afirma que no existe un único modelo ideal de educación lenta, y precisamente de eso se trata. Este tipo de pedagogía siempre aspira a individualizar el proceso, a conceder espacio y tiempo a los alumnos para que descubran sus intereses y talentos. «La educación lenta consiste en aprender las cosas a fondo para obtener resultados tangibles —me explicó Joe—. La base fundamental es que la calidad de la relación entre profesor y alumno es más importante que limitarse a juzgar a los alumnos por su capacidad y notas.»

*Evaluar a los alumnos para fomentar el progreso*
*y el rendimiento personal*

En el capítulo 7, trataremos la presión que suponen los exámenes llamados de alto riesgo. La presencia generalizada y las limitaciones de las pruebas normalizadas cuestionan las bases de la metodología de evaluación que utilizan casi todos los sistemas educativos. De momento me limitaré a transmitir este mensaje de Monty Neill, director ejecutivo del National Center for Fair and Open Testing (FairTest; Centro Nacional para Pruebas Justas y Abiertas). «Las evaluaciones deberían basarse en información de todo tipo, desde exámenes tipo test y trabajos o proyectos hasta observaciones de los profesores y autoevaluaciones de los alumnos —escribió Monty en un artículo para la revista *Root and Branch*—. Los buenos profesores saben cómo utilizar un amplio abanico de evaluaciones y que es posible emplear herramientas distintas para valorar el conocimiento. Por desgracia, la presión para mejorar las notas de los exámenes normalizados ha reducido el abanico de evaluaciones que utilizan los profesores. Por ejemplo, en un informe de FairTest sobre la ley NCLB, una profesora describió cómo había tenido que reducir el número de lecturas que mandaba a sus alumnos por el tiempo que requerían las prácticas del examen. Hay miles de historias similares a esta en todo Estados Unidos.»[16]

*Un juego de niños*

La creciente normalización del sistema educativo, y la tremenda cantidad de tiempo que absorbe, también menoscaban la forma más natural en que aprenden las personas de cualquier edad y sobre todo los niños: jugando. El juego, en sus múltiples facetas, desempeña un papel fundamental en todas las etapas de la vida y especialmente en el desarrollo físico, social, emocional e intelectual infantil. La importancia del juego se ha reconocido en todas las culturas; se ha estudiado y validado ampliamente en las ciencias humanas y ha quedado demostrada en la práctica en escuelas progresistas de todo el mundo. Y, no obstante, en muchos países, el movimiento de normalización trata el juego como un complemento trivial y prescindible, una simple distracción de lo que en verdad importa: estudiar y aprobar los exámenes. El exilio del juego es una de las grandes tragedias de la educación normalizada.

Peter Gray es profesor investigador de psicología en el Boston College. Ha estudiado el juego desde una perspectiva evolutivo-biológica y afirma que los humanos, si están libres de responsabilidades, juegan mucho más que otros mamíferos y que eso les aporta inmensos beneficios. Hace unos años entrevistó a antropólogos que habían estudiado culturas de cazadores-recolectoras. Todos ellos señalaron que a los niños de estas culturas se les permitía jugar durante todo el día sin la supervisión de adultos. Estos consideraban que jugar libremente era fundamental para que aprendieran las destrezas que los convertirían en adultos responsables. «Algunos de estos antropólogos nos dijeron que los niños que observaron en estas culturas eran algunos de los más inteligentes, felices, colaboradores, equilibrados y flexibles que jamás habían visto —dijo el doctor Gray—. Así pues, desde una perspectiva evolutivo-biológica, el juego es la forma que tiene la naturaleza de asegurar que las crías de mamífero, entre ellas los niños humanos, adquieran las destrezas que necesitan para convertirse en adultos maduros.» [17]

Comparemos esto con la forma en que la mayoría de las culturas desarrolladas organizan la educación de los niños. Tal como señala el doctor Gray en su libro *Free to Learn*, los niños cada vez empiezan antes la escuela. «Hoy en día, en algunos distritos, no solo tenemos jardines de infancia, sino prejardines de infancia. Y las guarderías, que preceden a los jardines y prejardines de infancia, cada vez se estructuran más como las escuelas de enseñanza primaria, con tareas asignadas por adultos que sustituyen al juego.» La jornada escolar tiene más horas que antes, y actualmente hay quienes vuelven a pedir que el año lectivo se alargue. Con todo esto, apenas hay oportunidades para que los niños jueguen libremente en los centros. «No solo la jornada escolar es más larga y menos lúdica, sino que la escuela se ha entrometido incluso más en la vida privada y familiar. Ahora se mandan más deberes, lo cual ocupa un tiempo que, de otra forma, podría emplearse en jugar.»[18]

Para Peter Gray, esto representa una trágica pérdida para nuestros hijos. Gray pertenece a una larga tradición de psicólogos, filósofos, antropólogos y educadores que argumentan que los niños «están concebidos, por naturaleza, para jugar y explorar por su cuenta, al margen de los adultos. Necesitan libertad para desarrollarse; sin ella, sufren. El impulso de jugar libremente es un impulso biológico básico».

La ausencia de juego espontáneo quizá no mate el cuerpo físico, dice el doctor Gray, como haría la falta de alimento, aire o agua, pero destruye el espíritu y atrofia el desarrollo mental. «Los niños utilizan el juego espontáneo para hacer amigos, superar sus miedos, resolver sus problemas y, en general, tomar las riendas de su vida. También se valen de él para practicar y adquirir las destrezas físicas e intelectuales que son fundamentales para el éxito en su cultura. Nada de lo que hagamos —comprarles un montón de juguetes, dedicarles tiempo u ofrecerles alguna formación específica— puede compensar a nuestros hijos de la libertad que les arrebatamos. Lo que los niños aprenden por iniciativa propia, jugando libremente, no se puede enseñar de otras maneras.»

No podría estar más de acuerdo con él. Los niños poseen una poderosa capacidad innata de aprendizaje. Si dejamos que se muevan libremente, explorarán las alternativas y tomarán decisiones que nosotros no podemos ni deberíamos tomar por ellos. El juego es absolutamente fundamental para el aprendizaje: es el fruto natural de la curiosidad y de la imaginación. Y, no obstante, el movimiento de normalización está tomando parte activa en eliminar las oportunidades para jugar en las escuelas.

Cuando yo iba al colegio, hacíamos pausas con regularidad en las que podíamos jugar solos o entre nosotros, dar rienda suelta a la imaginación y experimentar con una diversidad de destrezas prácticas y roles sociales. Actualmente, un recreo dura apenas quince minutos y se mete con calzador en el horario de las escuelas de enseñanza primaria, y es lo primero que se elimina si este se altera. Por otra parte, los políticos están presionando para alargar la jornada escolar y el año lectivo.

Muchos de los problemas que plantea aumentar el rendimiento en las escuelas se deben a los métodos de enseñanza y a cómo las convenciones establecidas entran en conflicto con los ritmos del aprendizaje natural. Si le hacen daño los zapatos, usted no los lustra ni echa la culpa a sus pies; se los quita y se pone otros. Si el sistema no funciona, no culpe de ello a las personas que lo componen; colabore con ellas para cambiarlo de manera que sí funcione. Las personas que están en mejor situación de lograr este cambio son las que, en las condiciones idóneas, pueden ejercer un mayor impacto en la calidad del aprendizaje: los profesores.

# 5

## El arte de enseñar

Rafe Esquith lleva treinta años dando clases en la misma aula, el aula 56 de la escuela de enseñanza primaria Hobart de Koreatown, un barrio de Los Ángeles. Casi todos los alumnos de Hobart pertenecen a familias de inmigrantes asiáticos y latinos, y muchos de ellos llegan a la escuela sin saber hablar inglés. Koreatown es una zona de escasos recursos, donde las tasas de rendimiento escolar y de graduación son bajas. Casi todos los alumnos de Rafe tienen derecho a desayunos y comidas escolares gratis. Y, sin embargo, la mayoría de los que han pasado por su clase terminan la enseñanza secundaria hablando un inglés perfecto. Muchos han estudiado en las universidades de mayor prestigio y tienen brillantes carreras profesionales. Algunos de sus ex alumnos incluso se han unido para crear una fundación que apoya su labor con las posteriores generaciones de alumnos.

Todo esto ya sería impresionante y asombroso por sí solo, pero lo que resulta aún más increíble es que Rafe haya logrado estas hazañas enseñando Shakespeare a sus alumnos. Todos los años, elige una de las obras de teatro de este autor y la estudian desde todas las perspectivas: argumento, personajes, lenguaje, contexto histórico y representación. Pocos o ninguno de los «shakesperianos de Hobart» habían oído hablar de Shakespeare antes de entrar en el aula de Rafe, pero acaban comprendiendo al Bardo de

Avon a unos niveles que sorprenderían a personas que les triplican en edad.

Tuve el privilegio de asistir a una representación de *La tempestad*, apretujado en las mismas concurridas gradas del aula 56 que cautivan a públicos de todo el mundo desde hace treinta años. Vi cómo un grupo de treinta y cinco niños de entre nueve y diez años representaba con entusiasmo y virtuosismo la que muchos críticos consideran una de las mejores obras de Shakespeare. Los niños no solo declamaron brillantemente el texto, sino que interpretaron piezas musicales con más de una docena de instrumentos, que también habían aprendido a tocar durante el curso, y cantaron a tres y a cuatro voces. Me fijé en una niña coreana (que interpretaba a Ariel) que cuando no estaba en escena recitaba en silencio el texto de los otros personajes moviendo los labios. Durante el intermedio, mencioné a Rafe que aquella niña parecía conocerse la obra de memoria. Él sonrió y dijo: «Claro, todos se la saben». Antes de que comenzara el segundo acto, comentó a los pequeños actores lo que yo le había dicho y les preguntó si se sabían toda la obra. Ellos también sonrieron y asintieron. Entonces Rafe les pidió que declamaran juntos la primera intervención de Miranda, y lo hicieron a la perfección.

Y no se limitaron a recitarla de memoria, sin entender lo que decían: era evidente que comprendían el texto y que les entusiasmaba la obra. Uno de los asistentes habituales a las funciones de los shakesperianos de Hobart es sir Ian McKellen, uno de los actores de teatro clásico más eminentes del mundo, quien dijo sobre ellos: «Entienden todas y cada una de las palabras. Eso no podría decirse de todos los actores que interpretan a Shakespeare».[1] Pero Shakespeare solo representa una pequeña parte del plan de estudios de Hobart, y los alumnos del aula 56 no empiezan a trabajar en la obra hasta que termina la jornada escolar. El resto del tiempo, hacen cosas como leer con un nivel muy superior al que correspondería a su curso y lidiar con temas de matemáticas que a menudo son más apropiados para alumnos de secundaria. Las paredes del aula 56 están adornadas con banderolas de universidades como Yale, Stanford y Notre Dame, donde han estudiado ex alumnos de Rafe que con frecuencia han sido los primeros de su familia en ir a la universidad.

Rafe ha conseguido que a sus alumnos les interese hasta tal punto aprender que llegan a clase antes de hora, siguen yendo a la escuela durante las vacaciones y han renunciado a la televisión mientras dura el año escolar. El lema de su clase es «No hay atajos». Sus alumnos trabajan muchísimo, pero él siempre está ahí. «Si quiero que estos niños trabajen, más me vale ser la persona más trabajadora que han visto nunca», dijo al informativo vespertino de la CBS.[2] Rafe da ejemplo trabajando muchas horas al día y acudiendo a la escuela todos los sábados para ayudar a alguno de sus ex alumnos a prepararse para el examen de acceso a la universidad.

En su libro *Teach Like Your Hair's on Fire* describe un momento transformador para él, cuando ayudó a una alumna que «era de esos chicos a los que siempre eligen los últimos para formar un equipo, una niña callada que parecía convencida de que jamás podría ser alguien especial». Los alumnos estaban en clase de química, trabajando con lámparas de alcohol. Como solía ocurrirle a aquella alumna, la suya no se encendía y ella se puso a llorar. Aunque le insistió a Rafe para que siguiera con la clase, él se negó a dejarla en la estacada. Descubrió que el problema era de la propia lámpara y se dispuso a arreglarla:

> Por alguna razón, la mecha no era tan larga como debería haber sido: casi no se veía. Me acerqué todo lo posible e intenté alcanzarla con una cerilla larga de cocina. Tenía la cara tan cerca

de la cerilla que notaba el calor de la llama mientras intentaba encender la lámpara. Estaba decidido a conseguir que funcionara. ¡Y lo hizo! La mecha prendió y yo miré a la niña con aire triunfal esperando ver una sonrisa en su rostro.

Pero ella me miró un instante y empezó dar gritos de miedo; otros niños también se pusieron a gritar. Yo no entendía por qué me señalaban, hasta que me di cuenta de que, al encender la lámpara, la llama me había rozado el pelo, del que salía humo, y eso había asustado muchísimo a los niños.[3]

Rafe apagó rápidamente el fuego (sus alumnos le ayudaron dándole manotazos en la cabeza sin parar) y el experimento continuó sin más percances. Pero la experiencia le caló hondo:

> Por primera vez en semanas, me sentí muy satisfecho de ser profesor. Había sido capaz de ignorar todas esas estupideces a la que nos enfrentamos los profesores de a pie. Había hecho todo lo posible por ayudar a un alumno. No había salido especialmente bien, pero me había esforzado. Me dije que, si enseñar me importaba tanto que ni tan siquiera me había dado cuenta de que me ardía el cabello, iba por buen camino. A partir de ese momento, decidí enseñar siempre como si tuviera el pelo en llamas.

Rafe Esquith sabe que la enseñanza no es simplemente un trabajo o una profesión; si se concibe de la manera correcta, es un arte. Esta afirmación cobró más fuerza cuando Rafe se convirtió en el primer profesor en recibir la Medalla Nacional de las Artes concedida por el Congreso de Estados Unidos, y estoy plenamente convencido de que cuando observo trabajar a grandes docentes estos merecen ese honor.

¿PARA QUÉ SIRVEN LOS PROFESORES?

La educación reglada consta de tres elementos principales: plan de estudios, enseñanza y evaluación. En general, el movimiento de normalización se centra en el primero y en el último. La enseñanza se considera una vía para alcanzar los niveles académicos exigidos. Pero no son estas las verdaderas prioridades. No importa lo detallado que resulte el plan de estudios ni lo caros que sean los exámenes; la verdadera clave para transformar la educación reside en la calidad de la enseñanza. Más que el número de alumnos por aula, la clase social, el entorno físico y otros factores, el elemento fundamental para mejorar la educación es motivar a los alumnos a aprender, que es lo que hacen los grandes profesores.

John Hattie, investigador en el campo de la enseñanza y el aprendizaje de la Universidad de Auckland, en Nueva Zelanda, ha comparado estudios de todo el mundo sobre los factores que influyen en el rendimiento escolar. Tiene una lista de ciento cuarenta,[4] y la encabeza aquello que los alumnos esperan de sí mismos. Y otro de los factores más importantes es lo que los profesores esperan de ellos.[5]

La función primordial de un profesor es facilitar el aprendizaje. Parecería que es innecesario mencionarlo, pero gran parte de lo que los profesores hacen en su trabajo no guarda relación con enseñar. Dedican mucho tiempo a poner exámenes, a realizar labores administrativas, a asistir a reuniones, a redactar informes y a impartir disciplina. Quizá usted arguya que todo esto son gajes del oficio, y lo son, pero, en principio, el oficio de los profesores consiste en ayudar a los alumnos a aprender. Cuando estas otras labores los distraen de ese cometido, la verdadera naturaleza de su profesión se desvirtúa.

Demasiado a menudo, el movimiento de normalización asigna

a los profesores la función de repartidores encargados de distribuir los diversos niveles académicos, como si trabajaran en una agencia de servicios postales. No estoy seguro de cuándo apareció este concepto en el ámbito de la educación, pero degrada a los profesores y a su trabajo. Por desgracia, no todos los funcionarios que pertenecen al ámbito educativo consideran a los docentes auténticos profesionales que necesitan apoyo. Algunos son muy duros con ellos y proponen que su permanencia en el centro dependa directamente del rendimiento de sus alumnos, aunque está claro que hay muchos otros factores que influyen en cómo rinden los niños en la escuela, entre ellos, el tipo de exámenes que deben aprobar. Michael Gove, cuando era secretario de Educación del gobierno británico, describió a los profesores que dirigen los departamentos de educación de las universidades y los cursos de formación docente como los «nuevos enemigos de la promesa»,[6] insinuando que los profesores que preparan están adoctrinados en teorías de izquierdas y no son aptos para la práctica de la profesión.[7]

Como era de esperar, los profesores de Reino Unido se sintieron agredidos con esos comentarios. En su congreso anual de 2013, el Sindicato Nacional de Profesores (NUT; del inglés «National Union of Teachers») presentó una moción de censura unánime contra el secretario de Educación, seguida de la consigna: «Gove debe irse».[8] Christine Blower, secretaria general del NUT, dijo que Gove «debería reconocer que hoy en día la moral está peligrosamente baja entre el cuerpo docente». Un mes después, la Asociación Nacional de Directores Escolares también presentó otra moción de censura y su presidente comentó que los profesores y los alumnos «jamás lo habían tenido tan mal».[9]

En cambio, los sistemas educativos con mejor rendimiento escolar del mundo, al menos según los criterios del PISA, hacen grandes esfuerzos para que los profesores estén bien preparados, muy motivados y bien remunerados. Singapur, Corea del Sur y Finlandia ponen el listón muy alto a sus profesores. Para ejercer la profesión, tienen que seguir un proceso extremadamente riguroso que les exige una amplia preparación no solo en la disciplina que van a impartir, sino también en saber comunicarse con los alumnos, ejercer de tutores, gestionar la clase, realizar evaluaciones, etcétera.[10]

Pero si los niños son aprendices natos, ¿por qué necesitan profesores?

EL PODER DE ENSEÑAR

Ya he mencionado que la educación es un proceso biológico equiparable a la agricultura: los jardineros saben que no son ellos los que hacen crecer las plantas, ni montan las raíces ni pegan las hojas ni tampoco pintan los pétalos; las plantas crecen solas. La labor del jardinero consiste en crear las condiciones óptimas para que eso suceda. Los que son buenos profesionales lo consiguen; aquellos que carecen de las competencias necesarias, no. Con la enseñanza ocurre lo mismo. Los buenos profesores crean las condiciones óptimas para el aprendizaje y los malos, no. Pero los buenos profesores saben que no siempre controlan estas condiciones.

Existe un debate permanente en educación sobre los métodos de enseñanza y aprendizaje tradicionales y los progresistas, a menudo con posturas antagónicas. Según los estereotipos establecidos, el modelo tradicional se centra en enseñar datos e información mediante la instrucción directa a toda la clase; la enseñanza progresista se basa en aprender a través de la exploración, de la expresión personal y de actividades realizadas en grupos reducidos. Según mi experiencia, esta división tan marcada, al menos en apariencia, entre los enfoques tradicional y progresista es más teórica que real en muchas escuelas. En la práctica, los profesores de todas las disciplinas suelen utilizar un amplio abanico de técnicas que combinan la instrucción directa de datos e información con actividades y proyectos exploratorios en grupo. El arte de enseñar radica precisamente en equilibrar ambos tipos de enfoque.

Debido a mi alegato a favor de la creatividad en las escuelas, algunos críticos han dado por sentado que soy un progresista a ultranza y que me opongo a todos los métodos tradicionales de enseñanza, y que incluso estoy totalmente en contra de que los niños reciban una educación académica. Nada de esto es cierto. Siempre estoy dispuesto a defender lo que pienso, pero, como es natural, me resulta exasperante que den por hecho opiniones que no son mías y después me critiquen por ello. Durante toda mi trayectoria profesional, siempre he sostenido que el trabajo creativo en cualquier entorno comporta un mayor dominio de los conocimientos, conceptos y prácticas que conforman dicho ámbito y una comprensión más profunda de las tradiciones y logros en que se basa.

En 1977, por ejemplo, publicamos el libro *Learning Through Drama*, fruto del proyecto «Drama 10-16» financiado por el Concejo de Escuelas. En él señalamos que el trabajo teatral de exploración e improvisación de los alumnos debería consolidarse con un conocimiento cada vez mayor de las tradiciones, las costumbres y la literatura del teatro universal.

En los informes del proyecto «Artes en las Escuelas» señalamos que existen dos formas complementarias para que los alumnos aprendan arte: «creación», la producción de sus propias obras; y «apreciación», comprender y valorar las obras de otros. Ambos aspectos son fundamentales para una educación en artes dinámica y equilibrada. Crear implica el desarrollo de la *voz creativa* del individuo y de las *destrezas técnicas* mediante las que esta se expresa. Apreciar conlleva un *conocimiento contextualizado* más profundo de las obras de otros autores, de cómo, cuándo y por qué se han creado, así como un *sentido crítico* cada vez más desarrollado, tanto artístico como estético, para reaccionar adecuadamente ante estas obras.

Estas cuatro áreas de desarrollo creativo, técnico, contextual y crítico también pueden aplicarse a todas las otras disciplinas del plan de estudios, incluidas las ciencias, las humanidades y la educación física. Este es precisamente el argumento que defendíamos en 1999 en *All Our Futures: Creativity, Culture and Education*, donde analizamos el equilibrio y la dinámica del plan de estudios. Plantear la enseñanza desde una perspectiva exclusivamente tradicional o progresista implica no entender la necesidad de equilibrio entre todos estos elementos.

Para alcanzar este equilibrio, los buenos profesores desempeñan cuatro funciones principales: *motivan* a sus alumnos, *facilitan* el aprendizaje, *tienen expectativas* con respecto a ellos y los *capacitan* para creer en sí mismos.

## Motivar a los alumnos

Los buenos profesores saben que no basta con conocer sus disciplinas, pues su cometido no es enseñar materias, sino que sus alumnos las aprendan. Necesitan motivarlos, inspirarlos y entusiasmarlos creando condiciones en las que ellos quieran aprender. Si lo consiguen, sus alumnos rebasarán con toda probabilidad tanto lo que ellos esperan de sí mismos como las expectativas de los demás. Los buenos profesores logran resultados sacando a la luz lo mejor que hay en cada uno de sus alumnos. A tal fin, emplean diversos métodos. Pueden optar por darlo todo de sí, como es el caso de Rafe Esquith con los shakesperianos de Hobart, o pueden actuar como el profesor de periodismo Thomas Friedman.

Friedman se crió en las afueras de Minneapolis y asistió a la escuela de enseñanza secundaria St. Louis Park. Allí se matriculó en la asignatura de periodismo que Hattie Steinberg impartía en el aula 313. Aquellas fueron las únicas clases de periodismo que Friedman, columnista de fama mundial del *New York Times* y escritor de éxito, afirma haber recibido y necesitado jamás. En un artículo que escribió para el *Times*, dijo que Steinberg había sido la mejor profesora que había tenido y explicaba el enorme provecho que había sacado de sus dotes de persuasión, de su compromiso con los principios básicos y de su actitud rigurosa pero entregada (también comentó que había sido la profesora más dura que había tenido jamás). Describe la gran influencia que Steinberg tuvo sobre él y el resto de los compañeros del periódico escolar en estos términos:

> Los que llevábamos el periódico, y el anuario que también supervisaba ella, vivíamos en la clase de Hattie. Íbamos antes de que empezara la escuela y nos quedábamos después de que terminara... Ninguno de nosotros habría sabido expresarlo en ese momento, pero era porque nos gustaba que nos soltase arengas, nos castigara y nos enseñase.[11]

«Estos principios básicos no pueden bajarse de internet —añadía Friedman—. Solo pueden subirse, a la antigua usanza, uno a uno.» ¿Se habría convertido Thomas Friedman en la figura destacada que es si no hubiera conocido a Hattie Steinberg? Tal vez. Está claro que Friedman rebosa talento, y es muy probable que este hubiera aflorado incluso sin una buena instrucción. Quizá no habría desarrollado todo su potencial ni habría aprovechado al máximo sus recursos innatos si se hubiera dedicado a cubrir noticias locales en vez de escribir artículos y libros de los que seguimos hablando más de una década después de su publicación. Jamás lo sabremos, porque Thomas Friedman tuvo la suerte de contar con el estímulo de una profesora extraordinaria.

*Facilitar el aprendizaje*

En ocasiones se da por sentado que la función principal de un profesor es la instrucción directa. Sin duda, esta ocupa un lugar fundamental en la enseñanza. A veces, va dirigida a toda la clase; otras, a grupos más reducidos y, en ocasiones, es de carácter individual. Pero los profesores expertos tienen un amplio abanico de destrezas y técnicas. La instrucción directa solo es una de ellas, y saber cómo y cuándo utilizar la técnica idónea es lo que distingue a los buenos profesores. Como en todas las profesiones, se requieren conocimientos especializados y criterio para saber qué da mejores resultados en cada momento.

Usted espera que su médico sepa mucho de medicina en general y tenga, además, una determinada área de especialización. Pero también espera que aplique sus conocimientos a lo que le ocurre a usted y no a otro, y le trate como un individuo con necesidades específicas. Ocurre lo mismo en la enseñanza. Los profesores expertos adaptan constantemente sus estrategias a las necesidades y oportunidades del momento. La enseñanza eficaz es un proceso continuo de adaptación, discernimiento y respuesta a la energía y motivación de los alumnos.

Es su libro *Artistry Unleashed*, Hilary Austen estudia casos de personas que han destacado en el ámbito del trabajo y en la vida. En un ejemplo analiza el trabajo de Eric Thomas, quien estudió filosofía en Berkeley y actualmente enseña equitación. Para el jinete, dice Eric, lo fundamental es hacerse uno con el caballo, un animal vivo con su propia energía y estados de ánimo. La doctora Austen describe en su libro una clase de equitación que no va demasiado bien: la alumna tiene problemas para manejar el caballo y Eric le enseña cómo hacerlo.

Eric le explica que es evidente que ella se esfuerza en intentar que el caballo dé mejor la vuelta, pero que después de tres o cuatro intentos se da por vencida. ¿Qué pasa?, le pregunta. La alumna responde: «Voy demasiado deprisa al principio y luego me paro, y entonces él reacciona y yo no sé qué hacer». Eric se queda un momento callado y luego dice: «Estás intentando hacer demasiadas cosas. Deja de pensar y presta atención al caballo. La idea es intentar sentir lo que está pasando debajo de ti en este momento. *No puedes montar el caballo de ayer* [la cursiva es mía]. No puedes cabalgar lo que tal vez pase. Todas las personas que montamos caballos tenemos el mismo problema: esperamos que lo que aprendimos ayer sirva para siempre. A menudo montamos el problema que teníamos hace un momento para lograr el objetivo que nos hemos propuesto. Pero esto no es una receta. Cambia segundo a segundo, y tenemos que hacerlo con ello».[12]

Los buenos profesores saben que, por mucho que hayan aprendido a lo largo de su vida, cada día es distinto y no pueden montar el caballo de ayer. En el ámbito educativo, esta receptividad y capacidad de reacción difícilmente puede conseguirse si el profesor siempre se coloca delante de la clase y se dirige a un grupo de veinticinco o treinta alumnos. Es casi imposible mantener el interés de estos, en especial si se trata de niños pequeños. Esta metodología de enseñanza limita, por su propia naturaleza, la posibilidad de comunicarse con cada alumno por separado. Rafe Esquith no tiene mesa en su aula. Si la tuviera, quizá se sentaría detrás de ella, y él cree que, como profesor, debe moverse entre sus alumnos.

Los niños son curiosos por naturaleza, y estimular el aprendizaje significa mantener viva su curiosidad. Por ello, la enseñanza práctica basada en la exploración puede llegar a ser tan eficaz. En vez de responder a cuestiones que los alumnos no han planteado, los buenos profesores les incitan a hacer preguntas para motivarlos a analizarlas. Jeffrey Wright es un gran profesor de ciencias de Louisville, Kentucky. Utiliza un amplio abanico de técnicas como hacer estallar calabazas con petardos, construir aerodeslizadores con sus alumnos y utilizar tubos largos como cerbatanas para entretenerlos y, lo que es más importante, avivar su interés por la ciencia.

«Ven que una bola de fuego me arde en la mano y flota hacia el techo —me explicó—, y seguro que ningún alumno se queda dormido, y al momento todos están preguntando cómo, cómo, cómo. En cuanto consigo que los alumnos pregunten cómo o por qué, puedo engancharlos y mantener su interés.»[13]

Wright es consciente de que para facilitar el aprendizaje y avivar la curiosidad de sus alumnos es fundamental saber de dónde vienen y qué ocurre en sus vidas durante las horas que pasan fuera de clase. «Lo que yo encontraba en casa de pequeño cuando volvía de la escuela es muy distinto a lo que se enfrentan algunos de estos niños. Unos cuantos (les oigo hablar de eso a todas horas) oyen disparos por la noche. A mí me costaría dormir o estudiar si supiera que afuera alguien está disparando.» Los alumnos le hablan de embarazos, abortos, padres maltratadores y otras cuestiones que afectan a su vida, lo cual ha llevado a Wright a comprender que: «Una sola fórmula para todos no sirve». Si quiere influir en sus vidas, tiene que hacerlo tratando con ellos de forma individual.

«Aquí todos confiamos en el señor Wright —explicó Denaz

Taylor, uno de sus alumnos—. Él nos dijo: "La tercera ley de Newton me importa un rábano. Quiero enseñaros algo que podáis
aplicar fuera de la escuela". Hace que sienta que le importo de
verdad, y sé que es así.»[14]

Está claro que a Jeffrey Wright sí le importa Newton, pero
su talento como profesor consiste en hallar formas de ayudar a su
grupo variopinto de alumnos para que entiendan a Newton y conseguir que a ellos también les importe.

*Tener expectativas*

Las expectativas de los profesores influyen de forma determinante
en el rendimiento de los alumnos. Si los profesores les transmi-
ten que esperan que lo hagan bien, hay muchas más probabilidades de que así sea. Si, en cambio, creen que lo harán mal, también
es muy probable que ocurra esto último.

Rita F. Pierson trabajó como educadora profesional en Estados
Unidos durante más de cuarenta años, desde 1972. Su madre y su
abuela también lo fueron. Rita dio clases de primaria, secundaria y
educación especial. Fue tutora, coordinadora de exámenes y sub-
directora. Y desempeñó todas estas funciones con una energía especial, con el deseo de conocer a sus alumnos, de demostrarles lo
importantes que eran y apoyarles en su desarrollo. En los últimos
diez años de su trayectoria laboral condujo seminarios de desarrollo profesional para miles de educadores sobre temas como «Ayudar a alumnos con escasos recursos», «Satisfacer las necesidades
educativas de los niños afroamericanos varones» y «Prevenir el
abandono escolar».

En 2013 tuve el honor de ocupar la misma tribuna que la doctora Pierson en la Academia de Música Brooklyn, en Nueva York,
para un programa especial de la PBS sobre las charlas para la TED

en materia de educación. En una presentación cautivadora, dijo que se había pasado toda la vida «en la escuela, yendo a la escuela o hablando sobre lo que pasa en la escuela».[15] Durante todo el tiempo que pasó trabajando en el ámbito educativo, fue testigo de muchas reformas, algunas buenas, otras no tanto, para intentar paliar el problema del abandono escolar. Pero el caso es que «sabemos por qué los alumnos dejan los estudios y por qué no aprenden. Es la pobreza, el absentismo escolar, las influencias negativas de sus compañeros. Sabemos por qué. Pero una de las cosas de la que casi nunca hablamos es del valor y de la importancia de la comunicación humana, de las relaciones».

La clave para mejorar el rendimiento escolar reside en saber que enseñar y aprender son partes indisolubles de un mismo todo. Los alumnos necesitan profesores que se comuniquen con ellos, y, especialmente, que crean en ellos. Rita explicó que calificaba los exámenes suspendidos con el número de respuestas correctas en vez de anotar las incorrectas (un +2 con una carita sonriente en lugar de un −18, por ejemplo). Sus alumnos sabían que aún no habían alcanzado el nivel exigido, pero, al centrarse en lo positivo, Rita les daba un punto de partida para mejorar y un incentivo para seguir esforzándose. Pero sobre todo les dejaba claro que estaba de su lado.

## Capacitar a los alumnos

Los mejores profesores no son únicamente instructores, son también mentores y guías que deben ganarse la confianza de los alumnos, ayudarles a encontrar un rumbo en la vida y capacitarlos para creer en sí mismos. Sergio Juárez Correa es más consciente de estas necesidades que la mayoría.[16] Imparte quinto curso en la escuela de enseñanza primaria José Urbina López de Matamoros, México, una ciudad (cercana a la frontera con Estados Unidos) donde abunda la miseria y en la que a menudo se producen enfrentamientos entre narcotraficantes. Juárez Correa pasó los cinco primeros años de su carrera docente delante de la clase intentando transmitir información a sus alumnos para darles la oportunidad de tener una vida mejor. Aquella tarea le parecía fútil, y los resultados no eran alentadores. Los alumnos de la José Urbina solían suspender la ENLACE (Evaluación Nacional de Logros Académicos en Centros Escolares), el examen nacional mexicano de conocimientos básicos.

Entonces, en 2011, Juárez Correa se propuso cambiar las cosas; estaba convencido de que enseñando *a* sus alumnos seguiría sin conseguir apenas nada. Había leído sobre las capacidades innatas de los niños para aprender y había estudiado la obra de quienes se habían propuesto demostrarlo, entre ellos, Sugata Mitra. Juárez Correa decidió que de la única manera en que podía ayudar a sus alumnos a desarrollarse era capacitarlos para que aprendieran por su cuenta.

Empezó poniéndolos a trabajar en grupos y les animó a creer en su enorme potencial. Les acompañó en un proceso de exploración y descubrimiento, enseñándoles, por ejemplo, a aplicar el concepto de fracción a su vida cotidiana y hacer la geometría más práctica y tangible. Basó sus clases en preguntas abiertas para animarles a aprender razonando en lugar de memorizar información para luego vomitarla en los exámenes. Fomentó la conversación y la colaboración entre ellos, sin que le importase que el ambiente de clase pareciera algo alborotado. Sus alumnos se sintieron capacitados, y aquella sensación de poder les infundió una pasión por aprender sin precedentes.

Una alumna suya, Paloma Noyola Bueno, resultó ser un prodigio de las matemáticas. Entendía, de forma intuitiva, conceptos matemáticos que los estudiantes de posgrado tienen dificultad para asimilar. Cuando Juárez Correa le preguntó por qué nunca había mostrado demasiado interés por las matemáticas hasta entonces, ella respondió que nadie se las había enseñado de manera tan interesante como él. Cuando llegó el momento de volver a presentarse a la ENLACE, Paloma, una niña que vivía al lado de un vertedero en una ciudad devastada por la pobreza, sacó la mejor nota en matemáticas de todo México. Su éxito se celebró en un programa de la televisión nacional.

Las notas de Paloma fueron extraordinarias, pero no fueron únicas. Diez alumnos de la clase de Juárez Correa se situaron en el percentil 99 en matemáticas. Juárez Correa tuvo sentimientos encontrados con respecto a estos logros; a fin de cuentas, sus alumnos habían tenido éxito en un examen normalizado que evaluaba conocimientos memorizados y no la clase de aprendizaje cooperativo, creativo y basado en la exploración que él había fomentado para hacer posible aquel gran avance. Aun así, era innegable que había demostrado claramente lo que los niños son capaces de hacer cuando se les ofrece las herramientas adecuadas para aprender.

Es precisamente esta comprensión de la relación entre enseñar y aprender lo que sustenta el concepto de «facultad de aprender». Uno de los creadores y defensores clave de esta idea es el profesor universitario y escritor británico Guy Claxton, quien señala que «desarrollar la facultad de aprender» (BLP, del inglés «Building Learning Power») consiste en «ayudar a los jóvenes a convertirse en mejores aprendices, tanto dentro como fuera de la escuela. Se trata de crear una cultura en las aulas, y en toda la escuela, que cultive de forma sistemática hábitos y actitudes que capaciten a los jóvenes para afrontar las dificultades e incertidumbres con calma, confianza y creatividad». Los alumnos que se sienten más seguros de su capacidad de aprendizaje «aprenden más deprisa y mejor. Se concentran y piensan más y disfrutan más aprendiendo. Sacan mejores notas en los exámenes de curso y en aquellos de acceso a otros centros. Y enseñarles es más fácil y gratificante».[17]

«Desarrollar la facultad de aprender» se basa en tres creencias fundamentales, que coinciden exactamente con lo que yo propongo en este libro:

- El objetivo principal de la educación es preparar a los jóvenes para la vida después de la escuela ayudándolos a desarrollar los recursos mentales, emocionales, sociales y estratégicos que les permitirán disfrutar de los desafíos y hacer frente a la incertidumbre y a la complejidad de la existencia.
- Este objetivo es fundamental para todos los jóvenes e implica ayudarlos a descubrir en qué les encantaría destacar y fortalecer su voluntad y competencia para llevarlo a cabo.
- Es posible desarrollar la confianza, las capacidades y la pasión de cada alumno porque la inteligencia práctica mejora sustancialmente si se la estimula.

Claxton considera que estas tres creencias fundamentales son «de especial importancia en sociedades que están llenas de cambios, complejidades, riesgos, posibilidades y oportunidades para elegir el camino que uno desea seguir». Ponerlas en práctica «requiere un proceso gradual a veces difícil pero tremendamente gratificante de transformación cultural en las escuelas y cambio de hábitos entre los profesores».

Como ya he mencionado anteriormente, la madre de Rita Pierson también fue educadora. Durante años, Rita vio que utilizaba sus descansos para reunirse con alumnos. Por la tarde hacía visitas a domicilio, «compraba peines y cepillos, y crema de cacahuete y galletas saladas que guardaba en el cajón de su mesa para los alum-

nos que necesitaban comer, y una toallita y jabón para los que no
olían muy bien».

Años después de que su madre se jubilara, algunos de aquellos
alumnos la visitaban para decirle: «Sabe, señora Walker, usted me
ha cambiado la vida; ha hecho que las cosas me vayan bien. Hizo
que me sintiera importante, cuando yo sabía, en el fondo, que no
lo era. Y quiero que vea en qué me he convertido».

¿Qué objetivos podríamos alcanzar, se pregunta la doctora
Pierson, «si tuviéramos hijos que no temiesen arriesgarse, a los que
no les diera miedo pensar y que tuviesen un valedor? Todos los
niños merecen tener uno, un adulto que jamás se dé por vencido
con ellos, que conozca el poder de la comunicación y les insista
para que se conviertan en las mejores personas posibles».

## La clase invertida

Una de las razones por las que me interesó tanto la enseñanza teatral en los inicios de mi trayectoria profesional es que los buenos
profesores de teatro son expertos en proponer preguntas para que
sus alumnos las analicen y en favorecer los complejos procesos de
experimentación grupal y cuestionamiento personal que tan a menudo son la base del aprendizaje profundo. El teatro se sustenta
sobre el trabajo y la experimentación en grupo de los alumnos y, a
menudo, sobre la necesidad de que el profesor se quede en un segundo plano guiándolos y aconsejándolos, planteándoles preguntas que ellos analizan mientras aprenden los unos de los otros. En
años recientes, algunas de estas técnicas se han aplicado ampliamente a otras disciplinas en un movimiento que se conoce como
«clase invertida». Uno de los inspiradores de este movimiento es
Salman Khan, fundador accidental de la academia Khan.

Sal Khan no pretendía revolucionar los planes de estudios; ya tenía una vida muy plena como analista de inversiones en Boston. Al principio, solo quiso responder a la petición de una de sus primas de menor edad. La niña tenía problemas con las matemáticas, una materia que a Sal se le daba muy bien, así que le pidió ayuda.

Él se ofreció a darle clases particulares después de su jornada laboral. El resultado fue tan bueno que otros primos le pidieron lo mismo.

Pronto Sal estaba dirigiendo la «academia Khan» para parientes suyos en edad escolar y para otros niños y adolescentes. «Entonces casi parecía una broma. En 2006 me encontré dando clases a quince alumnos, entre amigos y primos, todos los días después de trabajar.»

En cuanto Sal empezó a subir sus vídeos didácticos a YouTube, personas que no conocía dieron con ellos por casualidad y los utilizaron como herramienta de aprendizaje. Sal comenzó a recibir comentarios de usuarios de todo el mundo, que le decían que sus vídeos habían logrado que una determinada asignatura les resultara comprensible e incluso entretenida por primera vez. Cuantos más vídeos filmaba, más seguidores tenía, y un proyecto que en sus orígenes fue puramente personal comenzó a adquirir unas dimensiones mundiales espectaculares. En 2009, más de sesenta mil personas utilizaban la academia Khan todos los meses.

A finales de ese año, algunos seguidores prominentes, entre ellos Bill Gates y Google, se prestaron a ayudar a la academia Khan. «Me preguntaron si le veía algún futuro a mi proyecto, y yo les dije que podíamos contratar a un equipo y terminar de montar la plataforma de software que yo había empezado a crear. Mi idea era crear una herramienta con la que todo el mundo pudiera aprender a su ritmo. También podrían utilizarla los profesores para la instrucción diferenciada. Entonces, montones de piezas comenzaron a encajar.»

Lo que resultó evidente para Sal, y para los más de siete millones de usuarios que hoy en día visitan la academia Khan con regularidad, es que la página web podía utilizarse para abrir nuevos y sorprendentes caminos en el terreno del aprendizaje. Los vídeos y los otros materiales didácticos que contiene la página web de la academia Khan hacen posible que cada persona aprenda a su ritmo y profundice en un tema que le interese a partir del nivel de conocimientos que tenga. Sal señala que lo que él fomenta es el dominio de un tema o competencia, no un conocimiento puramente superficial. Por ejemplo, un niño que empieza a estudiar las fracciones ve uno o dos vídeos y, a continuación, tiene que responder correctamente cinco preguntas básicas antes de poder ver la siguiente serie de vídeos y completar otro ejercicio. A medida que avanza, el estudiante tiene que responder un mayor número de preguntas antes de pasar al siguiente nivel. Esto le anima a profundizar en el tema y a dominarlo en la práctica, en lugar de solo estudiarlo para luego vomitar respuestas durante un examen.

Para Sal Khan, este sistema de aprendizaje hace que los alumnos aprovechen mejor el tiempo que dedican a los deberes y el que pasan en clase. «Las clases no deberían centrarse en la pasividad, ni en escuchar al profesor para tomar apuntes, sino en que cada alumno aprenda a su ritmo. Además, cuando entramos en un aula donde hay seres humanos, deberíamos relacionarnos con ellos. La academia Khan puede garantizar a sus usuarios que dispondrán de la ayuda que necesitan para aprender, pero, si algo se les resiste, deberán recurrir al aula escolar, que para eso está, para hacer preguntas, para responder las de otros o llevar a cabo proyectos.»

Este es un tipo de pedagogía que comenzó a ganar seguidores cuando Eric Mazur, un profesor de física de Harvard, empezó a utilizarla en lugar de la clase magistral tradicional. Mazur descubrió que sus alumnos entendían y sabían aplicar mucho mejor lo que estudiaban cuando él les orientaba en lugar de instruirles directamente. Mazur pide a sus alumnos que lean un libro de texto o miren una de sus charlas en línea u otro tipo de material relacionado con el tema que luego abordarán, antes de ir a clase. Cuando esta empieza, hace una breve introducción, deja que los alumnos reflexionen sobre lo que acaba de decir y después les pregunta. De forma invariable, cada estudiante saca sus propias conclusiones, muchas de ellas incorrectas. A continuación, pide a los alumnos que han respondido bien que se lo expliquen a aquellos compañeros, sentados junto a ellos, que no han sabido responder correctamente.

«Imaginen a dos alumnos sentados el uno al lado del otro, Mary y John por ejemplo. Mary sabe la respuesta porque lo entiende, así que ella se lo explicará mejor a su compañero que el profesor Mazur, colocado delante de toda la clase. ¿Por qué? Porque ella acaba de aprenderlo y sabe qué tipo de dificultades tiene John. En cambio, el profesor Mazur lo aprendió hace tanto tiempo y lo tiene tan claro que ya no recuerda qué dificultades tiene un principiante.»[18]

En la clase invertida, el profesor no se coloca delante de un grupo de alumnos para hablarles sobre un tema, sino que estos obtienen este tipo de instrucción en casa, a través de internet. Después, el profesor utiliza el aula para que aprendan unos de otros (el método que Mazur acaba de describir), presten una atención individualizada a los que tienen dificultades y animen a la clase a discutir sobre el tema. También se plantean desafíos intelectuales a los alumnos que ya lo dominan. Básicamente, lo que se hace en clase pasa a hacerse en casa y viceversa, con la ventaja de que en ambos casos los alumnos pueden avanzar a su ritmo.

Hay pruebas convincentes de que las clases invertidas pueden ser muy eficaces. Según un estudio de finales de la década de los noventa, los alumnos que aprendieron gracias a la ayuda de sus compañeros «manifestaron incrementos del aprendizaje de casi dos desviaciones estándar por encima de los observados en las clases tradicionales.»[19] Otros estudios han mostrado mejoras igual de espectaculares.

En 2013, cuarenta y ocho escuelas públicas de Idaho pusieron en marcha un programa piloto para invertir algunas de sus clases utilizando la metodología de la academia Khan. Shelby Harris, profesora de matemáticas de primero de secundaria en el instituto de enseñanza media Kuna, participó en el programa e intervino en el documental de Davis Guggenheim, *Teach*. «Me daba mucho miedo de que se tratara de quitarse al profesor de encima y meter el ordenador en clase —dijo—. Pensaba que me distanciaría de mis alumnos, pero ha sido todo lo contrario. Enseño mejor ahora de lo que lo he hecho en trece años. Tengo mucho más tiempo para mis alumnos; puedo enseñarles lo que necesitan, cuando lo necesitan.»[20]

Shelby considera que la evaluación inmediata que la metodología de Khan ofrece a los alumnos, además de la posibilidad de tener un profesor para que les ayude de forma personalizada cuando sea necesario, es extremadamente provechosa. «Creen que lo están haciendo bien y se sienten genial —dijo sobre la experiencia de los deberes tradicionales—, pero luego van a clase para corregirlos y está todo mal, y ellos no tenían ni idea. Con Khan, cuando tratan de resolver un problema, descubren enseguida si lo han hecho bien o no. Si no han sabido solucionarlo, pueden consultar paso a paso la resolución y ver exactamente dónde se han equivocado para hacerlo mejor la próxima vez. Pueden aprender mucho por su cuenta. Mi papel es apoyarles cuando eso no da resultado.»

Para Sal Khan, lo que Shelby Harris describe es un reflejo de su propia experiencia con la educación. «Cuando iba a la escuela, vi lo poco que se aprendía estando los alumnos sentados de forma pasiva en una clase magistral. Esto pasa tanto en primero de primaria como en un curso de posgrado. Las experiencias que de verdad me aportaron algo son aquellas como el grupo de matemáticas, donde éramos treinta críos intentando enseñarnos y aprender unos de otros. El profesor estaba con nosotros para orientarnos, pero no para darnos clase. También aprendí mucho en la asignatura de periodismo, donde, una vez más, éramos un montón de alumnos colaborando en algo con un objetivo común. Estuve en el equipo de lucha libre del instituto, y nos apretaban duro, pero me apetecía hacerlo porque era un entorno de colaboración donde nos ayudábamos unos a otros y los entrenadores estaban para orientarnos.

»La clase no debería centrarse en la instrucción directa. No nos gustaba a ninguno, y nadie se sentía especialmente motivado. A los profesores tampoco les gusta; se sienten como si estuvieran disparando información en el vacío. Los seres humanos no deberían ser pasivos. Cuando se juntan, deberían interaccionar; resolver problemas o elaborar cosas.»

## ENSEÑANZA CREATIVA

Permítame decir unas palabras sobre la creatividad. He escrito mucho sobre ello en varias publicaciones. En vez de poner a prueba su paciencia repitiéndolas aquí, les remito a mis artículos si siente interés por el tema. En *Out of Our Minds: Learning to Be Creative*, trato en profundidad la naturaleza de la creatividad y de su relación con la inteligencia en las artes, las ciencias y en otras áreas del progreso humano. En 1997, el gobierno de Reino Unido me pidió que formara una comisión nacional para asesorarle sobre cómo podía potenciarse la creatividad en el sistema educativo, desde los cinco años hasta los dieciocho. Aquel grupo reunió a científicos, artistas, educadores y líderes empresariales en una misión común para explicar la naturaleza e importancia vital de la creatividad en la educación. Nuestro informe, *All Our Futures: Creativity, Culture and Education*, presentaba propuestas detalladas para que puedan llevarse a la práctica, y estaba dirigido a personas que trabajaban en todos los ámbitos de la educación, desde las escuelas hasta el gobierno.

Hay quienes dicen que la creatividad no puede definirse; yo discrepo. He aquí mi definición, basada en la labor del grupo de *All Our Futures*: «la creatividad es el proceso de tener ideas originales que son de utilidad».

Hay otros dos conceptos que debemos tener presentes: la imaginación y la innovación. La imaginación es el motor de la creatividad. Nos permite pensar cosas que no percibimos a través de los sentidos. Creatividad es poner a trabajar la imaginación; es imaginación aplicada. La innovación consiste en llevar a la práctica nuevas ideas.

Existen falsos mitos con respecto a la creatividad. El primero es que únicamente aquellas personas a las que se consideran especiales son creativas; el segundo, que se limita al ámbito de las artes; la tercera, que no puede enseñarse; y la cuarta, que solo es posible si uno se expresa sin inhibiciones. Nada de esto es cierto. La creatividad se nutre de muchas capacidades que todos poseemos por el simple hecho de ser humanos. Se manifiesta en todas las facetas de la vida: en la ciencia, las artes, las matemáticas, la tecnología, la gastronomía, la enseñanza, la política, los negocios; en todo. Y, al igual que muchas otras capacidades humanas, el talento creativo puede cultivarse y perfeccionarse. Este proceso comporta un dominio cada vez mayor de destrezas, conocimientos e ideas.

La creatividad consiste en tener ideas nuevas. No es necesario que beneficien a toda la humanidad, aunque eso siempre es una ventaja, pero sí deben favorecer a la persona que las ha concebido. La creatividad también requiere valorar la calidad de aquello que estamos creando, sea un teorema, un dibujo o un poema. El trabajo creativo a menudo pasa por varias fases típicas, y, en ocasiones, el resultado final no se corresponde con nuestra idea inicial. Se trata de un proceso dinámico que a menudo conlleva hacer nuevas asociaciones, pasar de una disciplina a otra y utilizar metáforas y analogías. La creatividad no solo consiste en tener ideas originales y dar rienda suelta a la imaginación, sino que también requiere pulir, evaluar y concretar lo que se está creando. Asimismo trata sobre el pensamiento original en cuanto a lo indivual y es necesario valorar si la obra en curso está cobrando la forma correcta y merece la pena, al menos para su autor.

La creatividad no está reñida con la disciplina y el control. Al contrario, independientemente del ámbito en el que se desarrolla, precisa que uno tenga sólidos conocimientos objetivos y un alto grado de dominio práctico. Cultivarla es uno de los retos más interesantes para cualquier profesor. Para ello, es necesario entender la verdadera dinámica del proceso creativo.[21]

La creatividad no es un proceso lineal en el que hay que dominar, antes de empezar, las destrezas que se suponen son necesarias, aunque es evidente que el trabajo creativo comporta una competencia cada vez mayor de capacidades y conceptos. Si uno se centra exclusivamente en sus aptitudes, corre el riesgo de perder el interés por cualquier disciplina. Gran cantidad de alumnos han renunciado definitivamente a entender las matemáticas a causa de interminables tareas repetitivas que les impidieron apreciar la belleza de los números. Son muchas las personas que se han pasado años practicando escalas a regañadientes para presentarse a exámenes de música y que luego han abandonado el instrumento cuando ya lo dominaban.

El verdadero motor de la creatividad es el afán de descubrimiento y la pasión por el trabajo en sí. Cuando los alumnos están motivados para aprender, adquieren de forma natural las destrezas que necesitan para llevar a cabo lo que se proponen. Y su dominio de ellas es cada vez mayor a medida que sus ambiciones creativas se expanden. Hallará pruebas de este proceso en la labor de grandes educadores de todas las disciplinas, desde el fútbol hasta la química.[22]

## Enseñar en una clave distinta

Hay muchos profesionales de otros ámbitos que pueden colaborar con los docentes para aportar su energía, entusiasmo y conocimientos especializados a la experiencia educativa. Y para eso, no necesitan ser profesores titulados. Sí se requiere, sin embargo, que tengan dos pasiones: pasión por la disciplina que dominan y por compartir su entusiasmo con los niños. Neil Johnston pertenece a esta clase de personas. Cuando todavía estudiaba, montó su empresa Store Van Music como un medio para promocionar sus composiciones y producciones musicales. Para cubrir los gastos que siempre acarrea poner una empresa en marcha, empezó a dar clases de música en una escuela dos días a la semana.

«La escuela estaba en una zona bastante deprimida —me dijo—. De los seiscientos alumnos que había, solo dos estudiaban guitarra. Aquellas eran las únicas clases individualizadas que se daban en la escuela.

»Me encanta la forma en que la tecnología digital ha cambiado la industria musical, pero mi pasión y entusiasmo por esta última no quedaban en absoluto reflejados por lo que veía en clase. Lo que más me llamaba la atención era que los grupos de alumnos con los que teníamos más dificultades eran los mismos que se pasaban el recreo y la hora de comer escuchando música en el móvil. La música les encantaba, pero odiaban las clases de música.»

A pesar de que disponía de poco tiempo y de escasos recursos, Neil intentó dar a la música un enfoque que conectara más con sus alumnos. En ese momento estaba trabajando en anuncios y componiendo música para videojuegos y empezó a llevarlos a clase para que los alumnos participaran en el proceso. Aquellos que no encontraban sentido a estudiar una composición que tenía siglos de antigüedad, comenzaron a animarse ante la perspectiva de opinar sobre algo que podía aparecer en su PlayStation o Xbox.

Asimismo, empezó a hablar de música a sus alumnos desde un punto de vista que podía interesarles, utilizando las canciones que ellos escuchaban en el móvil durante las pausas. «Todos tenemos una opinión cuando se trata de música, tanto si nos apasiona como si la odiamos. Si pongo a Britney Spears en una clase, puede haber treinta alumnos a los que les entusiasma, y habrá unos cuantos que no la soportan y que estarán dispuestos a expresar su opinión. Y lo importante es que discutan y se impliquen, y de esta manera no estarán desesperados por sacar el móvil y conectarse a Facebook mientras permanecen en clase. Así no se distraen.»

Al ver el vínculo que se estaba empezando a forjar entre sus alumnos y la educación musical, Neil comenzó a llevar bandas a las escuelas para impartir talleres de un día sobre música rock y pop. Como era de esperar (al menos en aquella fase), los talleres tuvieron mucho éxito y eso captó el interés de una serie de empresas fascinadas con lo que Neil estaba logrando. Apple se puso en contacto con

Store Van Music para hablar de cómo podrían trabajar juntos, pero, aunque el interés era mutuo, no llegaron a ningún acuerdo.

Entonces Apple sacó el iPad al mercado y todo cambió. «Cuando el iPad salió, me llamó mucho la atención. Pensé que era genial y justo lo que yo necesitaba para enseñar música, una interfaz táctil con algunas aplicaciones increíbles para que los alumnos pudieran participar sin necesidad de saber tocar un instrumento. Cuando salió el iPad 2, sacaron la aplicación GarageBand y yo llamé a Apple enseguida para decirles: "¿Me prestáis una tonelada de esos? Quiero probar una cosa".»

Neil quería probar un programa que enseñaba música mediante la experimentación: los alumnos podrían tocar canciones, además de estudiarlas. Hasta ese momento, un programa así solo habría estado al alcance de los estudiantes con acceso a instrumentos y que tenían el interés y disciplina necesarios para aprender las nociones básicas. Con GarageBand en el iPad, eso ya no era necesario. La tableta y la aplicación convertían a los alumnos, con tan solo unos clics, en guitarristas, baterías, saxofonistas, etcétera.

«Lo bueno de utilizar tabletas es que no hay barreras para la admisión de alumnos. Podemos crear un grupo de chicos que no tocan ningún instrumento para que desarrollen el oído musical que una banda necesita para triunfar. No hace falta que sepan qué es una escala. La introducimos en el iPad y ellos solo necesitan utilizar las mismas destrezas que un niño usaría al tocar un triángulo para llevar el ritmo. Tampoco excluye a los chicos que lo hacen genial. A ellos también les proponemos unas cuantas tareas más complejas.»

Los alumnos respondieron al programa con gran entusiasmo, mucho más del que Neil esperaba. Pronto, Store Van estaba impartiendo talleres en muchas escuelas del sur de Reino Unido. «Grabamos un vídeo en junio de 2011 sobre lo útil que era esto como herramienta didáctica. Hasta entonces habíamos tenido relación con cincuenta o sesenta escuelas de una zona limitada. Cuando subimos el vídeo, empezamos a recibir invitaciones de todo el mundo. Actualmente, la educación supone el 60 por ciento de nuestro negocio. En 2012 hicimos una gira por Estados Unidos.»

Si bien el éxito del programa ha influido de forma considerable en la expansión de Store Van, Neil también se ha visto gratamente sorprendido con algunas reacciones. Tal vez la que más le ha conmovido ha sido ver que la canción que había grabado con los cuatrocientos alumnos de la escuela de enseñanza primaria Gaywood encabezaba la lista de éxitos de iTunes. Asimismo, un vídeo donde aparece componiendo la canción «You Make Me So Electric» con un grupo de alumnos ha tenido cientos de miles de visualizaciones en YouTube.

Neil no duda en señalar que, con sus talleres de un día, tiene ciertas ventajas sobre los profesores que dan clase los cinco días de la semana. Su papel es parecido al de un padre divorciado que ve a su hijo una vez a la semana y lo colma de regalos. Con Store Van Music, cada día es festivo.

«Al carecer de formación académica como profesores, probablemente ofrecemos a los chicos cosas que quizá otros no harían. Los desafiamos. Podemos darles cuarenta minutos para pensar en una música para un anuncio de televisión.» No obstante, Neil señala que «también estamos para apoyar al profesor. Hemos observado que, además de trabajar con alumnos, inspiramos a docentes». Confiriendo utilidad práctica a sus talleres, es decir, enseñando a sus alumnos a tocar una canción, a componer una música para un anuncio y a lanzar una melodía al mercado, Neil los motiva —tengan o no intención de convertirse en músicos profesionales— muchísimo más que intentando conseguir que aprecien a los grandes maestros.

«Asociar la industria a la educación hace que el aprendizaje sea útil. La enseñanza se ha alejado mucho del libro de texto. La información sigue siendo igual de importante, pero hay que transmitirla de forma más actualizada. Si los chicos pueden comprobar esto último en un ejemplo de la vida real, eso lo cambia todo.»

## La enseñanza como diversión

Mientras que Neil Johnston utiliza la diversión como herramienta para enseñar, Mitch Moffit y Greg Brown usan la enseñanza como un instrumento para divertir. Han creado un canal de muchísimo éxito en YouTube llamado AsapSCIENCE que convierte la enseñanza en teatro. ¿Qué fue primero, el huevo o la gallina? ¿Qué pasaría si las personas dejáramos de dormir? ¿Qué sucede en nuestro cerebro cuando nos enamoramos? AsapSCIENCE utiliza una combinación de datos científicos e ingeniosos dibujos para responder a estas y a muchas otras preguntas, lo cual ha llevado a decenas de millones de personas, en su mayoría estudiantes, a consultar su canal.

«A veces, en el sistema educativo, no siempre se empieza por lo interesante —me dijo Mitch—. Se basan mucho en la información, y hay que aprenderse el contexto antes de que la cosa se ponga interesante. Para nosotros, esta era una oportunidad para invertir el proceso y decir: "Aquí tenéis lo que os gusta, y ahora hablaremos de ello mientras os enseñamos lo que pasa. Vamos a aprender ciencia a la inversa".»

Greg es profesor titulado y a menudo se sentía frustrado con el modelo de enseñanza tradicional. «El plan de estudios estaba muy determinado por los niveles académicos y por el objetivo exclusivo de dar información científica —me dijo—. En mi caso veía que el sistema educativo no era nada eficaz con mis alumnos. Lo más difícil era captar su interés. Me pareció muy interesante ponerles un vídeo mío de YouTube y comprobar su reacción. En cuanto empezó, todos le prestaron atención, porque representaba cosas que ellos hacían en su tiempo libre. Estuvieron atentos, escuchando, haciendo preguntas. El vídeo dio pie a discusiones que no habría provocado ninguna de mis clases magistrales. Fue interesante utilizarlo como un pequeño experimento, y también fue asombroso constatar que mis alumnos sentían curiosidad y formulaban preguntas sobre el mundo que les rodeaba, pero, cuando se trataba de enseñarles qué era el átomo, los ojos se les ponían vidriosos. Eso no les interesaba.

»El mayor problema que yo tenía en mis clases era que nada de lo que enseñaba tenía relación con los alumnos. Ellos no sabían por qué ni para qué lo aprendían. Una de las razones de que nuestro canal tenga tanto éxito es que respondemos preguntas cuyas respuestas las personas de todas las edades, clases y procedencias quieren saber. Pueden conectarse con ellas.»

AsapSCIENCE pone de manifiesto que los profesores pueden ser «una gran atracción» si presentan el material de manera que motive a los alumnos. También ha demostrado que, de un modo muy similar a aquellas madres que camuflan las verduras en los postres, es posible conseguir que los alumnos aprendan lo que más les conviene si se lo damos endulzado. «Nuestros vídeos no pueden sustituir al profesor de carne y hueso, pero son un catalizador —dijo Greg—. "Oye, los pedos son divertidos; vamos a hablar de pedos. Y luego estudiaremos los gases." Nuestros vídeos pueden ser la chispa que despierte el interés en la materia.»

## Aprender a enseñar

Así pues, ¿qué tipo de formación se necesita para ser un buen profesor? ¿Realmente hace falta una preparación? Como hemos visto, Neil Johnston ha realizado una labor excelente, pese a no tener una formación como profesor, transmitiendo su pasión por la música a chicos que nunca habían cogido un instrumento. Hemos expuesto varios ejemplos más de personas sin titulación docente que han captado de forma sorprendente el interés de sus alumnos. Es muy probable que todas ellas nos dijeran que lo han conseguido gracias al ámbito reducido en el que han impartido sus conocimientos. Michael Stevens motiva a montones de niños a estudiar ciencia en su excelente canal de YouTube, Vsauce, pero admite que «enseñar es muy distinto. Yo hago un episodio sobre lo que me apetece, como me apetece, una vez a la semana, mientras que un profesor tiene que ir a clase todos los días, cumplir la normativa, impartir disciplina a los alumnos, ser su amigo y un montón de cosas más. Lo que yo hago en Vsauce es enseñar por libre».

Algunos políticos opinan que si una persona está muy bien cualificada en una determinada disciplina puede dar clases. ¿Tiene usted un máster en química molecular? Pues entonces puede ser profesor de ciencias; es decir, que si poseemos los conocimientos especializados estamos sin duda capacitados para transmitirlos con eficacia. No necesitamos saber nada más; el resto es pura mecánica. Pues no, no lo es. Por supuesto, conocer lo que enseñamos suele ser importante. Y digo «suele» porque no siempre lo es, como veremos más adelante. Obviamente, en algunos campos, es fundamental. Yo no hablo rumano, de modo que no tengo demasiadas posibilidades de enseñarlo correctamente. Y por mucho que me digan: «Vamos, atrévete. No puede ser tan difícil», no podré hacerlo. Conocer la materia a fondo a menudo es esencial para enseñar bien, pero nunca es suficiente. Es imprescindible saber motivar a los alumnos para que quieran aprenderla y lo hagan de forma activa. Por eso precisamente las buenas escuelas invierten tanto dinero en la selección y formación de sus profesores, y también por eso la docencia es una profesión respetada y bien remunerada en estos centros.

Andy Hargreaves y Michael Fullan ofrecen una de las mejores exposiciones sobre la necesidad de que los profesores tengan una buena formación teórica y práctica en su innovador análisis, *Professional Capital: Transforming Teaching in Every School*. Argumentan de forma concluyente que aquellos planteamientos para la contratación y formación de profesores que carecen de visión de futuro e inciden en recortar gastos tienen como consecuencia un personal docente «barato, sin experiencia ni aguante». Y esto conduce a un empobrecimiento del aprendizaje y a que nuestros hijos dispongan de menos oportunidades para tener éxito en la vida.

La preparación inicial de los profesores debería comprender un largo período de prácticas en escuelas bajo la tutela de otros docentes expertos, así como el estudio de la práctica e historia ideológica de la educación, y de los diversos movimientos y escuelas de pensamiento que la han impulsado. Dado que el cometido principal de la educación es facilitar el aprendizaje, debería contemplar el estudio riguroso de las teorías sobre este y de las investigaciones en psicología y, lo que es fundamental hoy en día, en las ciencias cognitivas. También debería comprender cierto conocimiento de cómo funcionan los sistemas educativos de distintos países y con qué resultados y consecuencias. La preparación inicial es esencial, pero, en cuanto empiezan a ejercer, los buenos docentes necesitan poder seguir desarrollando sus capacidades profesionales para mejorar sus habilidades creativas y estar al día de los avances en la práctica e investigación de la educación.

Los grandes profesores son la esencia de las grandes escuelas. En sus diversas funciones pueden cumplir tres fines fundamentales para los alumnos:

- **Motivación:** motivan a sus alumnos gracias a la pasión que sienten por sus disciplinas y los animan a dar lo mejor de sí mismos.
- **Confianza:** ayudan a sus alumnos a adquirir las destrezas y conocimientos que necesitan para convertirse en estudiantes seguros e independientes capaces de seguir desarrollándolos.
- **Creatividad:** capacitan a sus alumnos para experimentar, investigar, hacer preguntas, desarrollar las competencias de cada uno y estimular la curiosidad con el fin de que piensen de forma original.

Estos objetivos deberían cumplirse en la enseñanza de cualquier modelo educativo. Así pues, ¿qué debería comprender el plan de estudios?

# 6

## ¿Qué merece la pena saber?

El instituto High Tech High de San Diego, California, se fundó en el año 2000 como una escuela concertada de enseñanza secundaria, concebida para integrar la educación técnica y académica. Hoy en día, comprende cinco escuelas de enseñanza secundaria, cuatro de enseñanza media y tres de enseñanza primaria que educan a más de cinco mil alumnos todos los años.[1] Una jornada escolar en el High Tech High es muy distinta a la de cualquier otro centro. Este instituto organiza su plan de estudios en torno al aprendizaje basado en proyectos. «El aprendizaje basado en proyectos sigue más o menos este proceso —explica el profesor de dibujo Jeff Robin—. Decides lo que quieres que aprendan tus alumnos (podría ser lo que dicta la normativa, o algo nuevo que has pensado tú), y desarrollas un proyecto. Luego integras el contenido en él.»[2]

Larry Rosenstock es el director fundador del High Tech High. Así lo expresa él: «Cogemos la metodología de la tecnología —que es grupal, empírica, aplicada y expedicionaria— y los contenidos académicos —lectura, escritura, aritmética, humanidades—, es decir, todo aquello que los alumnos necesitan saber, e intentamos conjugar la pedagogía de la tecnología con los contenidos académicos».

Los alumnos abarcan así todo el plan de estudios de forma eficaz porque integran una disciplina en otra. Arte y biología pueden combinarse, por ejemplo, o humanidades y matemáticas. Los alumnos publican textos, realizan documentales y crean numerosos y distintos proyectos. Pueden estudiar los ecosistemas, junto con fotografía y diseño gráfico, y luego escriben y publican un libro sobre la ecología de la bahía de San Diego. Además, aplican su labor al mundo real creando proyectos que son útiles dentro y fuera de su comunidad. Recientemente, un grupo que trabajó con el código de barras genético creó una herramienta que se utiliza en mercados africanos para descubrir si la carne ha sido suministrada por cazadores furtivos.

A diferencia de la mayoría de las escuelas, los alumnos no salen a los pasillos cada cuarenta minutos para dirigirse a otra aula donde les impartirán una asignatura distinta. El High Tech High divide la jornada escolar en períodos de tiempo más largos. El objetivo es permitir una experiencia más continuada y envolvente en proyectos de diversos tipos. «No hay timbres —me dijo Larry—. Si los alumnos quieren ir al baño, van. No tenemos sistema de megafonía. Hay mucha actividad. Se trata de descubrir la asignatura en lugar de cubrirla, de realizar trabajos de campo, no de memorizar términos biológicos. Nuestros alumnos hacen prácticas educativas en los sectores público y privado. Es laxo, pero también estricto de forma distinta.

»Los alumnos aprenden con profesores que están trabajando en equipos. No pasan constantemente de una asignatura a otra. Hacen y crean muchas cosas, y luego exponen a menudo su trabajo ante los demás. Se ponen en pie y presentan su proyecto. Hay que divertirse.»

Organizar este plan de estudios, tan radicalmente distinto del de otras escuelas de enseñanza secundaria, requiere convencer a muchos grupos, entre ellos a los padres, quienes al principio no apoyaron la metodología del High Tech High. «Cuando abrimos el

High Tech High, había padres que cuestionaban nuestro enfoque. Pero nos decían que no podían sacar a sus hijos de la escuela porque a ellos les encantaba asistir a clase. Y luego, nuestros alumnos pudieron entrar en buenas universidades.»

Casi todos los alumnos del High Tech High siguen estudios superiores y el 70 por ciento de ellos estudia carreras de cuatro años. «La cantidad de alumnos nuestros que acaban la carrera es enorme. Sé que muchos dicen que no todo el mundo necesita ir a la universidad. Eso lo entiendo. A los jugadores de la NBA no les hace falta, ni a las estrellas de rock, ni a los programadores informáticos brillantes. Pero nosotros pensamos que incluso los chicos que tal vez no vayan a la universidad aprenden mejor si no los separan de aquellos alumnos que siguen programas de preparación de cara a los estudios superiores. Así, esos chicos no pierden la esperanza de conseguirlo.»

Más de la mitad de estos alumnos que van a la universidad son los primeros de su familia en seguir estudios superiores. Esto se debe a que el High Tech High no hace distinciones sociales. Elige a sus alumnos por sorteo y, en los períodos de transición (de la enseñanza primaria a la media, de la media a la secundaria), cubre las bajas seleccionando a alumnos de áreas deprimidas.

«Aunque la pedagogía es lo que nos define —dijo Larry—, creo que lo que nos da cierta ventaja es la integración social. En lo que respecta al capital social, el país está fallando. Nos equivocamos una y otra vez a la hora de juzgar a los alumnos. Decidimos quién puede y quién no basándonos en el origen étnico, en el estatus socioeconómico y en el sexo. Ahora, los exámenes normalizados nos han dado otra metodología para seguir equivocándonos. Lo que nosotros intentamos hacer es no caer en esa trampa y ponernos a velocidad de crucero, como nos gusta llamarlo, con alumnos con los que no se está acostumbrado a conseguir eso [...]

Cuando se trabaja con estos chicos, se descubre lo listos que son. Solo hay que llegar hasta ellos de otra manera.»

Llegar a todos los alumnos es precisamente el objetivo que persigue el cambio en el sistema educativo. Como hemos visto, esto último requiere centrarse en la calidad del aprendizaje y de la enseñanza. Y también se necesita un plan de estudios que lo haga posible.

## ¿QUÉ ES EL PLAN DE ESTUDIOS?

El plan de estudios es un esquema estructurado de todo aquello que los alumnos deben saber, entender y poder hacer. En la mayoría de las escuelas, unas partes del plan de estudios son obligatorias, algunas son optativas y otras son voluntarias, como los distintos talleres y los programas extraescolares. Hay una diferencia entre el plan de estudios *oficial* y el *no oficial*. El oficial hace referencia a la parte obligatoria, donde se inscribe todo lo que se evalúa y califica. La parte no oficial se refiere a lo que es voluntario. Juntas, las partes oficial y no oficial forman el plan de estudios completo.

Su finalidad es ofrecer un mapa de todo aquello que los alumnos deben aprender. No obstante, el plan de estudios tiene otra finalidad: las escuelas lo necesitan para poder decidir cómo utilizan sus recursos y distribuyen el tiempo y el espacio. Por lo general, dividen la jornada escolar en unidades de tiempo, que asignan a cada una de las asignaturas. Esto puede parecer lógico. Después de todo, la jornada escolar necesita estar organizada, y los alumnos y profesores tienen que estar informados de cuándo y dónde. En principio, el plan de estudios debería determinar el horario, pero, en la práctica, a menudo ocurre al revés.

En cuarto de secundaria, nuestra hija no pudo seguir estudiando danza por problemas de horario. Cuando yo tenía catorce años, me vi obligado a dejar dibujo porque me coincidía con alemán, que en opinión de la escuela era más importante para mi formación. Y no, no lo era, pero tuve que aceptarlo. Muchos estudiantes de secundaria tienen experiencias similares. Si el horario es flexible y más personalizado, eso facilitará sin duda el tipo de plan de estudios dinámico que los alumnos necesitan hoy en día.

## UN ETERNO TEMA DE DEBATE

Algunas de las discusiones más acaloradas en materia de educación giran en torno a qué debería enseñarse y quién debería decidirlo. No es mi intención tratar aquí los pormenores del contenido del plan de estudios, es decir, los datos objetivos, las ideas, las competencias y otras informaciones que deberían aprenderse en las diversas disciplinas. Eso, por sí solo, sería material suficiente para otro libro o incluso para una biblioteca completa, tal como E. D. Hirsch[3] y otros, entre ellos numerosos gobiernos, han demostrado con sus intentos de definir el contenido del plan de estudios. Todos ellos han creado una gran polémica. Mientras escribo estas líneas, en Estados Unidos, el tema más controvertido en el ámbito de la educación es la introducción de las pautas para las asignaturas troncales, las cuales especifican el contenido básico del plan de estudios en lectura, escritura, matemáticas y ciencia. Según sus artífices, estas pautas están pensadas para determinar «los conocimientos y competencias que los alumnos deberían adquirir durante las etapas primaria y secundaria a fin de poder graduarse y estar preparados para empezar a trabajar, ir a la universidad o entrar en programas de formación laboral», y se basan «en las pautas de mayor nivel y eficacia de todo Estados Unidos y países de todo el mundo».

Independientemente de sus méritos intrínsecos, las pautas para las asignaturas troncales están dividiendo a Estados Unidos a medida que legisladores, profesores, padres y comunidades enteras se rebelan contra ellas en un estado tras otro por considerar que el gobierno federal se ha extralimitado en sus competencias.

Mi objetivo es más modesto, pero, en mi opinión, igual de importante. Consiste en examinar cuál es el propósito del plan de estudios en relación con los cuatro fines básicos de la educación que he expuesto con anterioridad y en preguntar cómo debe definirse un plan de estudios con estas características. Incluso esto es controvertido. Desde sus orígenes, la educación ha sido objeto de discusiones sobre qué asignaturas deberían impartirse en las escuelas, lo que ha provocado que el plan de estudios haya cambiado de forma radical a lo largo del tiempo.

En la Antigua Roma, la educación se basaba en las siete artes o ciencias liberales: gramática y las estructuras formales del lenguaje; retórica y la composición y presentación de argumentos; dialéctica y la lógica formal; aritmética; geometría; música, y astronomía. Este concepto de plan de estudios perduró en Europa hasta el final de la Edad Media.

Durante el Renacimiento, en los siglos XV y XVI, algunas escuelas incorporaron otras asignaturas, entre ellas la ortografía y el teatro, y abogaron por métodos de enseñanza y aprendizaje más prácticos. Algunas empezaron a impartir música y danza, dibujo y deportes, en particular, lucha libre, esgrima, tiro al blanco, balonmano y fútbol. En el siglo XVIII, algunas escuelas añadieron las asignaturas de historia, geografía, matemáticas y lenguas extranjeras al plan de estudios. Y se toparon con la fuerte oposición de los tradicionalistas, quienes consideraban que la verdadera educación debía centrarse en los clásicos. En su mayor parte, el plan de estudios clásico continuó preponderando en la educación europea hasta mediados del siglo XIX.[4]

Durante ese período, tres cambios sociales radicales reestructuraron el plan de estudios escolar: el creciente impacto de la ciencia y la tecnología, que empezó a cambiar el ámbito intelectual; el avance de la industrialización, que transformó el paisaje económico, y la nueva ciencia de la psicología, que propuso nuevas teorías sobre la inteligencia y el aprendizaje. Todos estos cambios cuestionaron las ideas preconcebidas sobre los beneficios de una educación exclusivamente clásica.[5]

Con la expansión de la educación de masas, comenzó a cobrar forma un nuevo tipo de plan de estudios, que es el que aún predomina actualmente.[6] Es útil pensar en el plan de estudios desde la perspectiva de su *estructura*, *contenido*, *método* y *espíritu*.

Con *estructura* me refiero a la manera en que se concibe la totalidad del plan de estudios, así como a las relaciones entre los diversos elementos. Los planes de estudios nacionales suelen organizarse en torno a asignaturas específicas: matemáticas, ciencias, historia, etcétera. Estas materias obedecen habitualmente a una jerarquía, sobre todo en las escuelas de enseñanza secundaria, que podemos identificar por la cantidad de tiempo y recursos que tienen asignados y por si son obligatorias u optativas, o si se evalúan oficialmente.

Encabezan la lista las matemáticas, los idiomas y las ciencias. Les siguen las humanidades: historia, geografía y, a veces, ciencias sociales y religión. El último puesto lo ocupan las artes y la educación física. Por lo general, «las artes» se refieren a la música y a las artes visuales. El teatro, cuando se enseña, suele considerarse el arte más humilde, con la salvedad de la danza, que es una rareza en la mayoría de los sistemas.

Con *contenido* me refiero al material que los alumnos han de aprender. Debido a la obsesión por el aprendizaje académico, la teoría y el análisis suelen anteponerse a las competencias prácticas o técnico-profesionales.

Con *método* me refiero a cómo participan los alumnos en el plan de estudios: si está basado en clases magistrales o en proyectos, si es individual o favorece la colaboración. Casi todos los sistemas educativos inciden en las tareas académicas escritas y anteponen las actividades individuales a las de grupo.

Y, finalmente, con *espíritu* me refiero al clima general y al carácter de la enseñanza: a los mensajes tácitos sobre prioridades y valores que el plan de estudios transmite. Estos aspectos de la educación se denominan a veces *plan de estudios oculto*. El espíritu que prevalece en el movimiento de normalización concibe la escuela como una especie de carrera de obstáculos que deben superarse aprobando los frecuentes exámenes y evaluaciones, y en la que siempre hay ganadores y perdedores. Como ya hemos visto, esto induce a muchos alumnos a pensar que la escuela es aburrida o angustiante, una experiencia que deben soportar en lugar de disfrutar. Así pues, ¿qué tipo de plan de estudios deberían tener las escuelas? Para responder esta pregunta necesitamos tener presentes los cuatro fines básicos de la educación, que he expuesto en el primer capítulo: económico, cultural, social y personal.

¿POR DÓNDE EMPEZAR?

El plan de estudios convencional se centra en una serie de asignaturas específicas cuya importancia nadie cuestiona. Y esto supone un problema. El punto de partida correcto es preguntarse qué deberían saber y poder hacer los alumnos como consecuencia de su educación. Esta pregunta ha generado diversos intentos de reestructurar el plan de estudios basándolo en competencias. A mí me parece una buena idea. Según mi modo de ver, los cuatro fines básicos de la educación parecen sugerir ocho competencias fundamentales que las escuelas deberían facilitar a sus alumnos para que tengan éxito en la vida. Todas las competencias son relevantes para los cuatro fines. Curiosamente, las ocho comienzan por la letra C, lo cual no tiene ninguna importancia aparte de ser una buena forma para mí, y espero que para usted, de recordarlas. Son las siguientes:

**Curiosidad:** *la capacidad de hacer preguntas y de explorar cómo funciona el mundo*

En cualquier ámbito, los logros de la humanidad se deben al deseo de explorar el mundo, de ponerlo a prueba y de aguijonearlo para ver qué pasa, de preguntarse cómo funciona, por qué y ¿qué pasaría si?

Los niños tienen un vivo afán de explorar lo que capta su interés. Si despiertan su curiosidad, aprenderán solos, los unos de los otros y de todo aquello que esté a su alcance. Saber alimentar y dirigir la curiosidad de los estudiantes es el don que define a todos los grandes profesores. Animan a sus estudiantes a investigar y a indagar por su cuenta, planteando preguntas en vez de limitarse a dar las respuestas, y estimulándoles a reflexionar sobre las cosas al tiempo que profundizan en ellas.

Para algunos, la curiosidad por determinadas cosas puede ser efímera y satisfacerse enseguida. Para otros, tal vez se convierta en una profunda pasión a la que dedicarán su vida y trayectoria profesional. Sea como fuere, conseguir que los alumnos mantengan viva su curiosidad a lo largo de toda su vida es uno de los mayores regalos que las escuelas pueden hacerles.

**Creatividad:** *la capacidad de generar nuevas ideas y ponerlas en práctica*

Como individuos que somos, todos creamos nuestra propia vida mediante las actitudes que adoptamos, las decisiones que tomamos y los talentos y pasiones que podemos descubrir y cultivar. Desarrollar la capacidad creativa de los niños es fundamental para cumplir los cuatro fines de la educación. La creatividad es parte integral de nuestra condición humana y de todo progreso cultural. Paradójicamente, esta capacidad nuestra también puede ser nuestra perdición. Muchos de los desafíos a los que nos enfrentamos como especie son fruto de nuestra creatividad, como los conflictos entre distintas culturas y el maltrato colectivo del medio ambiente. A este respecto, no son los lemures ni los delfines, con su escasa imaginación, los que están provocando cambios climáticos con su estilo de vida; somos nosotros, con nuestra imaginación y capacidad creativa mucho más ricas.

La respuesta no es reprimir nuestra creatividad, sino cultivarla más y con una finalidad más amplia. Ante los desafíos cada vez más complejos que aguardan a los alumnos, es fundamental que las escuelas les ayuden a desarrollar sus capacidades únicas para pensar y actuar de forma creativa.

**Crítica:** *la capacidad de analizar información e ideas y elaborar argumentos y juicios razonados*

La capacidad de pensar con claridad, elaborar argumentos lógicos y sopesar pruebas de manera objetiva es uno de los atributos que definen la inteligencia humana. De todas las lecciones que la historia tiene que enseñarnos, esta es, al parecer, una de las más difíciles de poner en práctica.

El pensamiento crítico no se limita a la lógica formal; requiere interpretar intenciones, entender el contexto, percibir valores y sentimientos velados, discernir motivos, detectar prejuicios y presentar conclusiones concisas de las formas más adecuadas. Para todo esto hace falta práctica y preparación.

El pensamiento crítico siempre ha sido fundamental para el progreso de la humanidad; y cada vez lo es más. Hoy en día nos bombardean a diestro y siniestro con información, opiniones, ideas y campañas publicitarias y políticas. Por sí sola, internet es la fuente de información más extendida y ubicua que ha ideado la humanidad, y está creciendo de forma exponencial, al tiempo que también se incrementa el riesgo de confusión y ofuscamiento.

La revolución digital aporta ingentes beneficios a la educación de todos los niños. Asimismo, jamás han tenido una mayor necesidad de aprender a distinguir entre hechos y opiniones, sentido común y sinsentido, sinceridad y engaño. El pensamiento claro y crítico debería ser parte integral de todas las disciplinas en la escuela, así como un hábito establecido en la vida cotidiana.

**Comunicación:** *la capacidad de expresar pensamientos y sentimientos con claridad y confianza en una diversidad de medios y formas*

Dominar la lectura, la escritura y las matemáticas es un imperativo en educación que todos aceptan, y así debe ser. Igual de importante es fomentar una expresión oral clara y segura, lo que en ocasiones se denomina «oralidad».[7] Hoy en día, por desgracia, las escuelas cometen el error de descuidar las destrezas en el ámbito del lenguaje hablado.

La comunicación verbal no solo maneja significados literales; también consiste en entender las metáforas, analogías, alusiones y otras formas de lenguaje literario y poético. La comunicación no emplea únicamente palabras y números; hay pensamientos que no pueden expresarse debidamente valiéndose solo de palabras. También pensamos en forma de sonidos, de imágenes, de movimientos y de gestos, lo cual da origen a nuestra capacidad para la música, las artes visuales, la danza y el teatro en todas sus versiones. La capacidad de elaborar y de comunicar nuestros pensamientos y sentimientos recurriendo a todas estas herramientas es fundamental para el bienestar individual y el progreso colectivo.

**Colaboración:** *la capacidad de colaborar constructivamente con otras personas*

Somos seres sociales; vivimos y aprendemos en compañía de otros. Fuera de las escuelas, la capacidad de colaborar con otras personas es vital para la solidez de las comunidades y para afrontar los desafíos a los que nos enfrentamos. No obstante, en muchas escuelas, los niños casi siempre trabajan solos; aprenden en grupo, pero no como grupo.

Permitir que los alumnos colaboren mejora su autoestima, aviva su curiosidad, estimula su creatividad, aumenta su rendimiento escolar y fomenta conductas sociales positivas.[8] Mediante el trabajo grupal, los alumnos aprenden a resolver problemas y a alcanzar objetivos comunes colaborando entre ellos, a sacar provecho de sus respectivas cualidades y a atenuar sus puntos más débiles, a compartir y desarrollar ideas, a negociar, a resolver conflictos y a respaldar soluciones pactadas.

Trabajando en grupo en las escuelas, los niños descubren la verdad fundamental que encierra la máxima de Helen Keller: «Solos podemos hacer muy poco; juntos podemos hacer mucho más».

**Compasión:** *la capacidad de ponerse en la piel de otras personas y actuar en consecuencia*

Compasión es identificarse con lo que sienten otras personas y en especial con su sufrimiento. Su base es la empatía. El proceso se inicia cuando reconocemos en nosotros las emociones de los demás y cómo nos sentiríamos en sus mismas circunstancias. Compasión es mucho más que empatía; es la expresión viva de la regla de oro de tratar a los demás como nos gustaría que ellos lo hiciesen. Compasión es llevar a la práctica la empatía.

Muchos de los problemas a los que se enfrentan los niños se deben a la falta de compasión del entorno. El acoso escolar, la violencia, el maltrato emocional, la exclusión social y los prejuicios basados en el origen étnico, la cultura o la sexualidad: todos ellos están provocados por la falta de empatía. Entre los adultos, esta carencia también prende y aviva conflictos culturales y nocivas divisiones sociales.

En un mundo cada vez más interdependiente, cultivar la compasión es un imperativo moral y práctico, y también espiritual. Su puesta en práctica es la expresión más sincera de nuestra común humanidad, y un motivo de profunda felicidad personal y colectiva. En las escuelas, y en cualquier parte, la compasión debe practicarse, no predicarse.

**Calma:** *la capacidad de conectar con la vida emocional interior y desarrollar un sentido de armonía y equilibrio personal*

Vivimos en dos mundos: nuestro mundo interior y el que nos rodea. El plan de estudios que incide en los niveles académicos solo contempla el segundo, y hace muy poco por ayudar a los niños a comprender su mundo interior. No obstante, nuestra forma de actuar en nuestro entorno está profundamente influida por cómo nos vemos y valoramos como personas. Como una vez dijo la escritora Anaïs Nin: «No veo el mundo tal como es, lo veo tal como soy».

Hoy en día, hay muchos alumnos que padecen estrés, ansiedad y depresión en la escuela. En algunos casos, estos sentimientos están causados por el propio centro y, en otros, por la vida que llevan fuera de él. En ambos casos, estos sentimientos pueden provocar aburrimiento, desinterés, ira y emociones más violentas. Las escuelas pueden paliar los efectos cambiando su cultura en aquellos aspectos que hemos descrito. También pueden ofrecer a los alumnos tiempo y técnicas para explorar su mundo interior mediante la práctica diaria de la meditación. Hoy en día, cada vez son más los centros escolares que incorporan esta práctica, y tanto los alumnos como los profesores están experimentando los beneficios personales y grupales de cultivar regularmente la conciencia plena y la serenidad.

*Civismo: la capacidad de implicarse constructivamente en la sociedad y participar en los procesos que la sustentan*

Las sociedades democráticas dependen de la participación activa en su gestión y dirección de ciudadanos bien informados. Para ello, es fundamental que los jóvenes terminen los estudios sabiendo cómo se estructura la sociedad y, en especial, cómo se articulan y les afectan los sistemas jurídico, económico y político.

Los ciudadanos activos son personas que conocen sus derechos y obligaciones, saben cómo funcionan los sistemas social y político, se interesan por el bienestar de sus congéneres, expresan sus opiniones y argumentos, son capaces de influir en el mundo que les rodea, participan en sus comunidades y se responsabilizan de sus actos.[9]

El propósito de la educación cívica no es defender la adaptación ni el statu quo, sino abogar por la igualdad de derechos, el valor de las opiniones diferentes y la necesidad de equilibrar las libertades personales con los derechos de los demás a vivir en paz. Las competencias para el civismo tienen que aprenderse y practicarse, y también renovarse de forma constante. Quizá fuera eso lo que John Dewey tenía en mente cuando dijo: «La democracia debe volver a nacer en cada generación y la educación es su partera». Para que esto suceda, es fundamental que las escuelas no solo hablen de civismo, deben predicarlo con el ejemplo, como ocurre con las competencias anteriores.

Los alumnos no adquieren estas competencias de forma secuencial en las distintas etapas que pasan en la escuela. Deberían desarrollarlas desde el principio de su educación y practicarlas y matizarlas a lo largo de su vida cada vez con más confianza y de forma más compleja. Los alumnos que acaban la escuela sintiéndose seguros en estas ocho áreas estarán bien preparados para enfrentarse a los inevitables desafíos económicos, culturales, sociales y personales que les depara la vida. ¿Qué clase de plan de estudios necesitan las escuelas para fomentar estas ocho competencias?

PROPUESTA DE ESTRUCTURA

Como he comentado en el capítulo 4, la inteligencia humana comprende la capacidad académica, pero abarca muchas más áreas. Por todas las razones expuestas en ese capítulo, la noción convencional de asignaturas académicas me parece demasiado restrictiva como base para elaborar el plan de estudios. «Asignaturas» es un concepto que nos remite a áreas específicas de conocimiento, delimitadas por fronteras claras y permanentes. En la práctica, el saber en todas sus formas y facetas se encuentra en continua evolución; fuera de las escuelas, los límites entre las distintas asignaturas se solapan constantemente. Este es otro problema.

En cierto sentido, lo que entendemos por asignatura académica no existe; solo hay maneras académicas de enfocar las cosas. El trabajo académico es una forma de análisis y puede aplicarse a cualquier ámbito: lenguas extranjeras o física de partículas, poesía o geología. En su evolución, las escuelas han acabado dando mucha importancia a este sistema de enseñanza, pero lo académico no son las asignaturas en sí, sino cómo estas se enfocan.

Para elaborar el plan de estudios, prefiero el concepto de *disciplinas*, una combinación de teoría y práctica. Las matemáticas, por ejemplo, son una mezcla de métodos y procesos y de conocimientos proposicionales. El alumno no solo estudia teoría, sino que también aprende a resolver operaciones. Lo mismo ocurre con las disciplinas que requieren desarrollar destrezas físicas y manejar materiales e instrumentos, como la música, el dibujo, el diseño, la ingeniería, la tecnología, el teatro, la danza, etcétera.

Estructurar el plan de estudios a partir de disciplinas en vez de asignaturas también ofrece la posibilidad de plantear toda clase de actividades interdisciplinarias, como está haciendo el instituto High Tech High, donde los problemas e ideas pueden explorarse en grupo desde diversos ángulos, incorporando conceptos y técnicas de distintas disciplinas. Fuera de las escuelas, gran parte de lo que sucede es esencialmente interdisciplinario. Así pues, ¿qué disciplinas debería comprender el plan de estudios?

En mi opinión, un plan de estudios equilibrado debería conceder los mismos recursos e importancia a las siguientes disciplinas: artes, humanidades, artes del lenguaje, matemáticas, educación física y ciencia. Todas ellas competen a importantes áreas de la inteligencia, al acervo cultural y al desarrollo personal. Además de ofrecer una estructura de todo aquello que es necesario aprender, si existe el equilibrio adecuado entre todas estas disciplinas las escuelas podrán centrarse en las cualidades e intereses personales de los alumnos como individuos.

## Artes

Las artes cultivan las cualidades de la experiencia humana. A través de la música, la danza, las artes visuales, el teatro, etcétera, damos forma a lo que sentimos y pensamos sobre nosotros mismos y a cómo experimentamos el mundo que nos rodea. Estudiar y experimentar las artes es fundamental para el desarrollo intelectual. Ilustran la diversidad de la inteligencia y ofrecen vías prácticas para estimularla. Asimismo, se hallan entre las expresiones más vívidas de la cultura humana. Para comprender la experiencia de otras culturas, necesitamos conocer su música, arte visual, danza y artes verbales y escénicas. La música y las imágenes, los poemas y las obras de teatro son manifestaciones de algunos de nuestros talentos y pasiones más profundos. Experimentar el arte que crean otras personas es la forma más vibrante de ver y sentir el mundo como ellas.

## Humanidades

Las humanidades se ocupan del estudio de la cultura humana. Comprenden la historia, el aprendizaje de idiomas, la filosofía, la educación religiosa y aspectos de la geografía y de las ciencias sociales. La educación en humanidades amplía y profundiza nuestra comprensión del mundo que nos rodea, de su diversidad, complejidad y tradiciones. Su propósito es ampliar nuestros conocimientos de lo que tenemos en común con el resto de los seres humanos, incluidos los que pertenecen a épocas y culturas lejanas, y desarrollar una conciencia crítica sobre las nuestras.

## Artes del lenguaje

El lenguaje articulado es uno de los rasgos distintivos de la inteligencia humana. Mientras aprenden a hablar, los niños también aprenden a pensar, a razonar y a comunicarse, así como los valores culturales y las formas de pensar que van implícitos en el lenguaje. El aprendizaje de estas artes en las escuelas comprende la oralidad, la lectoescritura y la literatura. La oralidad es la capacidad de hablar con claridad, fluidez y confianza. La lectoescritura es la adquisición de las destrezas para leer y escribir correctamente. La literatura se halla entre las formas de arte más importantes de la humanidad. El estudio y práctica de las artes del lenguaje ofrecen a los alumnos un acceso íntimo a las perspectivas y sensibilidades de otras vidas, épocas y tradiciones.

## Matemáticas

Las matemáticas son la ciencia abstracta de los números, de las magnitudes, de las cantidades y del espacio, y de las relaciones entre ellos. Los sistemas matemáticos se remontan a los orígenes de la civilización y se hallan entre los mayores logros de la cultura humana. La aritmética es esencial por sí sola. También permite acceder al estudio de muchas otras disciplinas. Las matemáticas en sus múltiples formas ocupan un lugar fundamental en la práctica de todas las ciencias, en la tecnología, en las artes y en muchos aspectos de la vida cotidiana.

## Educación física

No somos cerebros con piernas; somos seres corpóreos y nuestra salud mental depende de nuestro bienestar mental, emocional y físico. La educación física y los deportes están estrechamente ligados en muchas tradiciones y distintas prácticas culturales, y suscitan sentimientos y valores profundos, tanto en relación con los propios juegos como a través del sentido de colectividad e integración que pueden generar. Ofrecen importantes oportunidades para desarrollar destrezas individuales y grupales, así como para compartir el éxito y el fracaso en entornos controlados. En estos y otros aspectos, la educación física es tan fundamental e importante como el resto de las disciplinas para una educación creativa y cultural que sea equilibrada.

## Ciencia

La ciencia es el empeño sistemático por entender el mundo que nos rodea. Las ciencias naturales, que comprenden la física, la química, la biología, la geología y la astronomía, se centran en explorar y predecir fenómenos del mundo natural. Las ciencias sociales, que abarcan la psicología, la sociología y la economía, abordan la conducta de los individuos y de las sociedades. La ciencia es fundamental para la educación de los alumnos. Su enseñanza favorece el análisis objetivo y la comprensión de pruebas físicas, permite acceder a los conocimientos científicos actuales sobre los procesos del mundo natural y las leyes que los rigen, y brinda oportunidades para la investigación práctica y teórica, mediante la cual los conocimientos actuales pueden verificarse o cuestionarse. La educación en ciencia también ofrece una comprensión de los conceptos y logros de esta que han conformado el mundo moderno, así como de su importancia y limitaciones.

El concepto de *disciplinas* abre la puerta a la dinámica del trabajo interdisciplinario, que es la base del plan de estudios del instituto High Tech High y de otros centros. Es esta dinámica lo que hace que las disciplinas estén en continuo cambio y evolución. Fuera de las escuelas, todas ellas son campos de investigación dinámicos, por lo que también deberían serlo en los centros escolares. Normalmente se da por sentado, por ejemplo, que las artes y las ciencias son conceptos opuestos en el ámbito educativo. Se da por hecho que las ciencias se ocupan de datos objetivos, de la verdad y de la objetividad; las artes, en cambio, se centran en los sentimientos, en la creatividad y en la subjetividad. Aunque estos dos estereotipos tienen parte de verdad, no por ello dejan de serlo.

En la práctica, las artes y las ciencias se solapan de las formas más diversas. La imaginación y la creatividad, bien entendidas, también forman parte de la ciencia, tanto como de las artes. Aprender ciencia requiere estar al tanto de los conocimientos científicos actuales, utilizar la metodología científica para investigar hipótesis y explorar las interacciones existentes de la ciencia con otros campos, entre ellos la tecnología. Los grandes descubrimientos y teorías que han impulsado a la ciencia dependen de ingentes esfuerzos de imaginación y de ingenio práctico en el diseño de experimentos y de su interpretación.

Las artes también requieren una práctica muy disciplinada y destrezas específicas, así como sentido crítico y sensibilidad cultural. Las humanidades se solapan en muchos aspectos con las ciencias y las artes. Con estas últimas comparten el interés por entender la dimensión humana de la experiencia, y con las ciencias, el análisis teórico, las pruebas físicas y el esclarecimiento.

## ENCONTRAR EL MÉTODO CORRECTO

Muchos alumnos aprenden mejor cuando abordan el estudio de forma activa, en vez de limitarse a conceptos abstractos: se despierta su curiosidad, hacen preguntas, descubren ideas nuevas y experimentan la emoción de estas disciplinas. Esto se ha visto reflejado en todos los ejemplos expuestos hasta ahora, como Grange, North Star o High Tech High. Larry Rosenstock señala que «las escuelas de enseñanza primaria lo hacen bien: son multidisciplinarias y utilizan mucha lógica difusa, y en ellas se hacen y crean cosas. Los estudios de doctorado también lo hacen bien. Se empiezan con muchos interrogantes y se acaban con otros tantos».

Para aprender de forma eficaz en cualquier ámbito, a menudo es necesario un proceso de ensayo y error, de avances que se alternan con intentos fallidos a la hora de hallar una solución. Esta dinámica es la base del plan de estudios del High Tech High y la clave de su éxito. «Fracasar es una parte importante del proceso. Nosotros aplaudimos el fracaso: "Genial, ahora ya sabes que esto no da resultado. Puedes tacharlo de la lista y pasar a otra cosa". Esta parte fundamental de la experiencia de aprendizaje, el que hace posible el fracaso, se excluye con demasiada frecuencia del plan de estudios académico.»

Una de las innovaciones recientes más interesantes en el ámbito de la enseñanza y del aprendizaje es lo que se conoce como «pensamiento de diseño». Se trata de una metodología que actualmente aplican muchas organizaciones y cada vez más escuelas. Se

basa en las técnicas creativas y analíticas que utilizan los diseñadores profesionales para identificar y resolver problemas y para crear
nuevos productos y servicios. El pensamiento de diseño suele ser
interdisciplinario y fomenta en gran medida la colaboración. Una
de las mejores explicaciones de sus principios y prácticas es *Change by Design: How Design Thinking Transforms Organizations and
Inspires Innovation*, de Tim Brown.

El pensamiento de diseño y muchas otras de las estrategias de
aprendizaje que hemos tratado en este libro demuestran que la
división que hacen las escuelas entre los programas académicos y
técnico-profesional es desacertada y puede resultar catastrófica.
También margina a los alumnos cuyos verdaderos talentos e intereses se centran en la aplicación práctica de conocimientos. Fomentar dicha dinámica debería ser una prioridad del plan de estudios y
no un aspecto marginal.

Alison Wolf es profesora de gestión pública en el King's College de Londres y autora de *The Wolf Report*, un análisis sobre la
educación técnico-profesional redactado para el gobierno británico. Ella considera que esta clase de educación beneficia enorme-
mente a los alumnos para ser adultos competentes y productivos,
pero cree que solo puede prosperar si los sistemas escolares la tratan con un rigor similar, aunque distinto, al que reciben los programas académicos.

«Solo tenemos que derribar los muros —me dijo—. Cuantas
más personas enseñen en las escuelas que no hayan pasado por la
universidad para sacarse el título de profesor, no únicamente
como piezas aisladas sino como parte de un todo, más se crea en
el sistema espacio para que la gente respire. Tenemos que convertirlo en una parte oficial del plan de estudios, de la que tienen que
responder las escuelas, sacar a los alumnos de las aulas y hacer
cosas que son variables por naturaleza y por tanto no pueden cir-

cunscribirse a un plan de estudios fijo. Creo que tenemos que incorporar esta parte no normalizada a la estructura tradicional para que se convierta en un apartado con peso propio y que, después, debemos asegurarnos de que este apartado no pueda normalizarse.»

Big Picture Learning es un excelente ejemplo de la implicación y el rendimiento mayores que puede conseguirse cuando las escuelas contactan con el mundo que les rodea y se integran los programas académico y técnico-profesional. Big Picture Learning es una red en expansión de más de un centenar de escuelas de todo el mundo que fue fundada en 1995 por Elliot Washor y Dennis Littky, dos educadores que participan en todos los aspectos del desarrollo de centros, programas y políticas. Las escuelas «Big Picture» parten de la base de que la educación es responsabilidad de toda la comunidad, y favorecen la clase de aprendizaje que solo puede darse cuando se permite que la educación rebase los muros del centro. Los alumnos pasan bastante tiempo trabajando dentro de la comunidad bajo la tutela de mentores voluntarios, aprendiendo en situaciones del mundo real.

«Las comunidades deben construir sus escuelas y barrios a la vez —me comentó Washor—, reuniendo a todos los departamentos municipales para reformar las escuelas de enseñanza secundaria y generar las estructuras para el aprendizaje que las comunidades necesitan. Únicamente estableciendo verdaderos centros de aprendizaje en sus comunidades, las ciudades podrán devolver su identidad a las escuelas de enseñanza secundaria y conseguir que los alumnos tengan la sensación de que pueden aportar grandes cosas a su comunidad.»[10]

Washor y su colega desde hace muchos años Charles Mojkowski hablan de la importancia de esto último en su libro *Leaving to Learn*:[11]

Los procesos de instrucción y evaluación tradicionales no pueden conseguir que todos los alumnos adquieran un grado de competencia satisfactorio y aún menos que alcancen la maestría. Para que los alumnos no dejen los estudios y se impliquen en ellos como aprendices productivos hasta su graduación, las escuelas deben ofrecerles numerosas experiencias en las que los alumnos realicen parte de su aprendizaje fuera de ellas. Estos necesitan dejar los centros con cierta frecuencia y regularidad y, por supuesto, de forma temporal, pues deben seguir en ellas y perseverar en su aprendizaje. Al tal fin, las escuelas tienen que derribar los muros que separan lo que los alumnos aprenden, y podrían aprender, en la escuela de lo que aprenden, y podrían aprender, fuera de ella. En ambos entornos y contextos, el aprendizaje debe estar integrado sin fisuras.[12]

Unas páginas más adelante, los autores explican por qué consideran que este enfoque es tan importante:

A la mayoría de los jóvenes les resulta duro asistir a la escuela. De hecho, muchos la consideran un entorno de aprendizaje negativo. Además de no ayudar a los alumnos a ser competentes en importantes destrezas básicas, las escuelas ofrecen una imagen distorsionada del aprendizaje como un proceso que solo se da en ese entorno, ignorando el mundo real, organizado por disciplinas y timbres, y evaluado por exámenes escritos de preguntas tipo test. Las escuelas tienen montones de reglas escritas y no escritas que reprimen el impulso innato de aprender de los jóvenes, al tiempo que limitan sus posibilidades con respecto a las áreas en las que quieren destacar, cuándo practicar, de quién aprender y cómo hacerlo. No es extraño que tantos jóvenes creativos y emprendedores se desinteresen del aprendizaje productivo. Reconocen que quedarse en las escuelas que nosotros les ofrecemos supone para ellos alejarse del mundo real.

En las dos últimas décadas, Big Picture Learning ha acumulado un loable récord de éxitos con su enfoque personalizado orientado a la comunidad. La primera escuela «Big Picture» fue el centro técnico-profesional regional metropolitano de Providence, en Rhode Island. Los primeros alumnos que tuvo eran, en su mayoría, afroamericanos y latinos que habían tenido dificultades para encajar en entornos escolares tradicionales. Estos alumnos corrían un alto riesgo de abandonar los estudios si hubieran permanecido en sus escuelas habituales y, para sus familias el hecho de que ellos fuesen a la universidad era poco más que un sueño. Cuatro años después, aquella primera promoción tuvo una tasa de graduación del 96 por ciento y el 98 por ciento de ellos cursaron estudios superiores. En conjunto, las escuelas «Big Picture» de Estados Unidos tienen una tasa de graduación del 92 por ciento, en comparación con la media nacional del 66 por ciento.[13]

La premisa fundamental del libro *Leaving to Learn* es que muchas políticas reformistas están abordando los problemas de la educación desde una perspectiva totalmente errónea. Y sus escuelas «Big Picture» ilustran los principios y métodos en los que deberían basarse las verdaderas soluciones a estos problemas.

## UN ESPÍRITU DIFERENTE

En el capítulo 4, hemos hablado de lo que Joe Harrison estaba consiguiendo con la educación lenta. Un buen ejemplo de este tipo de educación es el instituto Matthew Moss de Rochdale, situado a unos cincuenta y cinco kilómetros de Liverpool. La página web del

Matthew Moss tiene la cabecera «Somos diferentes», y si clicamos en ella podremos leer la siguiente declaración:

> Lo que hace al Matthew Moss tan diferente de otras escuelas es la importancia que dan al aprendizaje. Por extraño que parezca, la mayoría de las escuelas no lo hacen; se centran en la enseñanza y dan por sentado que el aprendizaje llegará después. Se ha demostrado incontables veces que esto no es así. Cualquiera que recuerde sus experiencias en la escuela sabe que el profesor le enseñó muchas cosas pero que, de hecho, la mayoría no las aprendió.
>
> En el MMHS [Matthew Moss High School] queríamos que el alumno fuese el protagonista principal de las actividades que llevamos a cabo y, para ello, nos propusimos investigar cómo ayudarle a convertirse en un aprendiz eficaz. Los aprendices eficaces serán personas felices y competentes en la vida porque son autónomos y saben adaptarse a situaciones difíciles: sabrán cómo desenvolverse cuando no saben qué hacer.[14]

El programa llamado «Mi Mundo», que ocupa cuatro sesiones de dos horas a la semana, es una pieza central del enfoque del Matthew Moss. «Es, sobre todo, aprendizaje basado en proyectos —me explicó Joe—. Se centra en procesos, y la labor de los profesores es ayudar, orientar y aconsejar. A veces, incluso enseñan a toda la clase. Pero normalmente son los propios alumnos quienes dirigen el proyecto. Realizaron uno sobre árboles genealógicos. Cada alumno tenía que crear el suyo, y pidieron a genealogistas que fueran a clase para que les ayudaran y evaluaran los árboles que estaban creando. Cuando los terminaron, cada alumno pudo elegir un aspecto de su árbol genealógico que le interesaba y centrarse en él. Había un chico que era muy aficionado al fútbol.

El profesor mantuvo una conversación con él para estimular el aprendizaje, y le preguntó: "Bueno, en serio, ¿qué sentido le ves? El fútbol te gusta, claro, pero ¿qué sentido le ves?". El alumno se quedó un momento callado, se lo pensó y respondió: "Cuando juego a fútbol, me siento totalmente diferente". En ese momento, el profesor entendió de qué iba todo aquello. Acabó desarrollando un proyecto sobre psicología del deporte y tratando a fondo el tema, algo que un plan de estudios normalizado jamás podría haber hecho porque es imposible encontrar a muchas personas que estén interesadas en ese tema.

»Los alumnos se esfuerzan en dar un verdadero sentido a estos proyectos. Piden la intervención de organizaciones externas para tratarlos como si fueran trabajos reales. Lo que descubren es que a veces pueden transcurrir uno o dos años sin que encuentren aquello que realmente les motiva. Pero tienen que aceptarlo y, cuando lo hacen, se convierte en una experiencia educativa más profunda y de gran valor para ellos.

»Todas estas cosas llevan su tiempo. Y empiezan a darse cuenta de que los resultados no son tan decisivas para la experiencia educativa global. Sin embargo los resultados están mejorando y rebasando las expectativas. Los colegios universitarios aceptan alumnos del Matthew Moss con notas más bajas porque saben que son mejores aprendices.»

## VIVIR LA DEMOCRACIA

Algunas escuelas están favoreciendo la participación de los alumnos en un plano incluso más decisivo. En 1987, Yaacov Hecht fundó una escuela en Israel en la que todas las decisiones relacionadas con el plan de estudios eran votadas por los estudiantes, padres y profesores. La escuela democrática de Hadera fue la primera en definirse como tal.[15] Hoy en día, hay centenares de centros de este tipo en todo el mundo, casi cien de ellos en Estados Unidos. La escuela libre de Brooklyn en Nueva York, la granja escuela de Summertown en Tennessee y el instituto Iniciativa de la Juventud de Viroqua en Wisconsin son solo unos pocos ejemplos.

«Lo que nosotros decimos es que todas las personas pueden destacar si les permitimos decidir en qué áreas desarrollarse —dijo Yaacov durante una reciente presentación—. En la educación democrática sacamos al alumno de la dinámica de siempre y buscamos el área en la que puede ser competente.»[16]

En «Democratic Education», Yaacov describe los principales componentes de una escuela democrática:

- Posibilidad de elegir las áreas de aprendizaje: los alumnos deciden qué quieren aprender y cómo.
- Autogestión democrática.
- Evaluación centrada en el individuo, sin compararlo con ningún otro y sin exámenes ni notas.
- Una escuela en la que los alumnos están desde los cuatro años hasta que se hacen adultos.[17]

A continuación, Yaacov fundó el Instituto para la Educación Democrática y convocó el Congreso Internacional de la Educación Democrática (IDEC, del inglés «International Democratic Education Conference»), al que asisten educadores de todo el mundo.

Jerry Mintz es uno de los portavoces más destacados del proceso democrático en las escuelas. Fundó la Organización de Recursos para la Educación Alternativa, fue el primer director ejecutivo de la Coalición Nacional de Escuelas Comunitarias Alternativas y, junto con Yaacov, fue miembro fundador del IDEC.[18] En Estados Unidos, casi todas las escuelas democráticas son privadas, aunque algunas son concertadas y pertenecen al sistema público. No obstante, Jerry cree que estas últimas pueden mostrar a las escuelas públicas en qué dirección deben cambiar.

«Creo que la mejor manera de cambiar el sistema escolar público es creando modelos fuera de él —me dijo—. Si pensamos en California, por ejemplo, hay tanta gente que educa a sus hijos en casa que, para contrarrestar esta corriente, todos los distritos escolares del estado han elaborado programas para estudiar por libre, es decir, en casa. Todos los distritos tienen como parte de su educación pública un programa de educación en casa. Así es como las alternativas están influyendo en el sistema.

»Hay dos paradigmas asociados a esto último que tienen que ver con cómo enfoca la gente el aprendizaje. El que aplicamos nosotros parte del principio de que los niños son aprendices natos. Y sabemos que es cierto; además, las investigaciones que se llevan a cabo sobre el funcionamiento del cerebro refuerzan cada vez más nuestra teoría. Pero el paradigma por el que se rigen las escuelas de casi todo el mundo es que los niños son perezosos por naturaleza y que hay que obligarlos a aprender. Lo que ocurre es que, al cabo de siete u ocho años, esto acaba por cumplirse. Si se obliga a los niños a aprender cosas en las que no están interesados durante siete u ocho años, al cabo de un tiempo esta capacidad innata de aprendizaje tiende a desaparecer.»

Jerry viaja mucho para realizar demostraciones prácticas del proceso de la educación democrática. Pese a llevar más de tres décadas dedicado a ello, todas las experiencia le siguen pareciendo igual de estimulantes e inspiradoras. «Sigo asombrado del poder que tiene. Por ejemplo, fui a una escuela pública en situación de riesgo de Long Island. Esa escuela empezaba cuando las otras terminaban, así que los alumnos llegaban a las 15.30 y no salían hasta las 19.30. Aquellos chicos tenían la sensación de que los habían dejado tirados en aquel vertedero. Lo que pasó cuando empecé a aplicar el proceso democrático fue muy interesante. Al principio, me di cuenta por su actitud de que se mostraban muy escépticos. Pero, cuando terminamos, estaban tremendamente implicados. Uno de ellos dijo que pensaba que deberían dejarle llevar una gorra en la escuela. Un profesor respondió que eso le parecía razonable aunque violaba una regla de distrito. Dijo que, si al alumno le parecía bien, hablaría con la junta escolar para intentar que cambiaran esa norma para su grupo. El cambio que se produjo entre los profesores y los alumnos en aquella reunión fue palpable porque, de repente, en vez de estar en bandos contrarios, de pronto se encontraban en el mismo. Después de aquella sesión, la escuela decidió celebrar reuniones todas las semanas, así que se convirtió en un programa democrático.

»Al final de ese año, el distrito empezó con sus recortes habituales; tenía intención de reducir algunos gastos en toda la zona. Los únicos alumnos que se manifestaron contra aquellos recortes fueron los del programa democrático, porque se sentían con capacidad para ello.» Jerry cree que los estudiantes pueden hacer progresos extraordinarios si saben qué quieren aprender y cuando en la escuela reina un clima de aventura y de exploración en lugar de uno de censura. Jerry incluso ha titulado uno de sus libros de esta manera: *No Homework and Recess All Day* (Nada de deberes y patio todo el día).

«Dirigí una escuela durante diecisiete años que estaba basada en la democracia pura. La asistencia a clase no era obligatoria, y la mayoría de los alumnos provenían de familias de renta baja. Las matriculaciones solo representaban alrededor de la cuarta parte de nuestros ingresos; para todo lo demás, recaudábamos fondos. En aquella escuela existía una norma que no podía quebrantarse: los alumnos no podían quedarse después de clase a menos que se portaran bien. Así que luchaban por su derecho a quedarse, siempre y cuando hubiera un profesor dispuesto a hacerlo. También aprobaron otra norma: la escuela no cerraría los días que nevara. Sabían que yo vivía en el centro y que, si ellos podían llegar hasta allí, yo les daría clase. También consiguieron por votación que hubiera menos días de vacaciones. Intentaron eliminar las de verano y aprobaron una norma para que fuéramos al menos una vez a la semana, y lo hicimos hasta que los profesores dijeron que ya no irían más. Así era cómo los alumnos se sentían en la escuela. A la gente le cuesta entenderlo porque le han inculcado que el colegio es algo que no les gusta a los niños.»

Jerry está convencido de que el proceso democrático puede dar resultado en cualquier entorno escolar, independientemente de la edad de los alumnos. Pudo corroborarlo él mismo hace poco cuando una escuela de Nueva Jersey le pidió que probara este sistema con alumnos de párvulos.

«Mientras iba en coche hacia allí, pensaba: "Vaya, allí el alumno de mayor edad no pasa de los cinco años. ¿Dará resultado?". Estaba seguro de que tendría que darles pautas o algún tipo de normas. Se sentaron todos en círculo y yo les expliqué que en una reunión democrática solían comentarse dos tipos de cosas: las que se considera que son un problema en la escuela y las que son una buena idea. En cuanto terminé de hablar, todos los alumnos levantaron la mano. Fue increíble. Una niñita de cuatro años dijo que había oído que el chocolate llevaba algo parecido a la cafeína y que quizá no deberían tomarlo por la tarde. Entonces se votó y se aprobó. Otro niño dijo que probablemente no era buena idea que los alumnos salieran al patio si estaban resfriados. Hablaron de ello y también lo aprobaron.»

Obviamente, los temas de discusión, así como el plan de estudios y las medidas que se adoptan, varían de forma espectacular con la edad. No obstante, Jerry está convencido de que el proceso democrático tiene un papel que desempeñar en todas las escuelas a cualquier nivel. «No podemos cambiar las leyes de los estados, ni tampoco las del gobierno federal, pero todo es aplicable a las escuelas públicas. Una de las mayores revoluciones sería que todos los profesores democratizaran su clase. El problema de casi todas las escuelas es que la mayoría de la gente no tiene ni idea de cómo se hace algo así, porque no la han educado de esa manera y no hay ningún programa que la prepare para eso. Tenemos un curso por internet para las personas que están abriendo escuelas nuevas y, en algunos casos, para aquellas que quieran cambiar la que ya tiene.»

Para Jerry, solo hay un verdadero impedimento para este tipo de cambio: «Si no confiamos en que los niños son aprendices natos, no lo conseguiremos».

## LOS PRINCIPIOS DEL PLAN DE ESTUDIOS

Todas las disciplinas que he tratado aquí tienen la misma importancia en todas las etapas de la educación, desde la enseñanza infantil hasta los estudios superiores. Por supuesto, deberían enseñarse teniendo en cuenta las edades y grados de desarrollo de los alumnos. En lo que respecta a la personalización, también es fundamental que, a medida que maduran, los alumnos puedan centrarse más en algunas disciplinas que en otras conforme sus intereses empiezan a definirse. Esto es lo que significa libertad de elección y diversidad.[19]

Para que las escuelas cumplan los cuatro fines de la educación que hemos descrito y desarrollen las diversas competencias que llevan asociadas, es importante que el plan de estudios tenga las siguientes características:

- **Diversidad:** debería tener una base amplia que permitiera abarcar las clases de conocimientos que queremos para todos los alumnos y ofrecer oportunidades adecuadas para que cada uno descubra sus cualidades e intereses personales.

- **Profundidad:** debería ofrecer un abanico apropiado de posibilidades para que, a medida que se desarrollan, los alumnos pudieran profundizar debidamente en sus áreas de interés.

- **Dinamismo:** el plan de estudios debería estructurarse de tal forma que permitiera la colaboración e interacción entre alumnos de edades distintas y profesores con diferentes especialidades. Debería crear vínculos con la comunidad y evolucionar y desarrollarse como consecuencia de ello.

Uno de los mayores errores que puede frenar la diversidad, la profundidad y el dinamismo del plan de estudios es recurrir al tipo de evaluación equivocado, en especial, someterse a las exigencias de los exámenes normalizados. Este es el tema que abordaremos en el siguiente capítulo.

# 7

# Exámenes, exámenes

De todos los temas que tratamos en este libro, no creo que ninguno genere una reacción tan emocional como los exámenes normalizados de alto riesgo. Internet está repleto de vídeos de profesores que se deshacen en lágrimas y padres que montan en cólera (y viceversa) cuando se aborda este tema. Millones de comentarios han navegado por la blogosfera detallando la presión, la preocupación, la frustración y los daños colaterales infligidos por este tipo de pruebas. Las protestas contra la proliferación de los exámenes normalizados jamás habían sido tan clamorosas y, no obstante, continúan preponderando en el paisaje educativo de Estados Unidos y del mundo entero. La profesora de quinto curso Rhonda Matthews nos habla de ello.

«Voy a explicarle cómo son los exámenes de quinto —me dijo—.[1] Calculo que perdemos alrededor de un mes de clases debido a ellos. Ocupan seis días en total, distribuidos a lo largo de dos semanas. Y me parece que no sería justo para mis alumnos si no les diera la oportunidad de hacer prácticas de examen e intentase enseñarles alguna estrategia para sacar buena nota. Con eso se pierden otras dos semanas. Este es el tiempo mínimo que puede dedicarse a los exámenes. Sé que otras escuelas necesitan mucho más de un mes.

»Con los exámenes oficiales dejamos por completo de pensar,

de comunicarnos y de relacionarnos. En cuanto empezamos a pre-parar a los alumnos, ya no se habla de nada más. Puesto que hay un límite de tiempo para terminarlos, les digo a mis alumnos: "Por favor, no penséis demasiado en el texto. Concentraos únicamente en responder las preguntas". Las prácticas de examen que pienso dar este curso no se centrarán en el contenido; de hecho, estoy se-gura de que mis alumnos saben leer y pensar. Este año, las prácti-cas se centrarán en la rapidez y en cómo rendir bajo presión.»

Antes de que la administración de George W. Bush aprobara la Ley NCLB en 2001, el gobierno federal exigía que los alumnos rea-lizaran seis exámenes antes de obtener el graduado escolar: uno en lectura y otro en matemáticas en las etapas de primaria, media y de secundaria. Hoy en día, para tener derecho a recibir financiación federal, los sistemas escolares deben administrar catorce exámenes normalizados en lectura y matemáticas a los alumnos que estudian en la enseñanza pública y, desde 2014, todos deben aprobar con una nota superior al nivel básico. Por alguna razón, algunos distri-tos escolares piensan que esto no es suficiente y obligan a las escue-las a hacer más exámenes. Aquellas que no alcanzan los niveles exigidos se exponen a despidos generalizados e incluso al cierre.

Los estados podían solicitar una prolongación del plazo límite de 2014, pero una de las condiciones era la adopción de las pautas para las asignaturas troncales. En abril de 2014, Washington fue el primer estado en perder este derecho porque no exigía que sus distritos escolares utilizaran puntuaciones unificadas en la evalua-ción del profesorado. La pérdida de este derecho limita enorme-mente el uso que un estado puede dar al dinero federal, lo cual in-dujo a un funcionario escolar a decir: «No creo que haya forma de que esto no perjudique a los alumnos».[2]

Así pues, ¿cuáles son los verdaderos problemas en este terreno y cuáles son las soluciones?

## PAUTAS Y NORMALIZACIÓN

No estoy en contra de todas las formas de normalización. En algunos ámbitos esta ha aportado enormes beneficios. Recientemente, di una charla en el congreso anual de la organización responsable de los códigos de barras: sí, existe. Los códigos de barras son el conjunto de pequeñas líneas y números negros que hoy en día llevan todos los productos. El primer código de barras lo inventó en 1948 el estadounidense Norman Joseph Woodland mientras estudiaba un posgrado en ingeniería mecánica. La idea se la inspiró una conversación que escuchó entre el rector y un gerente de supermercados que necesitaba encontrar una manera más eficaz de controlar las existencias. Un día, mientras estaba sentado en la playa reflexionando sobre este problema, Woodland dibujó los puntos y guiones del código Morse en la arena. Al deslizar los dedos por la arena, trazó unas líneas paralelas y se le ocurrió la idea.

Hoy en día, los códigos de barras se utilizan de forma generalizada y permiten a las empresas seguir la pista de aquellos artículos que llevan este código. Han revolucionado la gestión de la cadena de distribución, al tiempo que han hecho posible la adopción de niveles de calidad a escala internacional en la producción de alimentos, en la importación, en el proceso de fabricación, en la medicina y en innumerables campos más. Los códigos de barras han ayudado a garantizar que, sea cual sea su procedencia, los productos estén sujetos a cumplir unos niveles de calidad consensuados. No cabe duda de que nuestras vidas han mejorado de forma considerable como consecuencia de ello.

En algunos ámbitos, como es el caso de la educación, establecer pautas puede ser beneficioso. Pero existen dos problemas. El primero, como no me canso de repetir, es que ninguna persona es igual a otra. Para que la educación personalizada sea eficaz, debe tener en cuenta todas las diferencias de las que ya hemos hablado. Esto significa que las pautas deben aplicarse con la debida mesura. El otro problema es que la normalización solo es posible en algunas áreas de la educación. Muchos de los cambios más importantes que las escuelas deberían estar fomentando no pueden normalizarse. Ambos problemas han quedado claramente ilustrados en cómo el movimiento de normalización ha afectado a las escuelas en la práctica y lo cierto es que ha acarreado dos consecuencias catastróficas.

En lugar de ser una herramienta que mejore el sistema educativo, los exámenes normalizados se han convertido en una obsesión. Hoy en día, incluso los niños pequeños pasan gran parte de la jornada escolar sentados a sus pupitres preparándose, examinándose o hablando de exámenes. «Los exámenes han proliferado de forma increíble —me comentó Monty Neill, director ejecutivo de FairTest—. No tanto por iniciativa de los estados, sino sobre todo de los distritos escolares. Compran exámenes baratos y mal diseñados que se supone tienen que predecir cómo les irá a los alumnos en el examen realmente importante, que es el de final de curso, y los niños que sacan malas notas deben hacer más prácticas de examen. En casi todas las grandes ciudades, los alumnos tienen que hacer al menos tres exámenes de prueba antes de presentarse al final. En algunos casos, hacen uno al mes, y he oído que a veces es incluso más.»

Al depender tanto de los exámenes, se crea una presión generalizada por enseñar únicamente las materias en la que los alumnos se examinan, por lo que se presta poca atención al resto de las asignaturas. Por otra parte, al tener que administrarse a tan gran escala, los exámenes se centran en respuestas concisas, y a menudo se valen de formatos tipo test que pueden procesarse rápidamente con escáneres ópticos. Por lo general, este método impide introducir matices en las respuestas o profundizar en ellas. Los exámenes tienen en poca o en ninguna consideración los factores contextuales que pueden afectar al rendimiento del alumno.

«Los exámenes no evalúan gran parte de lo que es importante, y además lo hacen de forma muy limitada —me explicó Monty—. Las exigencias que requieren estos exámenes y todos los datos que generan están básicamente colonizando la clase, por lo que resulta casi imposible que los profesores dediquen tiempo a cosas o a actividades que es importante que los alumnos conozcan o sepan hacer, o que consigan captar su interés y atención.» Cuando los exámenes normalizados son el factor más importante del que deben responder las escuelas, resulta tentador utilizarlos para definir el plan de estudios y estructurar el método de enseñanza. «La manera en que se evalúa la asignatura condiciona la forma de enseñarla. En un caso extremo, la escuela se convierte en un centro preparador de exámenes.»

La presión para sacar mejores notas en los exámenes normalizados ha hecho que los distintos métodos de evaluación que suelen utilizar los profesores se reduzcan. Por ejemplo, en un informe de FairTest sobre la ley NCLB, una profesora contó que había tenido que limitar el número de lecturas que mandaba a sus alumnos debido al tiempo que requerían las prácticas de examen. Hay miles de experiencias como esta en todo Estados Unidos. Uno de los críticos de la normalización más elocuentes y mejor informados es Alfie Kohn, quien fue maestro antes de hacerse escritor, formador y asesor. Kohn también ilustra en una serie de libros y casos prácticos las repercusiones negativas que esta forma de evaluación ha tenido en la calidad de la enseñanza y en el aprendizaje.[3]

Yong Zhao, de la Universidad de Oregón, ha observado que, en los países desarrollados, los intentos de normalizar el plan de estudios y los métodos de enseñanza repercuten negativamente en los alumnos en dos aspectos. En primer lugar, hacen hincapié en destrezas que los alumnos de países menos desarrollados pueden vender por mucho menos dinero. «Si se exige que todos los niños dominen los mismos conocimientos y destrezas —dijo—, aquellos cuyo tiempo vale menos serán mucho más competitivos que los que tienen más gastos. Hay muchas personas pobres y hambrientas en los países en vías de desarrollo dispuestas a trabajar por mucho menos de lo que los trabajadores necesitan en los países desarrollados. Para ser competitivos en todo el mundo, los países desarrollados deben ofrecer algo cualitativamente distinto, es decir, algo que no pueda obtenerse a un menor coste en países en vías de desarrollo. Y, desde luego, no consiste en sacar unas notas increíbles en unas cuantas asignaturas ni en desarrollar supuestas destrezas básicas.»[4]

En segundo lugar, la importancia que se concede a los exámenes, debido al tiempo que requieren, disminuye las oportunidades de enseñar a los niños a utilizar su creatividad y espíritu emprendedor innato, precisamente las capacidades que pueden protegerlos frente a la imprevisibilidad del futuro en cualquier parte del mundo. FairTest expone el mismo argumento en su «National Resolution on High-Stakes Testing»: «La excesiva dependencia de los exámenes normalizados de alto riesgo en los sistemas de responsabilidad estatal y federal está minando la calidad y equidad educativa en las escuelas públicas estadounidenses al entorpecer los esfuerzos de los educadores por centrarse en un amplio abanico de experiencias de aprendizaje que favorezcan la innovación, la creatividad, la resolución de problemas, la colaboración, la comunicación, el pensamiento crítico y el conocimiento profundo de las materias que permitirán a los alumnos prosperar en una democracia y en una sociedad y economía cada vez más globales.»[5]

También hay otro problema. Puesto que la financiación de las escuelas y la evaluación del profesorado dependen en gran medida de los resultados de los exámenes, algunos centros escolares, distritos y estados se ven obligados a maquillar las cifras de diversas formas. A menudo, las escuelas prestan atención «únicamente a los alumnos próximos al punto de corte con la esperanza de darles el empujón que necesitan para pasar a la columna de los aprobados y eso comporta a menudo desatender a aquellos alumnos que están por debajo y por encima del nivel exigido», observa FairTest. Los alumnos con probabilidades de suspender pueden excluirse del programa para no afectar a la media global. Me han comentado en muchas ocasiones que algunos padres piden que diagnostiquen a sus hijos problemas de atención y que los mediquen, porque el diagnóstico les permite disponer de más tiempo para realizar el examen. Al menos para algunos padres, el trastorno de déficit de atención con hiperactividad se ha convertido en una enfermedad estratégica.

## Más presión todavía

Los exámenes oficiales que los alumnos estadounidenses deben realizar antes de completar la enseñanza secundaria no son el único elemento de tensión al que están sometidos ellos y sus padres. El examen normalizado que más preocupaciones genera quizá sea el SAT (Scholastic Assessment Test; examen de evaluación escolar). Desde hace casi nueve décadas, el SAT es el principal obstáculo que los alumnos deben salvar para poder cursar estudios superiores. Este examen causa tanta inquietud entre los alumnos estadounidenses de secundaria que ha dado origen a una industria que se ocupa de preparar exámenes de práctica y que genera casi mil millones de dólares en ingresos anuales.[6]

Nikhil Goyal, que aún no ha cumplido los veinte, se ha convertido en un importante portavoz de la reforma educativa dando charlas, apoyándola activamente y escribiendo libros sobre ella. Cuando estudiaba secundaria, Nikhil y su familia dejaron su barrio de clase media para mudarse a uno de clase media-alta, donde conoció las tensiones generadas por el SAT. «En mi nueva escuela había mucha competencia para entrar en la universidad —me explicó—. Se notaba que los alumnos estaban muy agobiados; tenían un aspecto enfermizo. Eran básicamente robots, en mi opinión. Se les veía muy sumisos, seguían las instrucciones que se les daba sin rechistar, y carecían de creatividad o de curiosidad. Muchos tienen el síndrome de Estocolmo. Algunos pertenecen al grupo de los jóvenes más privilegiados de Estados Unidos y son, de hecho, los mayores defensores del sistema actual, porque les está yendo bien. Sacan buenas notas, van a Harvard, a Yale o a Princeton.»

Curiosamente, uno de los principales representantes de la industria que se ocupa de preparar exámenes de práctica muestra ahora un profundo desprecio por ellos. «Estos exámenes no evalúan nada importante —me comentó John Katzman, cofundador de The Princeton Review—. Son, ni más ni menos, una falta total de respeto para los educadores y los alumnos, combinada con una incompetencia total.»[7] Los estudios respaldan el punto de vista de Katzman, entre ellos, múltiples informes que demuestran que la media global de las calificaciones de secundaria es un indicador mucho más fiable del éxito universitario que la nota del SAT.

Desde 1985, FairTest lucha por una evaluación que no esté condicionada por la raza, el sexo y la cultura, y está presionando para reducir el uso de los exámenes normalizados y la influencia que tienen en los alumnos y en los sistemas educativos. «El ideal al que aspiramos —me dijo Monty— es que no se utilice ningún examen normalizado de alto riesgo como vía de acceso a los estudios superiores, incluidos los de posgrado. Aprobar un examen normalizado no debería ser jamás el único requisito para graduarse, pasar curso, decidir qué estudiar, etcétera.»

La Federación Estadounidense de Profesores (AFT, del inglés «American Federation of Teachers») opina lo mismo. «Es hora de restituir el equilibrio en nuestras escuelas para que enseñar y aprender, y no hacer exámenes, sea el principal objetivo de la educación —declaró el presidente de la AFT Randi Weingarten en 2012—.[8] La política educativa que prioriza los exámenes obliga a los profesores a sacrificar el tiempo que necesitan para enseñar a sus alumnos a analizar contenidos de forma crítica. Tan solo se centran en enseñarles con el fin de que aprueben.» Durante el congreso nacional de la AFT de ese año, la organización hizo pública una resolución que rezaba, en parte: «Tenemos fe en métodos de evaluación que respaldan la enseñanza y el aprendizaje y se adaptan al plan de estudios en vez de limitarlo, que se desarrollan en común, no que se sacan de una estantería».

Las universidades de Estados Unidos están empezando a reaccionar, dado que más de ciento cincuenta escuelas clasificadas en los primeros puestos de sus respectivas categorías han dejado de dar tanta importancia a los resultados del SAT y exámenes similares, tales como el ACT (American College Test; examen de acceso a las universidades estadounidenses).[9] Por otra parte, incluso College Board (los creadores del SAT) entienden la necesidad de cambiar y ha anunciado una revisión exhaustiva del examen que se publicará en 2016.

Si la oposición a los exámenes normalizados es tan fuerte, ¿por qué sigue habiendo tantos? Para entender esto, necesitamos echar un vistazo a la industria que se ocupa de prepararlos.

## Mucha presión y mucho nivel

La industria que se ocupa de preparar exámenes de práctica y material de apoyo está en auge. En 2013, solo en Estados Unidos, tuvo unos ingresos totales de dieciséis mil quinientos millones de dólares.[10] Para que usted se haga una idea, los ingresos brutos de taquilla de los cines estadounidenses en ese mismo año fueron algo inferiores a once mil millones de dólares,[11] y la Liga Nacional de Fútbol Americano genera hoy en día nueve mil millones de dólares.[12]

En Estados Unidos, la industria de los exámenes está dominada por cuatro contendientes principales: Pearson, CTB McGraw-Hill, Riverside Publishing y Education Testing Services (ETS). Mientras escribo estas líneas, Pearson prepara material de examen para dieciocho estados, y es el primer productor de exámenes normalizados de todo el país. CTB McGraw-Hill tiene contratos con diversos estados que utilizan sus exámenes, como los test de Terra Nova o de California. Riverside prepara los exámenes de aptitudes básicas para Iowa, entre otros, mientras que el GRE (Graduate Record Examination) es una de las ofertas de Education Testing Services.[13]

Todas estas empresas han tenido sus altibajos con el paso de los años. En 2013, McGraw-Hill tuvo problemas a la hora de puntuar sus exámenes Regents de un grupo de alumnos de secundaria de la ciudad de Nueva York, lo cual ocasionó un retraso en la entrega de los diplomas.[14] En Reino Unido, ETS tuvo que retirar sus exámenes de idioma para inmigrantes por lo que fue considerado un «fraude sistemático».[15]

A esto se suma el escándalo «Pineapplegate». Durante varios años, Pearson incluyó en algunos de sus exámenes estatales un fragmento de lectura titulado «La piña y la liebre», en el que una liebre mágica y una piña parlante compiten en una carrera que termina de forma trágica para la fruta. Los alumnos tenían que responder varias preguntas tipo test sobre este descabellado relato que eran casi tan confusas como la propia historia. Los padres que se enteraron de lo sucedido se disgustaron tanto que incluso crearon una página en Facebook titulada «La moraleja del cuento es que las piñas no tienen mangas», en referencia a un detalle del relato sobre la ropa que llevaba la piña.

«¿Por qué poner un fragmento de lectura con preguntas tan descabelladas en un examen estatal normalizado, sea para valorar los conocimientos o con cualquier otra finalidad? —me comentó Leonie Haimson, madre y escritora que reside en Nueva York—. Sobre todo, dada la importancia de estos exámenes, que se utilizarán en la ciudad de Nueva York para decidir qué alumnos no pasan curso y cómo se califica su progreso escolar y, en un futuro próximo, como parte integral del nuevo sistema estatal de evaluación del profesorado. Un cuento absurdo con preguntas para las que no parece haber una respuesta correcta podría minar del todo la confianza de cualquier alumno el primer día de un extenuante examen de ELA (English Language Arts; lengua y literatura) de tres días de duración. ¿Era ese su objetivo.»[16]

Al margen de cuál podría ser el objetivo de este y de otros muchos exámenes, no cabe duda de que una de sus funciones, desde la perspectiva de la industria, es amasar dinero, y en gran cantidad. El volumen de exámenes que se administran hoy en día es un ejemplo más de la creciente comercialización de la educación.


## EL REY DE TODOS LOS EXÁMENES

La tendencia a la evaluación normalizada se ve muy influida por la competencia internacional, que hoy en día está regida por las tablas del PISA de la OECD. En 2012, Shangai obtuvo las mejores puntuaciones en lectura, matemáticas y ciencia. Los cinco países/economías mejor clasificados en lectura y matemáticas fueron asiáticos. También lo fueron los cuatro primeros en ciencia, con Finlandia en el quinto puesto. Países como Estados Unidos, Reino Unido y Francia se situaron en mitad de la tabla.[17] Los resultados de Estados Unidos en las recientes clasificaciones del PISA han contribuido sin duda al esfuerzo del gobierno federal por introducir las pautas para las asignaturas troncales.

Los propósitos de la OECD son bienintencionados. Su finalidad es ofrecer una guía periódica y objetiva de los niveles académicos a escala internacional. No se puede objetar nada al respecto. El problema no son los buenos propósitos, sino las repercusiones que acarrea. En Estados Unidos es habitual oír a los políticos (sobre todo en los estados del oeste) recitando la clasificación mundial de su país en lectura, matemáticas y ciencia, y utilizándola para respaldar la necesidad de una mayor exigencia en las escuelas y para imponer a los sistemas escolares una metodología que ellos consideran la correcta. Sin embargo, algunos de los modelos educativos mejor clasificados en las tablas del PISA tienen menos exámenes normalizados que Estados Unidos. A los doce años, los alumnos de Singapur realizan su primer examen normalizado al final de la etapa primaria, en el cual (hay que reconocerlo) se juegan mucho, dado que determina a qué escuelas de enseñanza secundaria irán. Su admisión en la universidad se basa en su rendimiento en el Certificado General de Educación de Cambridge O Level (nivel ordinario) o N Level (nivel normal).[18] Por su parte, Finlandia solo tiene una prueba normalizada, el examen de ingreso nacional, que se realiza al final de la enseñanza secundaria superior (equivalente, a grandes rasgos, al bachillerato en España).[19]

De entre los sistemas escolares mejor clasificados en el PISA, el único que no sigue este patrón es Shangai, dado que los alumnos de este país están sometidos a una dieta continua de exámenes normalizados. No obstante, como ya hemos visto, Shangai se está planteando dejar de presentarse a estos exámenes. En sus escuelas de enseñanza primaria, Vietnam también está experimentando con formas de evaluación y de responsabilidad escolar, que se apartan de las estrictas limitaciones de los exámenes normalizados, para recurrir en mayor medida al criterio del profesorado.[20]

El propio PISA reconoce que deben efectuarse ciertos cambios en los sistemas de evaluación, sobre todo para que la educación en su conjunto desempeñe un papel más importante en la vida que los alumnos desarrollarán a la larga.

Andreas Schleicher es responsable de Educación y Competencias y asesor especial de Política Educativa del secretario general de la OECD. «La economía mundial ya no nos paga por lo que sabemos; ya tenemos a Google que lo sabe todo —me explicó—. La economía mundial nos paga por lo que somos capaces de hacer con lo que sabemos. Si queremos llegar a conocer si una persona es capaz de pensar científicamente o trasladar un problema de la vida real a un contexto matemático, esas cosas son más difíciles de evaluar, pero también son más importantes en el mundo actual. Estamos asistiendo a un rápido descenso de la demanda de competencias cognitivas que se aplican a nuestra vida cotidiana, y las cosas que son fáciles de evaluar y de enseñar también son sencillas de digitalizar, automatizar y externalizar.»

Reconoce que los exámenes de preguntas tipo test presentan muchas limitaciones a la hora de evaluar las capacidades de los alumnos y que una de las dificultades de Estados Unidos para evaluarlos debidamente son los distintos baremos existentes. «Intentamos examinar a menos personas y con una menor frecuencia para mejorar la calidad de la evaluación. El número de alumnos que se examinan es razonable, así que podemos permitirnos incorporar, por ejemplo, tareas abiertas y en línea.

»Debemos buscar un equilibrio entre lo que es importante evaluar y lo que resulta factible. En 2000 empezamos evaluando la lectura, las matemáticas y la ciencia. En 2003 añadimos componentes de tipo social y emocional. En 2012 disponemos de una herramienta muy interesante que evalúa la capacidad para resolver problemas con creatividad. La gente nos pregunta por qué no la usamos desde un principio, pero en esa época no teníamos los sistemas informáticos de evaluación que hay ahora.

»Es muy difícil evaluar la capacidad creativa si planteamos a un alumno un problema que ya está redactado en papel y le pedimos que escriba la respuesta en la hoja. En realidad, la capacidad para resolver problemas con creatividad requiere interaccionar con el problema y que su naturaleza cambie como consecuencia de ello. Eso solo es posible en un entorno simulado por ordenador.»

Pese al firme compromiso del PISA de introducir este tipo de cambios en los exámenes, Andreas me comentó que, al hacerlo, surgen ciertas ambigüedades. «Las tareas abiertas son menos fiables; deben ser más numerosas para poder evaluar al alumno, y eso comporta que haya más examinadores humanos y numerosas herramientas informáticas. Existe el problema de la fiabilidad de estas últimas. A la gente no suelen gustarles, porque son más caras y pueden rebatirse con más facilidad, pero, en conjunto, se obtiene mucha más información útil. En una tarea tan abierta y extensa, las personas se expresan de forma muy distinta a cómo lo harían en un examen de preguntas tipo test.»

Como suele ocurrir, las complicaciones no radican en la recolección de datos, sino en lo que se hace con ellos. En mayo de 2014, un nutrido grupo de profesores universitarios de todo el mundo publicó una carta abierta dirigida a Andreas Schleicher en la que le pedían, entre otras cosas, que el PISA se planteara ofrecer una alternativa a las tablas de clasificación y saltarse un ciclo de exámenes a fin de dar tiempo a los sistema escolares de asimilar lo que ya habían aprendido.

«Los gobiernos, los ministros de Educación y los consejos de redacción de los periódicos esperan con impaciencia los resultados de los exámenes del PISA, y las tablas se citan con propiedad en incontables informes sobre política educativa —expone la carta—. Han empezado a ejercer una profunda influencia en las prácticas educativas de muchos países. Como consecuencia del PISA, los países están modificando sus sistemas educativos con la esperanza de quedar mejor clasificados. No subir puestos en sus tablas ha dado pie a declaraciones de crisis y al "shock del PISA" en muchos países, seguidos de llamamientos a la resignación y reformas radicales según los preceptos del PISA.»[21]

Una de las grandes preocupaciones que expresan los autores de la carta es que los resultados del PISA suelen generar un mayor número de exámenes normalizados dentro de cada país y de soluciones a corto plazo que, lejos de pretender mejorar la situación para los alumnos, solo buscan subir puestos en la clasificación.

Ni yo ni muchos otros críticos de los exámenes de alto riesgo estamos cuestionando la necesidad de la evaluación, la cual es parte esencial de la educación, sino la forma que adopta hoy en día y el daño que está causando. Así pues, ¿qué es la evaluación y para qué sirve?

## LA NECESIDAD DE LA EVALUACIÓN (Y LOS EXÁMENES)

La evaluación es el proceso de emitir juicios sobre los progresos y conocimientos de los alumnos. Como ya he mencionado en *Out of*

*Our Minds*, una evaluación tiene dos componentes: una descripción y una valoración. Si decimos de alguien que es capaz de correr un kilómetro en tres minutos o de hablar francés, estas son simples descripciones de lo que puede hacer. Si decimos que es el mejor atleta del barrio o que habla francés como un nativo, entonces se trata de valoraciones. La diferencia radica en que las valoraciones comparan el rendimiento de una persona con el de otras y lo clasifican en virtud de unos criterios concretos.

La evaluación cumple varias funciones. La primera es *diagnóstica*, para ayudar a los profesores a conocer la aptitud y grado de desarrollo de los alumnos. La segunda es *formativa*, para reunir información sobre su trabajo y actividades y ayudarles a progresar. La tercera es *acumulativa*, lo cual supone emitir juicios sobre su rendimiento global al final de un programa de estudios.

Uno de los problemas de los sistemas de evaluación que utilizan letras y notas es que suelen ser poco descriptivos y muy comparativos. En ocasiones, los alumnos no saben realmente qué indica la nota que han sacado, y los profesores puntúan sin estar del todo seguros de qué nota poner. Otro problema es que una letra o un número no puede expresar las complejidades del trabajo que ha hecho el alumno y que debe calificarse. Y hay resultados que es imposible reflejar de forma apropiada con este método. Como el eminente educador Elliot Eisner dijo en una ocasión: «No todo lo que es importante puede evaluarse y no todo lo que puede evaluarse es importante».

Una manera de dar mayor sentido a la evaluación es separar los conceptos de descripción y valoración. La evaluación de los alumnos puede basarse en aspectos muy diversos como la participación en clase, los cuadernos de trabajo de todo el curso, las redacciones y las tareas que se realizan en otros soportes. Los cuadernos escolares ofrecen descripciones detalladas de la labor realizada por los alumnos, con ejemplos y reflexiones sobre sí mismos y sus compañeros.

En la evaluación entre iguales, los alumnos aportan juicios sobre el trabajo de sus compañeros y sobre los criterios con que se evalúa. Estos enfoques pueden ser de especial utilidad en la evaluación de las actividades creativas.

Algunos profesores suelen utilizar en clase distintos métodos de evaluación. El aumento del número de exámenes se lo pone más difícil, pero hay profesores que no están dispuestos a renunciar a su metodología. Hacerlo supone un reto, pero también puede aportar grandes beneficios. Por ejemplo, Joe Bower es un profesor de ciencia, lengua y literatura de Alberta, Canadá, que, después de seis años en la enseñanza, decidió que ya no quería utilizar las notas como su principal método de evaluación.

«He acabado viendo las notas como la droga preferida de las escuelas, y todos nos hemos vuelto adictos [...] Al principio, las notas eran un instrumento que utilizábamos los profesores, pero actualmente los profesores son un instrumento que utilizan las notas.»[22]

Bower se dio cuenta de que depender de las notas le restaba eficacia como profesor y que tenía repercusiones negativas en sus alumnos. Señala que, cuando se les pregunta qué tipo de provecho sacan de una clase, muchos alumnos responden algo parecido a «he sacado un sobresaliente». Aunque la escuela insistió en que pusiera notas en los boletines, Bower las eliminó y solo entregaba estos después de pedir a sus alumnos que valoraran su propio trabajo y propusiesen la nota que se merecían. Las sugerencias de los alumnos solían coincidir con las suyas, y en muchas ocasiones se puntuaban más bajo de lo que Bower creía que merecían. Eliminar las notas rebajó la presión sobre los alumnos y les permitió centrarse en el contenido de sus trabajos y en lo que hacían en clase en vez de hacerlo en las matrices de evaluación.

«Cuando intentamos simplificar algo tan magníficamente complejo como el verdadero aprendizaje, siempre ocultamos mucho más de lo que ponemos de manifiesto. En el fondo, las notas no sirven como evaluación porque esto no es como rellenar una hoja de cálculo, sino como mantener un diálogo. Soy un profesor muy activo que evalúa a sus alumnos todos los días, pero tiré mi libreta de calificaciones a la basura hace años. Para hallar nuestro camino y convertir el aprendizaje, y no las notas, en la prioridad de las escuelas, tenemos que abandonar nuestra manía de reducir el aprendizaje y a las personas a números.»

## REAL EN VEZ DE SIMBÓLICO, AL MENOS DE MOMENTO

Dadas las protestas contra los exámenes normalizados y los problemas que ocasionan, ¿hay otros modelos de evaluación a gran escala que son más eficaces? En ocasiones, la mejor manera de mirar hacia el futuro es buscar inspiración en el pasado.

«Muchas personas no saben que tenemos un modelo de evaluación a gran escala, que ya dio resultado en California y en otras partes, que proporciona la clase de información que la gente necesita para tomar decisiones, pero que no está reñido con el rico contexto de aprendizaje de los alumnos —me dijo Peg Syverson sobre el registro del aprendizaje (Learning Record)—. Una de las cosas que más me dolió de la ley "Que ningún niño se quede atrás" es que prácticamente echó abajo la eficaz aplicación del registro del aprendizaje.»

En un principio, el registro del aprendizaje se desarrolló en Londres y surgió de la necesidad de identificar los progresos de alumnos en quienes los métodos de evaluación habituales no daban resultado.

En las escuelas de los barrios pobres del centro de Londres, a las que acudían niños de todas las nacionalidades, los profesores apenas tenían recursos. Estos reconocían que sus alumnos aprendían, pero que su aprendizaje no quedaba reflejado en los exámenes normalizados porque eran niños que aún no dominaban el inglés. Así pues, los profesores decidieron buscar un modo de reflejar y documentar el aprendizaje que, de hecho, estaban presenciando. Trabajaron conjuntamente con Myra Barrs y Hillary Hester, y con uno o dos investigadores en educación, y también recurrieron a los trabajos de Lev Vygotsky, el psicólogo que proporcionó el marco para las dimensiones del aprendizaje que se utilizan en el registro del aprendizaje. Estaban interesados sobre todo en la lectura y en la escritura y, junto con los profesores, se plantearon qué necesitaban saber para poder determinar los progresos de los niños en estas dos áreas. Desarrollaron un eficaz sistema denominado «registro de la lengua principal». Constaba de ocho páginas, y en él podrían documentar las observaciones de los profesores. Primero, se entrevistaban con los padres usando el idioma que hablaban en casa y les preguntaban: «¿Qué le gusta hacer a su hijo?». Luego, se veían con el alumno, para saber qué les motivaba más. Los profesores se entusiasmaron, y los padres también, porque los docentes querían saber qué les gustaba hacer a sus hijos. Por ejemplo, si a un niño le encantaba la ciencia pero no le gustaba leer, el profesor pensaba en soluciones creativas como: «¿Y la ciencia ficción?». Empezaron a buscar formas de valorar los progresos de los alumnos en lectoescritura en su lengua materna.

Estaban convencidos de que podían utilizar lo que en realidad es un modelo empírico, el que usaríamos si quisiéramos estudiar los cambios en cualquier sistema adaptativo. Primero se toma una fotografía del sistema en sus inicios y, luego, se observa durante un determinado período de tiempo, a lo largo del cual se recogen muestras de trabajo que después se analizan. «Aquí es donde la mayoría de los sistemas de cuadernos escolares se desmorona: no hay ningún análisis. Este tiene que basarse en principios: necesita un marco teórico. ¿Queremos saber si el agua es potable? ¿Si en ella pueden vivir las ranas, o lo que sea? Vygotsky nos dio un modelo que nos permite hablar del aprendizaje de los alumnos de una forma polivalente.» Los profesores pudieron hablar con los padres sobre lo que los alumnos estaban aprendiendo. «Está adquiriendo más confianza a la hora de leer libros que no le resultan familiares.» «Cada vez lee mejor palabras que no ha visto antes.» Los padres comenzaron a sentir un gran respeto por la competencia de los profesores.

«Este método se convirtió en un modelo muy eficaz en Reino Unido. Los profesores estaban entusiasmados porque aquello suponía llevar a cabo un trabajo más creativo y que se viesen de un modo distinto a los alumnos que antes les parecían problemáticos. Empezaron a sentir curiosidad por esos niños. ¿Qué puede ayudarles a aprender? ¿Qué me están diciendo con su actitud?»

En esa época, Myra Barrs era la directora del Proyecto de Lectoescritura de California e invitó al equipo del registro de la lengua principal. Juntos comenzaron a trabajar en un modelo para la enseñanza primaria y secundaria y empezaron a utilizarlo en proyectos piloto en escuelas. En aquel momento, Peg se unió al equipo como investigadora asociada para ayudar a mejorar las herramientas de evaluación.

«No utilizábamos matrices de evaluación, sino escalas de desarrollo que contenían descriptores, lo que normalmente se observaría en las diversas etapas que atraviesan los alumnos cuando aprenden a leer y a escribir. Las escalas estaban basadas en miles y miles de horas de observación de niños reales. Por ejemplo, en la primera escala de todas, podíamos decir que cuando un niño garabatea en un papel, señala el garabato y nos balbucea algo, significa que está listo para aprender a leer y a escribir, porque ha empezado a asociar el lenguaje con marcas en un papel. Eso ayudó muchísimo a los profesores, porque podían saber en qué etapa estaba entrando el niño y así proporcionarle los recursos necesarios.

»En ese momento supimos que teníamos algo importante entre manos. Necesitábamos conseguir que lo aceptaran como una alternativa a los exámenes normalizados, sobre todo en las escuelas de barrios pobres. Se muestra a los alumnos en una trayectoria de aprendizaje, no como si fallaran en algo.» Su insistencia con el Departamento de Educación de California les llevó ante el jefe de Psicometría del estado. Según Peg, después de ver una demostración práctica del registro del aprendizaje, él respondió: «Oh, ustedes están hablando de evaluación real. Ahora solo tenemos una de carácter simbólico».

El estado de California lo aprobó como alternativa a los exámenes normalizados, el único método alternativo que ha aceptado hasta la fecha. «Fuimos por toda California, y a Nueva York y a Ohio, y los profesores estaban eufóricos. Los padres también, no podían creerse la atención y el esmero que ponían los docentes. Y estos registros del aprendizaje son públicos, así que los padres podían consultarlos y ver las observaciones que se hacían sobre el trabajo de sus hijos, además del análisis que realizaban los profesores. Para los niños, supuso un enorme estímulo que se preocuparan por ellos, pues los profesores se molestaban en averiguar qué sabían hacer. «Tuvimos un éxito rotundo y "Que ningún niño se quede atrás" lo echó todo por tierra.»

FairTest definió el registro del aprendizaje «como un eficaz proceso de evaluación [...] un proceso mediante el cual los alumnos se responsabilizan de su propio aprendizaje y lo documentan. También es una manera de integrar la participación de los padres

en la escuela.»[23] Después de que la NCLB presionara a los sistemas
escolares para que se ciñeran a un solo método de evaluación, el
registro del aprendizaje se fue a pique. Hoy en día, Peg enseña en
la Universidad de Texas, donde ha desarrollado una versión del
registro del aprendizaje para los estudios superiores, con un éxito
notable.

«Antiguos alumnos míos lo están utilizando en todo el país,
principalmente en el ámbito universitario, porque el sistema de
educación pública es un entorno excesivamente hermético con
demasiadas tensiones políticas. Yo asesoro a profesores universitarios que quieren aplicarlo.»

Asimismo, Peg sigue manteniendo viva la llama de la versión
para la enseñanza primaria y secundaria. «El registro del aprendizaje es accesible a todo el mundo y está a disposición de todos. Yo
lo tengo en la página web para quien quiera descargarlo. Incluso
recibo correos electrónicos de profesores de música de Perú.»

## EVALUACIÓN COMO APRENDIZAJE

El registro del aprendizaje demostró que es posible evaluar el progreso de un gran número de alumnos con una serie de pautas con-
sensuadas sin recurrir a exámenes normalizados.

Sam Chaltain es el editor de *Faces of Learning: 50 Powerful
Stories of Defining Moments in Education* y autor de *Our School:
Searching for Community in the Era of Choice*, entre otros libros.
Para Sam, los exámenes y la normalización no son el problema; el
problema es lo que decidimos normalizar. Estados Unidos ha op-
tado por los exámenes y ha centrado toda la responsabilidad en las
escuelas, y los resultados han sido decepcionantes. Finlandia ha
decidido normalizar la formación de sus profesores en vez de los

exámenes, y el sistema educativo finlandés es elogiado en todo el mundo. «Eso demuestra que la normalización no es mala en sí misma —me comentó Sam—. Lo malo es lo que hemos hecho con ella.

»En cuanto a la evaluación, el modelo tradicional es la evaluación para el aprendizaje. Hoy en día, a la gente le gusta decir que el modelo del siglo XXI es la evaluación del aprendizaje. Pero, si esta es simplemente la forma en que podemos determinar cuánto se ha llegado a aprender, entonces el objetivo final es la evaluación como aprendizaje, que sucede en tiempo real y que representa el proceso mediante el cual las personas reflexionan por sí mismas y determinan cómo han evolucionado. Algunas escuelas llevan a cabo este método. Hay una escuela fantástica en New Hampshire para la que lo más importante es que, al graduarse, sus alumnos tengan diecisiete hábitos de comportamiento y trabajo que comprenden desde la colaboración y el liderato hasta la curiosidad y el asombro. Han desarrollado unas matrices de comportamiento muy meditadas que desglosan cada uno de estos hábitos en subcompetencias.

»Si nos tomamos en serio la curiosidad y el asombro, tenemos que pensar: "¿Cuáles son los subhábitos que los fomentan?".» Esta escuela sostiene que para potenciar la curiosidad y el asombro hay que abrirse a ideas nuevas, sentirse cómodo con la complejidad, ser capaz de hacer preguntas. Para cada uno de estos subhábitos, hay distintas descripciones que indican cómo actúa un alumno cuando no sabe nada de una materia, cuando tiene nociones, cuando la domina. Los profesores no son los únicos que trabajan con estas matrices; los padres y los alumnos las utilizan continuamente. A eso me refiero con la evaluación como aprendizaje. Los jóvenes de estas escuelas siempre están reflexionando sobre en qué punto se encuentran de este proceso continuo. Y jamás he conocido a alumnos tan lúcidos a la hora de hablar de sus capacidades y carencias, y de lo que quieren hacer en la vida y por qué.

Sam sugiere que, antes de embarcarse en cualquier proceso de evaluación, una comunidad escolar necesita identificar las características del graduado ideal: ¿qué debería saber?, ¿cómo debería utilizar lo que sabe?, ¿cómo le ayudarán estos conocimientos? Una vez que la escuela ha identificado estas características, puede decidir cómo evaluarlas, tanto en lo que respecta al rendimiento de los alumnos como a la eficacia con que la comunidad escolar (profesores, administradores y padres) está creando un entorno que permite florecer a los alumnos.

«No es que todas las escuelas tengan que proponer la misma serie de competencias para el graduado ideal, porque lo importante es dar a las comunidades autonomía suficiente para que reflexionen sobre estas preguntas y las respondan ellas mismas, y que luego estas cuestiones rijan todas sus reflexiones y planificación estratégica. De lo contrario, lo que tenemos son escuelas que, por defecto, se centran exclusivamente en cumplir lo que propone el gobierno federal en materia de responsabilidad.»

Monty Neill está de acuerdo con ello. «Los cuadernos escolares, los proyectos y los trabajos son el camino correcto. Esto no significa que no podamos utilizar exámenes de respuestas cortas y tipo test como componentes de este proceso. Queremos que los niños sean capaces de pensar, razonar, escribir, hablar y demostrar que pueden aplicar sus conocimientos usando métodos complejos. Sabemos que los proyectos y trabajos bien planteados pueden conseguirlo. [...] Para mejorar el aprendizaje y responsabilizarse de forma eficaz, las escuelas y distritos no pueden depender exclusivamente de los exámenes normalizados. Debido a sus limitaciones implícitas, los métodos tradicionales de aprendizaje generan una información que carece de amplitud y de profundidad. Los estados, distritos y escuelas deben hallar formas de reforzar las evaluaciones realizadas en clase y utilizar la información que se obtiene con estos nuevos métodos mucho más completos para informar a la opinión pública.»

## UNA FOTOGRAFÍA DEL FUTURO

En este capítulo he hablado de Joe Bower, quien se atrevió a dar el paso de eliminar las notas en su clase. Algunas escuelas están haciendo lo mismo a una escala mucho más amplia. Surrey, en la Columbia Británica, es uno de los diversos distritos escolares de todo el mundo que participan en un programa piloto que excluye las notas representadas por letras y números y las sustituye por una forma de evaluación más completa. Mediante un programa en línea de cuadernos escolares denominado «Fresh Grade», los profesores de estas escuelas toman fotografías del trabajo de cada alumno para realizar un seguimiento de su progreso que padres y alumnos pueden compartir. Los profesores trabajan con los alumnos para determinar metas individuales e indicadores de progreso, y el éxito se define a través de estos.

«Este movimiento es, en parte, una respuesta a los empresarios que piden que el sistema escolar haga hincapié en competencias como la creatividad y la comunicación, no únicamente en el conocimiento de las asignaturas tradicionales —me explicó la periodista Erin Millar—.[24] La menor importancia que se concede a las notas coincide con una convicción cada vez mayor entre los empresarios de que el método de evaluación tradicional no es la mejor forma de ayudar a los alumnos a desarrollar las competencias que necesitan para prosperar en el mundo actual. En encuestas nacionales y mundiales, los empresarios no se quejan de que los solicitantes de puestos de trabajo carezcan de conocimientos o de destrezas técnicas específicas, lo cual es fácil de calificar y de reflejar en su currículo; quieren empleados capaces de realizar análisis críticos, colaborar, comunicarse, resolver problemas y pensar de forma creativa.»

En la Columbia Británica, donde el programa ya lleva un tiempo utilizándose, los resultados son muy alentadores. Aunque algunos padres se sienten desorientados en un mundo sin notas, son muchos más los que aprecian la inmediatez del programa porque reciben casi a diario informes sobre los progresos de sus hijos. Una ventaja es la posibilidad de intervenir enseguida: si sus hijos tienen dificultades, pueden conseguirles ayuda de forma más inmediata, a diferencia del sistema de notas tradicional, en el que tal vez no sepan hasta el final de un período de evaluación que sus hijos tienen problemas. Los profesores también están entusiasmados con el programa, aunque les suponga más trabajo.

«Los profesores están dedicando un montón de tiempo a sentarse con cada alumno para definir las metas juntos —me explicó Erin—. Les hacen comentarios como: "Necesitas tener las competencias para valorar tu trabajo, y para valorar también el de los demás".»

Curiosamente, aunque quizá era de esperar, los alumnos que más resistencia están oponiendo a esta nueva metodología son los que sacaban mejores notas en el sistema tradicional. «Según los profesores, los alumnos que han tenido más dificultades son los que eran más brillantes en el antiguo sistema, porque, con este nuevo paradigma, no es posible sacar un sobresaliente si no se progresa. Para un alumno que estaba acostumbrado a sacar buenas notas en el anterior modelo educativo porque sabía cómo seguirles el juego a los profesores e identificar lo que ellos querían, las reglas han cambiado por completo. Los alumnos que tenían un rendimiento mediano o inferior han respondido maravillosamente, porque, de pronto, podían definir sus metas y ver sus progresos.»

Este nuevo programa plantea sus propios desafíos. Las universidades, por ejemplo, siguen intentando determinar cómo comparar los expedientes académicos basados en este nuevo sistema de evaluación con los que provienen del sistema de notas tradicional. Pero la iniciativa ya está en marcha, sobre todo en universidades que son lo suficientemente pequeñas para poder plantearse evaluar sin notas. E incluso algunas más grandes están intentando adaptarse. «Yo diría que existe una buena disposición —me dijo Erin—, pero antes hay que responder muchas preguntas.»

Al menos, son las preguntas correctas y, como todas las buenas preguntas, no tienen una única respuesta. Así es como suele ser la vida en general, y eso es lo que debería reflejar la verdadera evaluación del proceso educativo.

La evaluación es parte integral de la enseñanza y del aprendizaje. Bien planteadas, tantos las evaluaciones formales como las informales deberían fomentar el aprendizaje y el rendimiento escolar de los alumnos al menos en tres aspectos:

- **Motivación:** un sistema de evaluación eficaz estimula a los alumnos a aplicarse. Los mantiene informados de cuál es su rendimiento y les anima a mejorarlo en la medida de lo posible.

- **Rendimiento:** un sistema de evaluación eficaz ofrece información sobre el trabajo y los logros de los alumnos. También establece comparaciones con compañeros, según criterios similares, para que los estudiantes y otras personas puedan emitir sus opiniones sobre su progreso y potencial.

- **Niveles de referencia:** un sistema de evaluación eficaz define unos niveles de referencia claros y coherentes que permiten ampliar las aspiraciones de los alumnos y contribuir a la orientación y al apoyo práctico que pueden necesitar para alcanzarlas.

La evaluación no debería considerarse el fin de la educación, en ninguno de los dos sentidos. Es una parte esencial de la totalidad del proceso y debería quedar integrada en los procesos diarios de la enseñanza, del aprendizaje y del desarrollo del plan de estudios. Debería servir de apoyo a la cultura escolar cotidiana. Lograr el equilibrio adecuado entre todos estos factores es una de las funciones de los directores de escuela.

# 8

## Dirigir con principios

Toda gran experiencia de aprendizaje gira en torno a dos figuras fundamentales: el aprendiz y el educador. Para que una escuela destaque, hace falta una tercera figura: un líder brillante que aporte ideas, experiencia y un conocimiento profundo del tipo de entornos en los que los aprendices pueden y quieren aprender. Conozco muchas grandes escuelas que practican la mayoría de los principios de los que hemos hablado, si no todos. Lo que estos centros tienen en común es un director que ejerce el liderato con pasión y con visión de futuro. Este tipo de liderato es lo que impulsa a la academia de artes de Boston.

Después de identificar la necesidad de una escuela de enseñanza secundaria local de corte artístico, las seis facultades del área de Boston especializados en formar profesionales de las artes (colegio Berklee de música, colegio de arquitectura de Boston, conservatorio de Boston, colegio Emerson, colegio de arte y diseño de Massachusetts y la escuela del Museo de Bellas Artes) colaboraron para fundar la academia de artes de Boston en 1998. La academia es una escuela pública piloto, lo que significa que opera dentro del ámbito de competencia del distrito escolar pero goza de autonomía en algunas áreas como los presupuestos, el calendario escolar y la contratación del profesorado.

Como escuela pública situada en una zona urbana desfavorecida, la academia de artes de Boston lidia con los desafíos académicos a los que se enfrentan todos los centros que tienen un gran número de alumnos de escasos recursos económicos. En la academia, el nivel de pobreza del alumnado es muy elevado: el 65 por ciento de los jóvenes tienen derecho a comidas gratuitas o a un precio reducido. Además, una tercera parte de los que entran en la academia llegan con un nivel de lectura inferior al de su curso, a menudo muy por debajo de la media. Y sin embargo, el 94 por ciento de los alumnos que se gradúan van a la universidad, un porcentaje muy superior a la media nacional. Curiosamente, la mayoría de los alumnos de la academia de artes de Boston no estudia carreras relacionadas con la artes, en gran medida gracias a un liderato que ensancha sus horizontes. «Entre nuestros graduados, las carreras más elegidas son las de diseño y las de ingeniería —me explicó la directora Anne Clark—. Estas son materias que jamás habrían descubierto si no hubieran recibido una enseñanza interdisciplinaria que les ha permitido descubrir que tenían estas cualidades.

»En nuestra forma de funcionar partimos de una noción distinta de lo que debería y podría ser la educación, y de una noción diferente de éxito. No lo definimos únicamente a través de evaluaciones normalizadas, sino también mediante los conceptos que enseñan las artes, como la perseverancia, la colaboración, la creatividad, la visión y la voz. Hemos observado que muchos de los alumnos a los que no les iba bien antes de venir a la academia encuentran la forma de interesarse por los estudios a través de las artes, porque los estudios no son simplemente aquello que no soportan y que se les da mal.»

Aun así, la academia de artes de Boston es una escuela pública y, al igual que otros centros públicos de Massachusetts, está obligada a realizar exámenes normalizados. Para el profesorado y la dirección, esto implica dedicar tiempo a preparar a los alumnos para examinarse.

«Estaríamos perjudicando a nuestros alumnos si no les preparáramos para los exámenes —me dijo Anne—. Siempre lo estamos haciendo. Cuando terminan los exámenes que les exige el estado, tenemos que cambiar el ritmo y prepararles para el SAT, que es un tipo de prueba muy distinta.»

La escuela compensa este requisito con un entorno que mantiene a los alumnos motivados a pesar de los exámenes de alto riesgo. «En general, los alumnos están aquí de ocho a cuatro. Si están actuando o realizando un trabajo, pueden quedarse hasta mucho más tarde. Dedican la mitad del día a las artes y la otra mitad a disciplinas académicas. Enseñamos el programa académico completo, aunque, siempre que podemos, lo hacemos a través de las artes y de la interdisciplinariedad. Enseñamos matemáticas, humanidades, idiomas y ciencia. Además, todos tienen una asignatura artística principal: música (instrumento o voz), danza, teatro, artes visuales. En principio, tienen que centrarse en una sola, pero a veces durante el día, en especial los alumnos de cursos inferiores, tienen la posibilidad de explorar otras asignaturas principales.»

Aunque cada alumno de la escuela posee su propia personalidad, están unidos por su pasión por las artes. Y esto influye enormemente en su forma de abordar todos los componentes de su educación. Anne Clark fue una de las profesoras fundadoras de la escuela antes de asumir su dirección y en infinidad de ocasiones ha presenciado lo importante que es experimentar esta pasión común.

«Los alumnos están encantados de estudiar aquí, y para nosotros eso es fundamental. La mayoría de nuestros profesores tienen formación artística y enseñan tanto las disciplinas artísticas como las académicas. Cuando yo daba clases, enseñé lectura a los alumnos que tenían mayores dificultades. Eran chicos de diecisiete años que leían con un nivel de tercero. Si pueden pasarse dos o tres horas diarias realizando actividades que les permiten demostrar sus cualidades, es mucho más fácil trabajar con ellos de forma individual en aquello que les crea más inseguridad. Hace poco, un padre me dijo: "Esta es la única escuela que ha empezado por lo que mi hija sabe hacer, no por lo que no sabe". Esta escuela se centra en los talentos y en las cualidades de los alumnos. Esto supone algo que cambia el tema de debate.»

El modelo de la academia de artes de Boston confirma lo que yo he observado a lo largo de todo el trabajo que he realizado en escuelas de todo el mundo: estructurar el plan de estudios en torno a los intereses de los alumnos mejora su rendimiento en todas las áreas. También hay algo más. Como es un programa que se basa en las artes, y como los artistas están habituados a recibir críticas y a responder a ellas con rapidez, la escuela también forma a los alumnos a fin de que estén mejor preparados para lo que se les exigirá cuando terminen los estudios.

«Lo que el mundo pide es creatividad y pensamiento interdisciplinario. Creo que por eso les va tan bien a nuestros graduados. Eso nos han dicho las universidades donde estudian. Nuestros alumnos están dispuestos a arriesgarse, a imaginar, a esforzarse, a colaborar. Aceptan las críticas, lo cual es una parte muy importante de una educación basada en las artes. La revisión formal, el análisis y la evaluación son propios de las artes. Me preocupa que mis hijos biológicos crezcan en un mundo de "¿está bien? Bueno, lo sabré cuando me lo diga el examinador". Nosotros invitamos a nuestros alumnos a imaginar sus propias respuestas, a defenderlas con sentido crítico y a revisarlas, pero no solo porque tienen que alcanzar un determinado nivel, sino también porque es el tipo de pensamiento que necesitamos. Cuando toda la educación se basa en aprender de una forma específica, marcando casillas y esperando a saber la nota, no se aprende igual.

»Hay un miembro en nuestro consejo que es un alto ejecutivo. Dice que está aquí porque, cuando contrata a personal, siempre intenta encontrar al violinista. Quiere a alguien con una formación artística porque sabe que esa persona es creativa e imaginativa, y está preparada para afrontar los problemas desde otra perspectiva. Eso es lo que aporta una educación artística.»

El número de alumnos que quieren estudiar en la academia de artes de Boston es mucho mayor que las plazas que se ofrecen. La escuela admite cada año unos ciento veinte alumnos y recibe más de quinientas solicitudes. La academia estudia con todo detalle las peticiones de ingreso, pero hay una cosa que ignora por completo cuando realiza la selección.

«Somos una excepción entre las escuelas de arte del país porque no tenemos en cuenta el rendimiento académico —me explicó Anne—. No nos fijamos en notas anteriores, puntuaciones de exámenes ni en ninguna otra cosa. Creemos que una educación basada en las artes debería ser accesible a todos. Nadie diría nunca: "No puedes estudiar historia porque tus notas de matemáticas son pésimas". ¿Por qué íbamos a decir nosotros que no puedes estudiar arte porque tus notas de matemáticas son pésimas? En la práctica, esto es lo que pasa en todo el país. Piden a los candidatos los expedientes académicos, o no lo hacen pero les dicen, por ejemplo, que para entrar tienen que haber estudiado álgebra avanzada y, en la práctica, eso se convierte en una barrera.

»Seleccionamos a los alumnos en audiciones. Pero si solo aceptáramos a aquellos que ya están familiarizados con esta clase de pruebas, no tendríamos un alumnado que reflejara la diversidad humana de la ciudad de Boston, lo cual es nuestra misión. Queremos a alumnos que muestren entusiasmo y dedicación, pero no es necesario que tengan una formación académica. Me gusta decir que buscamos al alumno que no puede no bailar. La mayoría de nuestros jóvenes no tienen formación académica, porque las escuelas públicas de Boston carecen de recursos para dársela. Tenemos a muchos músicos que no saben solfeo; a muchos artistas visuales que apenas han asistido a clases de arte, porque las han eliminado de los cursos inferiores; a muchos bailarines que bailaban en eventos de la comunidad pero que nunca han estudiado danza clásica. Buscamos al alumno que florecerá con la posibilidad de recibir una formación académica, pero no es necesario que ya la tenga.»

Lo que Anne describe es parte esencial del cometido de un director escolar: apreciar la individualidad del alumnado, buscar el potencial en todo momento y esforzarse siempre por que la escuela avance en un clima de cambio constante.

## LAS FUNCIONES DE LOS DIRECTORES DE ESCUELA

Es difícil sobrestimar la influencia de un buen líder en la vitalidad y aspiraciones de una comunidad. Un nuevo presidente, un director general, un jefe de departamento o un director escolar pueden transformar las expectativas de todas las personas a las que lidera.

Hay una diferencia entre liderato y gestión: el primero hace referencia a la visión de futuro; la segunda, a la ejecución. Ambos elementos son imprescindibles. Los grandes líderes pueden ser magníficos gestores y viceversa. La diferencia reside en el papel que adoptan en un determinado contexto. El alto rendimiento está impulsado por la motivación y la ambición, y los grandes líderes saben cómo despertar ambas emociones en el espíritu humano. Pueden infundir esperanza a quienes la han perdido, insuflar determinación a los desesperados y orientar a los extraviados.

Por supuesto, la visión de futuro no basta. Las personas necesitan apoyo, medios y destrezas para hacerla realidad. El papel del gestor es asegurarse de que existen sistemas y recursos para que la visión de futuro se lleve a cabo. Pero los recursos por sí solos no bastan. Dejemos a un lado por un momento las escuelas para ver otro ejemplo.

Recientemente, en un congreso corporativo, ocupé la misma tribuna que sir Alex Ferguson, uno de los entrenadores de fútbol más exitosos y admirados de la historia de este deporte. Durante los veintiséis años y medio que dirigió el Manchester United, un equipo que había tenido pocos éxitos antes de su llegada, ganó trece campeonatos de la Premier League y cinco copas de la FA, al tiempo que lo nombraban mánager del año cuatro veces y mánager de la década en los años noventa. Formó a algunos de los mejores jugadores de fútbol de todos los tiempos, entre ellos David Beckham, Cristiano Ronaldo y Wayne Rooney, y se marchó por la puerta grande al ganar la Premier League en su última temporada.[1]

El Manchester United es la franquicia deportiva más valiosa del mundo (dos mil trescientos treinta millones de dólares según la revista Forbes, o un 26 por ciento más que los Yankees de Nueva York),[2] de modo que podríamos atribuir la extraordinaria racha de éxitos del club a la riqueza y a los recursos en lugar de a la genialidad de Alex Ferguson para sacar lo mejor de sus jugadores, hasta que recordamos lo que sucedió justo después de su jubilación. Con prácticamente la misma plantilla de jugadores y, desde luego, con acceso a los mismos recursos que Ferguson, el nuevo mánager David Moyes no solo no ganó la Premier League (como Ferguson había hecho el año anterior), sino que el equipo no se clasificó para jugar la Champions League por primera vez en dos décadas. Despidieron a Moyes en abril de 2014, menos de doce meses después de que hubiera firmado un contrato por seis años.[3]

¿Qué relación tiene esto último con el liderato en las escuelas? Bastante más de lo que podría suponerse. La Premier League abunda en jugadores con un enorme talento. Podríamos decir, y desde luego los británicos lo hacemos a menudo, que tiene la mayor concentración de talento de todas las ligas del mundo. Lo que distingue a equipos con un éxito sistemático como el Manchester United de todos los demás son las enseñanzas y la motivación que aportan sus líderes, quienes sacan lo mejor de sus jugadores. ¿Cómo puede explicarse, si no, el enorme descenso del rendimiento del club entre el último año que estuvo Ferguson y el único año en el que entrenó David Moyes, cuando todo lo demás apenas había cambiado?

No hay un único estilo de liderato, porque no hay una personalidad que defina a los líderes. Algunos son colaboradores; otros, autoritarios. Los hay que buscan el consenso antes de actuar y otros lo hacen por convicción. Pero tienen en común la capacidad de inspirar en sus seguidores la sensación de que hacen lo correcto, y en la práctica lo hacen. Cada situación exige un estilo de liderato. En plena batalla, un líder militar puede no tener ni tiempo ni ganas de consultar a otras personas. No obstante, los líderes que gozan de mayor respeto en cualquier ámbito son los que se preocupan sinceramente por sus seguidores, y cuya compasión se hace patente no solo en lo que dicen, sino también en lo que hacen.[4]

En las escuelas, los grandes directores saben que su cometido principal no es mejorar las notas, sino crear un sentido de comunidad entre los alumnos, los profesores, los padres y el resto del personal, quienes necesitan tener una serie de objetivos en común. También saben que las convenciones del sistema escolar ocupan un lugar secundario en relación con estos objetivos. Sin embargo, cuestionar estas convenciones puede ser un proceso delicado. Es más probable que dé resultado si todas las personas implicadas tienen suficiente fe en los cambios para darles una oportunidad. En Grange, Richard Gerver demostró ser consciente de ello al impulsar los cambios que ya hemos mencionado en el capítulo 2.

Richard sabía que tenía que llevar a cabo el proyecto de forma paulatina o se arriesgaba a perder el respaldo de quienes se resisten a los cambios radicales. «Primero, teníamos el proyecto Grangeton, que consistía en reproducir el pueblo.» Al principio, Richard planteó Grangeton como una actividad extraescolar, fuera del horario escolar y del plan de estudios convencional. «Hicimos eso porque nos pareció menos drástico; daba tiempo para que evolucionara y se desarrollase. Si hubiéramos entrado el primer día y hubiésemos planteado este nuevo modelo a los padres, creo que habría estallado una rebelión. Tampoco creo que los profesores estuvieran preparados para darle una oportunidad desde el principio. Pero, más importante aún, no creo que los alumnos estuvieran listos, sobre todo los mayores. Yo quería que todo el mundo se implicara de lleno en el proyecto sin tener la sensación de que se arriesgaban demasiado o de que se trataba de algo demasiado excéntrico.

»No podíamos presentarlo como un cambio a gran escala y seguidamente imponerlo a la comunidad escolar. Primero hay que generar el contexto y el espacio que la comunidad necesita para no sentirse amenazada por las nuevas ideas. Poner en marcha Grangeton como un programa extracurricular hizo posible que todos probaran el agua y observasen lo que pasaba hasta que se sintieron lo suficientemente seguros para tirarse a la piscina.»

La decisión de Richard de ir paso a paso con Grangeton hizo que el proyecto se desarrollase a una velocidad espectacular. Cuando puso en marcha el programa extraescolar, lo concibió como una herramienta que permitiría a la escuela evolucionar en cinco años, una evolución que poco a poco se ganaría la confianza de los padres, de los alumnos y de los profesores. La novedad que suponía aquel proyecto hizo que todas las personas implicadas fueran más receptivas. «La mayoría de los sistemas escolares están acostumbrados a que sus equipos directivos o los gobiernos les impongan programas. Aquí, todos se tiraron enseguida a la piscina porque les encantó la libertad que suponía aquello y el hecho de que nadie les impusiese nada. Como resultado, el proyecto de Grangeton funcionaba a pleno rendimiento en menos de seis meses.»

## Cambiar la cultura

Ya he hablado anteriormente de los sistemas adaptativos complejos. De igual forma que los sistemas educativos son un ejemplo de ellos, también lo son las escuelas propiamente dichas. Estas pueden adaptarse a los cambios y, de hecho, lo hacen. El cometido del director reside en ayudarles a hacerlo de forma consciente.

Gran parte de la teoría de la gestión se ha centrado en cómo aumentar la eficacia de las organizaciones y esto es, en esencia, a lo que también aspira el movimiento de normalización. Las organizaciones son muy parecidas a mecanismos y pueden gestionarse de forma más eficaz endureciendo los procedimientos, minimizando los residuos y centrándose en la producción. Si echa usted un vistazo a los típicos organigramas de muchas organizaciones, verá que son como dibujos técnicos o esquemas de circuitos. He aquí un ejemplo en la página siguiente.

Esta clase de imágenes y el discurso de rentabilidad y rendimiento que a menudo las acompaña refuerzan la idea de que las organizaciones son como mecanismos, pero no es así. Esta metáfora puede ser válida para algunos aspectos de la industria manufacturera, pero no lo es para muchas otras organizaciones, entre

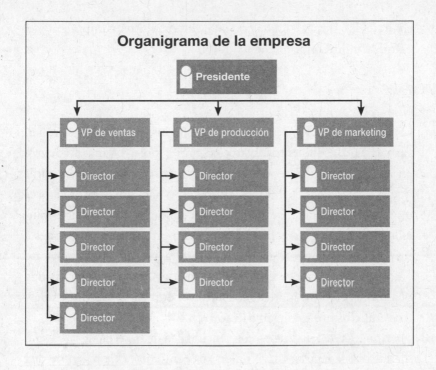

Organigrama de la empresa

ellas las escuelas. Aunque centrarse en la eficacia y recortar gastos pueden ser objetivos razonables, las organizaciones humanas no son como los mecanismos: se parecen más a organismos, cada una con su propia cultura.

En el ámbito social, la cultura hace referencia a la forma de vida de una comunidad: sus valores, comportamientos y códigos de coexistencia. En la dimensión orgánica, la cultura comporta crecer y evolucionar. En el mejor de los casos, las escuelas son comunidades orgánicas de individuos que se embarcan en una aventura común de aprendizaje y desarrollo. La cultura de la escuela es lo que determina el éxito de esta aventura.

Cuando escribí sobre la cultura de las organizaciones en *Out of Our Minds*, hice una distinción entre «hábitos» y «hábitats». Para cambiar las escuelas, hay que analizar estos dos componentes y cómo se influyen mutuamente.

## Hábitos

Con el fin de obtener resultados, todas las instituciones desarrollan rutinas y procedimientos. Esto es comprensible. Lo mismo ocurre en las comunidades: deben ponerse de acuerdo a la hora de decidir qué acciones hay que llevar a cabo y cómo hacerlo. El problema es que, con el paso del tiempo, estos procedimientos tal vez no evolucionen y entonces la comunidad puede perder de vista los fines a los que supuestamente deberían servir. La institución se convierte entonces en los procedimientos. Winston Churchill dijo en una ocasión: «Nosotros modelamos nuestros edificios y, después, nuestros edificios nos modelan a nosotros».[5]

Muchos de los rituales convencionales de las escuelas no están fijados por la legislación. Numerosos centros se organizan de una manera determinada porque siempre ha sido así, no porque no existan otras alternativas. Para lograr sus objetivos, gran parte de los nuevos proyectos que hemos expuesto han tenido que deshacerse de los viejos hábitos que entorpecían al aprendizaje. En su importante estudio *Creando innovadores*, Tony Wagner también argumenta que la cultura ambiental de la escuela y las actitudes y expectativas que crea tanto en los profesores como en los alumnos son el factor determinante en la generación, o inhibición, de ideas originales y en los hábitos y mentalidad de los innovadores.[6] Uno de los mejores libros recientes sobre la influencia transformadora de la cultura escolar es *Comprehensive Achievements: All Our Geese Are Swans*, un relato sobre los cambios que llevó a cabo, a lo largo de veinte años, la escuela de enseñanza secundaria Hampstead, un centro público del norte de Londres que ha alcanzado un alto grado de eficiencia. El libro cuenta cómo evolucionó la cultura de esta escuela bajo la inspiradora dirección de Tamsyn Imison, quien contrató a un grupo de profesores expertos que pudieran ofrecer una «educación de base amplia, holística y creativa que fomentase en los alumnos el deseo de aprender y los capacitara como individuos, además de para aprobar exámenes».[7] El libro contiene declaraciones de alumnos, profesores, gobernadores y padres que, juntos, explican «que sí es posible que una escuela bien dirigida y un profesorado bien escogido se mantengan fieles a sus creencias profesionales y morales y, con ello, influyan en sus alumnos, en los padres y en la comunidad escolar en su conjunto». Como muchas de las escuelas de las que hemos hablado, este cambio fue posible porque se cuestionaron hábitos arraigados en la cultura escolar y se desarrollaron formas de convivencia que se adaptaron a las necesidades e intereses de la comunidad a la que pertenecía la escuela.

## Hábitats

El entorno físico de una escuela no solo influye en su ambiente, sino también en su funcionamiento. La atmósfera que reina en una escuela se percibe nada más entrar. Ocupen edificios viejos o nuevos, algunos centros tienen un aire impersonal y frío. Otros centros rebosan vida y animación: las paredes están repletas de trabajos de los profesores y alumnos, hay exposiciones, instalaciones, funciones y un hervidero de actividad. El estilo y características del entorno físico no son únicamente elementos estéticos; influyen también en el estado de ánimo, en la motivación y en la vitalidad de toda la comunidad escolar. En *The Third Teacher*, Bruce Mau y un equipo de arquitectos y diseñadores de distintas nacionalidades analizan las relaciones íntimas y profundas que se establecen entre el aprendizaje y los espacios donde este se desarrolla.[8] Muestran de qué manera el entorno físico refleja la filosofía de la escuela, y ofrecen una serie de ideas y de estrategias prácticas para cambiar el diseño de los edificios escolares.

Los distintos tipos de actividades necesitan espacios y ambientes diferentes. Los lugares que se asignan a cada una de ellas a menudo son un indicador de la importancia que se les da. También lo es la distribución de la escuela. La separación de espacios a menudo refleja la importancia que el plan de estudios da a cada asignatura. Y lo mismo ocurre con la disposición de las aulas, que consiste en hileras de pupitres individuales orientados hacia la pizarra; una advertencia clara, tanto para los profesores como para los alumnos, de cómo debe llevarse a cabo el aprendizaje. El espacio físico del instituto High Tech High se diseñó para propiciar la interacción entre las disciplinas, base de su filosofía. La transformación en un pueblo de gran parte de Grange se vio reflejada en la reorganización física de la propia escuela. Hay muchos otros modelos para diseñar el entorno escolar a fin de que refleje conceptos de aprendizaje y un plan de estudios diferentes y más innovadores.

## ABONAR EL TERRENO

Durante varios años colaboré con el estado de Oklahoma en una estrategia global de creatividad e innovación. A lo largo de la fase de desarrollo me reuní en varias ocasiones con el gobernador y diversos miembros de su administración. Recuerdo que uno de ellos incidió en lo importante que era para el futuro de Oklahoma que el estado desarrollara una cultura de innovación. «Pero no estoy seguro —me confesó— de dónde saldrán las grandes ideas.» Yo le dije que procederían de todo el estado. Hay multitud de personas con ideas que les gustaría desarrollar, pero necesitan que se les permita probarlas y ver si dan resultado. Si temen el fracaso, la humillación o la censura, entonces no presentarán su proyecto. Si se les anima a ello, suelen desarrollarlo.

La cultura está condicionada por el concepto de autorización. Tiene que ver con qué es aceptable y qué no, y con quién lo decide. A veces, estas autorizaciones tardan en llegar y ralentizan los cambios. Cuando echamos la vista atrás apreciamos su verdadera dimensión. En Reino Unido, casi todo el mundo fumaba cuando yo era veinteañero; yo lo hacía, y también todos mis conocidos. Los restaurantes, pubes y casas siempre estaban envueltos en un halo de humo de tabaco que lo impregnaba todo y creaba lo que para nosotros era el ambiente ideal para divertirnos. Si alguien hubiera dicho que diez años después se prohibiría fumar en espacios cerrados, se habrían reído de él. Pero así fue, y sigue siéndolo.

Mientras escribo estas líneas, en Estados Unidos, cada vez son más los estados que aprueban leyes que autorizan el matrimonio homosexual. En el apogeo de los permisivos años sesenta, esto habría sido impensable. Hoy en día es totalmente aceptable, como debe ser. Depender de una autorización impone unos límites que han ido modificándose de forma paulatina. Los cambios a menudo son consecuencia de la interacción de muchas fuerzas complejas. Por todas las razones que ya hemos expuesto, las escuelas también están cambiando. La rapidez con que lo hagan dependerá, en gran medida, de la visión de futuro de quienes las gestionan, en especial los directores, de qué expectativas crean y qué límites fijan en materia de autorización.

Una de las personas del ámbito de la educación que más admiro trabajó durante muchos años como directora en varias escuelas públicas de Oklahoma. La labor que realizó en ellas y su posterior trayectoria profesional demuestran hasta qué punto pueden ser eficaces la visión de futuro y el liderato de un gran director para cambiar la cultura y el rendimiento de las escuelas.

Jean Hendrickson fue directora de tres escuelas de enseñanza primaria durante quince años. Una de ellas estaba entre las mejores de la ciudad de Oklahoma desde un punto de vista económico y social. «Estaba al lado del club de campo, y tenía todas las ventajas de las que puede disfrutar una escuela pública —me explicó Jean—. Lo que no le proporcionaba el distrito escolar, se lo facilitaban los padres y la comunidad. Pero, por supuesto, incluso en aquella escuela había alumnos que requerían más atención y cosas que debían hacerse de otra manera. Teníamos que asegurarnos de dar un trato individualizado a todos los alumnos.

»Al cabo de seis años habíamos llevado a cabo una reorganización bastante sistemática de cómo los profesores debían relacionarse con los alumnos y habíamos introducido las artes en la escuela. Entonces me ofrecieron dirigir una escuela cuyos alumnos eran pobres de cuarta generación, muchos de ellos hispanos. El centro había tenido un año terrible debido al nuevo director, que se había dedicado a ponerlo todo patas arriba mientras que los profesores estaban ocupados en protegerse de él. Me preguntaron si podíamos llevar a cabo en aquella escuela algunas de las cosas que yo había promovido en la anterior. Tardé unos cinco minutos en aceptar.

»Cuando llegué a la escuela, había dos comunidades distintas: una era la de los inmigrantes, con muy pocos ingresos, y la otra la comunidad blanca de los rudos descendientes de los pioneros. La primera vez que fui a la escuela, vi pintadas por todas partes; era un entorno desolador. Me enfadé cuando supe que había chicos de mi ciudad que estudiaban en un sitio así.»

Jean hizo una pregunta directa a la dirección de la escuela: «¿Creéis que los alumnos merecen tener las mismas oportunidades

de recibir una educación completa que tenían mis otros alumnos?»
Nadie dijo que no. «Así que empezamos a hacer cosas que a mí me
parecía que cualquier otra escuela haría. La idea era construir el
tipo de centro que todos querríamos para nuestros hijos. Necesitábamos que los alumnos se interesaran por las artes; necesitábamos
crear un sentido de comunidad; necesitábamos tener un lugar bo-
nito donde todo el mundo se sintiera respetado. Básicamente necesitábamos de todo y de forma prioritaria. Lo primero que hice para
que la escuela empezara a remontar fue duplicar el tiempo asignado
a las artes y a la música, y utilicé dinero del programa Título 1 para
hacerlo.

»Oklahoma decidió estudiar modelos de educación de todo el
país en busca de uno mejor del que ya tenían. Pero se plantearon
unas condiciones: debía ser un modelo educativo completo, no de
un único curso o de una sola asignatura; debía incorporar el estudio de las artes; y debía haberse investigado para estar seguros de
que estaba dando resultado. Uno de los modelos elegidos era la
iniciativa A+ de Carolina del Norte. Fui hasta allí, junto con otros
miembros del equipo, para comprobar cómo funcionaba ese modelo.

»A+ se puso en marcha en Carolina del Norte justo cuando el
gobierno central empezó a exigir más responsabilidades a las escuelas. Comenzó como un proyecto del Instituto Keenan para las
Artes, donde se plantearon lo siguiente: "¿Qué sucedería en las
escuelas si las artes se tomaran en serio? Si se enseñara a través de
ellas y sobre ellas, ¿se produciría algún cambio? Y, en ese caso,
¿cuál podría ser este?". Crearon un programa piloto con veinticinco escuelas de todo el estado, y durante cuatro años observaron
qué ocurría, mientras ellas intentaban responder a esa pregunta.
Descubrieron que los centros, que forman parte de la red de Escuelas A+, se comprometen en ocho aspectos.

»Se comprometen a enseñar arte cada día a todos los alumnos; a elaborar un plan de estudios consensuado y bien articulado que pueda replantearse con el tiempo; a facilitar un aprendizaje práctico y real, y no solo teórico; a ofrecer múltiples alternativas de aprendizaje; a tener un sistema de evaluación más variado; a favorecer la colaboración, no solo entre los profesores, sino también entre los padres y la escuela y entre los alumnos y sus profesores; a cambiar la infraestructura; y, finalmente, se comprometen a crear un ambiente positivo, para tener alumnos que sean felices, profesores que disfruten enseñando, y unos padres y una comunidad que sientan que son parte del aprendizaje.»

En 2001, Jean se incorporó a uno de los equipos de profesores que estaba realizando su formación de verano. Pasaba el día con el equipo y se reunía con los organizadores e instructores por la tarde, momento en el que hablaban de cómo había ido el día. Como directora, comprendió que aquel era el tipo de modelo que había estado buscando durante toda su carrera profesional. En 2003 la nombraron directora ejecutiva de las Escuelas A+.

La experiencia y los proyectos de investigación de las Escuelas A+ han demostrado que el rendimiento y la eficacia de los colegios no dependen del tipo de centro ni de su ubicación, sino de la presencia de tres factores principales, que pueden cambiar cualquier entorno escolar: el liderato del director, un profesorado dispuesto a participar en ese cambio y una óptima formación continua.

En las Escuelas A+, las notas son superiores a la media nacional, y eso está bien. Pero, más importante aún, apenas hay problemas de disciplina y se imparten menos castigos. También hay lo que estas escuelas llaman un «factor de alegría», que se mide a partir del nivel de compromiso de los alumnos. Las encuestas de opinión realizadas a los profesores muestran entre ellos un mayor grado de satisfacción y de capacidades a la hora de enseñar; tienen la sensación de que están mejor preparados y son mejor valorados como profesionales.

«Creo que lo primero de todo —me comentó Jean— es tener muy claro qué queremos ofrecerles a los alumnos: se trata de algo más que mejores notas en los exámenes normalizados, queremos una participación entusiasta, tareas completadas, un buen rendimiento, oportunidades de aprendizaje bien desarrolladas; conseguir que la cultura y la comunidad sean visibles, únicas y valoradas en la escuela. Y finalmente hay que buscar un marco que pueda contener todas estas cosas y trabajar en ellas de forma sistemática.»

Supongo que eso es lo que todos queremos para los alumnos. ¿O me he perdido algo?

## Derribar los muros

Las grandes escuelas son constantemente creativas en su forma de relacionarse con las comunidades de las que forman parte. No son guetos aislados; son ejes de aprendizaje para toda la comunidad. Por ejemplo, estamos acostumbrados a pensar en la educación en etapas separadas: enseñanza primaria, enseñanza secundaria, estudios superiores y aprendizaje adulto de por vida. Pero el aprendizaje a menudo es más rico cuando se mezclan las edades y las instituciones colaboran. Aunque la enseñanza primaria, la secundaria y los estudios superiores son habitualmente etapas distintas de la educación, en la actualidad, algunos alumnos están aunando fuerzas para derribar las barreras que a menudo las separan. Un ejemplo es la Universidad Clark de Worcester, Massachusetts.

David Angel, presidente de Clark, está trabajando con profesores y alumnos para crear vínculos entre el campus y la ciudad, y con la vida que los estudiantes llevarán tras finalizar la universidad.

Durante una conversación reciente me dijo: «Nos hicimos la pregunta: "Si queremos que los alumnos de Clark se licencien dominando los criterios de las artes liberales tradicionales y tengan, además, la capacidad de aplicar lo que saben y cambiar el mundo, ¿cómo se mejora la resiliencia de un joven cuando se topa con un obstáculo en el camino?". ¿Cómo encuentran los alumnos soluciones creativas de tres vías a los problemas? Si se quieren desarrollar estas destrezas, se es mucho más eficaz si se hace en un contexto real. Si un alumno se incorpora al equipo de un proyecto y tiene que superar un problema real, evolucionará mucho.»

LEEP (Liberal Education and Effective Practice; educación liberal y práctica eficaz)[9] es un programa que combina los estudios interdisciplinarios con desafíos del mundo real similares a los que los estudiantes tendrán que afrontar cuando se gradúen. Los antiguos alumnos de Clark y otros profesionales de ámbitos diversos acogen a los jóvenes en proyectos sobre temas muy variados. Esto rebasa con creces el período de prácticas tradicional, el cual solo da a los alumnos una idea aproximada de una determinada profesión. El objetivo es incorporar a los chicos a equipos de proyectos que deben resolver un problema real u obtener un resultado.

Un grupo de alumnas de Clark, llamado «Chicas de todo tipo», trabaja con chicas adolescentes de la comunidad que tienen problemas de identidad y sufren acoso escolar. El grupo adoptó un enfoque de base y creó un programa en el campus que se lleva a cabo todos los sábados para más de cincuenta chicas adolescentes. «Esto no tiene nada que ver con que te pongan nota —me explicó David—, sino con ayudar a alguien determinado, en este caso a una chica de trece años. Les conmueve y les enseña a la vez. Enseguida se percibe en ellas cómo desarrollan esta capacidad porque les apasiona lo que hacen y la labor que llevan a cabo es real.»

Los alumnos también participan en iniciativas de Clark como

ha sido la fundación de la escuela University Park Campus. Clark contribuyó a crear este centro como una herramienta para abordar la difícil situación de los alumnos de secundaria que viven en la zona desfavorecida que circunda la universidad. Tres cuartas partes de estos alumnos tienen derecho a comidas gratuitas, y muchos entran en la escuela con varios años de retraso desde el punto de vista académico.[10] No obstante, gracias a la atención personalizada que la escuela presta a cada uno de sus más de doscientos alumnos, un proceso que comienza en un campamento de verano al que todos acuden antes de primero de secundaria,[11] la mayoría de los alumnos que se gradúan en University Park Campus sigue estudios superiores y casi todos son los primeros en su familia en entrar en la universidad. Los alumnos de Clark participan activamente en University Park Campus como parte del objetivo global de la universidad de que se impliquen en situaciones que afectan a la vida real y en las que puedan desempeñar un papel relevante mientras estudian.

Cuando David se propuso que sus alumnos sacasen el máximo provecho a su estancia en la universidad, se dio cuenta de que debía adoptar un enfoque extremadamente novedoso respecto al plan de estudios. Tradicionalmente, las facultades universitarias piensan en cursos académicos: primero, segundo, etcétera. En cambio, Clark decidió definir tres fases de desarrollo sobre las que estructuraría la organización de su plan de estudios: transición (establecerse como parte de la comunidad universitaria académica), desarrollo y exploración («romper esquemas» y descubrir las pasiones e intereses más importantes de cada alumno), y síntesis y demostración (integrar todo lo que se ha aprendido tanto en las disciplinas de especialización como en las secundarias y ponerlo en práctica). Los alumnos tienen libertad para atravesar estas fases a su ritmo.

La labor de David Angel en Clark es una versión especialmente lograda de lo que todos los directores deberían aspirar a hacer: perfilar y remodelar la escuela como corresponda para adaptarla a las necesidades cambiantes de los alumnos y de la sociedad. David considera que la nuestra es una época clave para adaptar este enfoque del liderato en las escuelas.

«A mi modo de ver, la educación está en un momento de transición en el que la experiencia educativa de los alumnos se valora cada vez más con relación a las competencias que aprenden. Esto puede ser una herramienta muy poderosa para reflexionar más a fondo sobre el futuro de la educación en este país. Y nos estamos preguntando lo siguiente: "¿Qué clase de aprendizaje y qué tipo de prácticas educativas son importantes a este respecto?".»

## ROMPER FILAS Y ABRIR BRECHA

La Asociación Nacional de Directores de Escuelas Secundarias (NASSP, del inglés «National Association of Secondary School Principals») ya lleva más de tres décadas haciéndose estas mismas preguntas. En 1996, la NASSP publicó un informe, *Breaking Ranks: Changing an American Institution*, basado en décadas de pruebas objetivas y observaciones, que proponía una serie de recomendaciones destinadas a ayudar a los directores de escuela a fin de que ofreciesen una atención mejor y más personalizada a sus alumnos y a la comunidad escolar.[12] Desde 2007, la NASSP, en colaboración con la Fundación MetLife, nombra cada año varias escuelas «Breakthrough» en Estados Unidos, que son aquellas que más han destacado por sus logros y avances, basándose en la directiva, la personalización, el plan de estudios, los métodos de enseñanza y la evaluación.[13]

Recientemente, la organización ha creado el Breaking Ranks Framework («Romper Filas»), basado en pautas similares a los criterios establecidos para conceder la categoría de escuela «Breakthrough». Su objetivo no es normalizar el funcionamiento de las escuelas de todo el país. Al contrario, ofrece un modelo que los directores escolares pueden seguir para crear un programa personalizado que se ajuste a las necesidades de su centro. La NASSP aborda tres aspectos clave que, en su opinión, es necesario que todos los directores de escuela tengan en cuenta:

- **Dirigir en colaboración:** crear una visión de futuro común, desarrollar un plan de mejora definido y sostenible, e identificar funciones importantes entre los profesores y el resto del personal.
- **Personalizar el entorno escolar:** desterrar la cultura del anonimato que permite que tantos alumnos pasen prácticamente desapercibidos durante sus años escolares y desarrollar planes personales para ellos.
- **Plan de estudios, instrucción y evaluación para mejorar el rendimiento del alumno:** priorizar un conocimiento profundo sobre uno amplio, ofrecer alternativas para separar o agrupar a los alumnos en función de sus capacidades académicas, vincular las materias que aprenden con situaciones de la vida real.[14]

También propone un proceso para desarrollar la cultura de una escuela a fin de hacer posible un cambio duradero. Este proceso atraviesa cinco etapas que consisten en recoger datos, identificar las prioridades, exponer el plan, supervisarlo y adaptarlo donde corresponda. Además, ha identificado diez destrezas que «abarcan la mayor parte de lo que comporta el liderato escolar». Consisten en aplicar estrategias para mejorar la enseñanza y el aprendizaje, desarrollar la capacidad de liderato de los demás e incidir en la importancia del trabajo en equipo.[15]

Lo que la NASSP ofrece con el Breaking Ranks es un modelo que puede aplicarse a toda la enseñanza primaria y secundaria. Aunque no es el único análisis que existe sobre la función de los directores escolares, ha ayudado a muchas escuelas en los casi veinte años que han transcurrido desde que la NASSP publicó el informe.

## LAS RAÍCES DEL ÉXITO

En el capítulo 2 he descrito los cuatro principios generales de la agricultura orgánica (salud, ecología, justicia y cuidado) y los he aplicado a la educación. La agricultura orgánica no se centra únicamente en el producto, sino en la vitalidad del suelo y en la calidad del entorno del que depende el crecimiento natural y sostenible. En educación, el aprendizaje natural y sostenible depende de la cultura escolar y de la calidad del entorno de la enseñanza. Mantener una cultura de aprendizaje dinámica es la función primordial del director.

Hemos visto anteriormente un organigrama basado en principios mecánicos. Esta clase de organigramas arroja cierta luz sobre la estructura de una organización, pero apenas aporta pistas acerca de su verdadero funcionamiento. Hace unos años, colaboré con una empresa de diseño de Nueva York en temas de cambio y de innovación. Hablamos sobre el poder de las metáforas orgánicas. Unas semanas después, la empresa tuvo una reunión externa y replanteó su organigrama basándose en principios orgánicos. Aquí lo tiene:

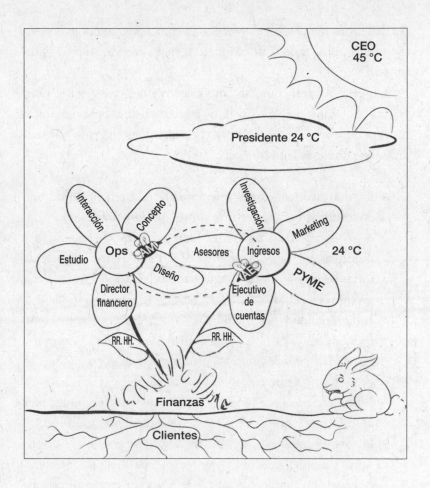

Explicaron que las raíces de la organización son su clientela, que es la que genera las ganancias. El crecimiento de la empresa depende de la polinización cruzada entre sus dos principales tallos de actividad, operaciones e ingresos, y sus diversos componentes. Si esta dinámica funciona debidamente, la empresa florece.

Cuando no sucede así, se impide el desarrollo. La función del presidente es, en parte, proteger a la empresa del «acaloramiento» de la junta directiva cuando no cumple sus expectativas y mante-

ner un clima en el que los empleados puedan trabajar cómodamen-
te y rendir al máximo. (En cuanto al conejo, desconozco su significado.)

Las escuelas son como las empresas en algunos aspectos, pero
no en todos. Los centros que florecen tienen su propia dinámica.
En general, todos fomentan estas características clave de una cultura que potencia el aprendizaje:

- **Comunidad:** todos sus miembros se sienten parte de una
  comunidad compasiva que apoya sus respectivas necesidades y esperanzas. Existe un fuerte sentido de identidad y
  objetivos comunes que tienen en cuenta las aspiraciones de
  todas las familias, y las vincula a todas las organizaciones con
  las que colaboran.
- **Individualidad:** sus miembros se sienten respetados como
  individuos, cada uno con sus propios talentos, intereses y
  necesidades. Se les anima a profundizar en el conocimiento
  de sí mismos, de sus valores y aspiraciones, y de sus temores
  e inquietudes. Todos se sienten parte de una comunidad más
  amplia, pero saben que no se perderán entre la multitud.
- **Oportunidades:** la escuela infunde esperanzas y ofrece
  oportunidades a todos los que forman parte de ella. Reconoce el amplio abanico de talentos de sus componentes y pone
  a su servicio múltiples vías para la consecución de sus aspiraciones. También brinda oportunidades para acceder a los
  conocimientos de distintas áreas, así como para aquellas
  disciplinas en las que los alumnos estén especialmente interesados.

La cultura de la escuela queda expresada en el plan de estudios, en la enseñanza y en las prácticas de evaluación. En capítulos

anteriores he definido las características clave asociadas a estos tres aspectos. A mi modo de ver, todos ellos se relacionan con la cultura general de la escuela de la siguiente manera:

## Condiciones para el crecimiento

| Cultura | Plan de estudios | Pedagogía | Evaluación |
|---|---|---|---|
| Comunidad | Diversidad | Inspiración | Motivación |
| Individualidad | Profundidad | Confianza | Rendimiento |
| Oportunidades | Dinamismo | Creatividad | Valores |

Las organizaciones prosperan adaptándose a su entorno. Este proceso depende del flujo de ideas nuevas y de la disposición a probar enfoques nuevos. La función de un líder creativo no es concebir la totalidad de las ideas, sino impulsar una cultura en la que todos puedan generarlas. Desde esta perspectiva, el principal papel de un director escolar no es *mandar y controlar*, sino *estimular de forma creativa el ambiente*.

La cultura de las escuelas también está profundamente influida por el ambiente más general en el que operan. Crear las mejores oportunidades para las escuelas es el cometido fundamental de los responsables de la política educativa; trataremos este tema en breve. Pero antes, pensemos en los colaboradores más importantes de las escuelas: las familias y los padres de los alumnos que estudian en ellas.

# 9

## De vuelta al hogar

En general, los niños y los jóvenes pasan más tiempo fuera de la escuela que dentro de ella. Los padres y familiares ejercen una gran influencia en su rendimiento escolar. Cuando las escuelas, padres y familiares colaboran adecuadamente, todo el mundo sale beneficiado en aspectos muy diversos, que además son aplicables a todos los grupos sociales y económicos. Dicho esto, una de las grandes complejidades a la que se enfrentan tanto las escuelas como los alumnos actuales son los profundos cambios que afectan al núcleo familiar. Así pues, ¿a qué nos referimos cuando hablamos de padres?

En principio se trata de un concepto biológico, pero a menudo responde a una cuestión social que resulta mucho más compleja. En Estados Unidos, son minoría los niños que viven hoy en día con sus padres biológicos en lo que antes era una familia nuclear convencional.[1] Muchos viven únicamente con su madre o padre, debido a un divorcio o a una separación, o porque los padres no eran una pareja estable cuando los concibieron. Algunos hermanos tienen la misma madre pero distintos padres, o a la inversa, que no viven con ellos. Los hay que viven en familias reconstituidas con más de dos progenitores. A otros los crían hermanos o familiares. Y algunos se crían solos.

Un número reducido pero cada vez mayor de niños está creciendo con padres del mismo sexo que han alquilado un útero o los han adoptado. Y muchos padres y madres, sean del tipo que sean, trabajan muchas horas, a menudo en varios empleos si pueden conseguirlos, para poder llegar a fin de mes. En consecuencia, son muchos los jóvenes que de una forma u otra tienen que cuidar de sí mismos.

Así pues, el panorama es complicado. Para el tema que nos ocupa, los padres del alumno, independientemente de quien desempeñe ese papel, son los principales responsables de su bienestar fuera de la escuela. En algunos casos serán uno u ambos padres biológicos o adoptivos, y en otros, no. Una de las dificultades que se les plantea a menudo a las escuelas y también a los alumnos es saber quiénes ejercen realmente de padres.

Ser padres puede ser mucho más duro de lo que imaginábamos en un principio; créame. Ver cómo crecen nuestros hijos y sentir que nuestra relación con ellos es cada vez más estrecha nos reporta una satisfacción inmensa. Pero, hoy en día, muchos padres tienen grandes dificultades para afrontar los desafíos que plantea el día a día y las exigencias económicas que comporta formar una familia, así como el desgaste emocional que conlleva las numerosas funciones que deben desempeñar.

Los niños también están cambiando. Físicamente, maduran antes, y además están sometidos a la fuerte presión de sus compañeros, de su entorno cultural, de las incesantes demandas del mundo digital y de las redes sociales y del continuo bombardeo de anuncios que acaparan su atención y que los despojan del sentido de identidad y de su dinero.

Si tiene usted hijos, ¿qué tipo de apoyo debería darles? Se trata de un asunto complejo, pero permítame ofrecerle dos consejos basados en investigaciones y en mi propia experiencia, aunque es evidente que no existen reglas universales sobre cuál es la mejor manera de criar y educar a los hijos. La mayoría de estas reglas dependen del trasfondo cultural y de la experiencia personal de cada uno. Hay libros más extensos que este que versan únicamente sobre este tema, así como estanterías repletas de informes y de artículos científicos. Algunas «madres tigre» creen que la firmeza, el control y la disciplina son el camino correcto;[2] otras opinan que lo mejor es mostrarse flexible y orientarlos.[3]

El papel que usted adopte dependerá de muchos factores. De forma inevitable, todos los consejos que ofrezco aquí también están condicionados por mi experiencia y mi forma de ser. Aun así, se los propongo sabiendo que gran parte de lo que otras personas opinan a este respecto también está condicionado por las suyas.

## Ver al individuo

A menudo les hago una apuesta a aquellos padres que tienen dos o más hijos. Jamás la he perdido y sé que nunca lo haré, pues consiste en mi convicción de que ninguno de sus hijos se parecen entre ellos. Lo sé porque todos los niños son individuos únicos, como lo es usted. Pueden tener algunos rasgos en común; tal vez se parezcan a alguno de sus parientes. A mí me pasa, y seguro que a usted también. Pero, en casi todos los aspectos, las personas se parecen a sí mismas, cada una con su propio temperamento, intereses y talentos. Una forma de ayudar a sus hijos es tratarlos como individuos y no suponer que deberían seguir los mismos pasos que usted o que se les juzgue siguiendo los mismos criterios que aplican en la escuela.

Una de las razones por la que tantos alumnos tienen dificultades en la escuela es que no se les trata como a los individuos que son. Sus cualidades no se reconocen ni se cultivan. Los padres que prestan atención a sus hijos los conocen mejor que nadie, incluidos sus profesores. Como padres, desempeñamos un papel fundamental a la hora de ayudar a las escuelas a conocer mejor las cualidades y capacidades únicas de nuestros hijos.

Nuestros hijos siempre nos envían señales sobre la persona en la que se están convirtiendo. Es de vital importancia que padres y profesores estemos alerta y prestemos atención. En los libros del Elemento, dábamos muchos ejemplos de personas que se sentían atraídas por diversos tipos de actividades desde su más tierna infancia. En ocasiones, sus verdaderos talentos saltaban a la vista, aunque tanto su familia como su escuela los hubieran ignorado durante su infancia. Hay niños que jugaban constantemente con el Lego y que se han convertido en renombrados arquitectos, otros obsesionados con hacer garabatos que hoy en día son caricaturistas famosos, niños «hiperactivos» que han acabado siendo bailarines o gimnastas profesionales, o amantes silenciosos de la lectura que actualmente son auténticos eruditos.

## La vida no es lineal

Uno de los peligros que conlleva la educación normalizada es la noción de que una sola fórmula vale para todos y de que la vida es lineal. Lo cierto es que existen muchas vías para la realización personal. La vida de la mayoría de las personas no sigue una línea recta. La gente suele tomar rumbos inesperados, descubre nuevos intereses o aprovecha oportunidades inesperadas. Es importante que la escuela no limite el futuro de sus hijos, aunque usted no lo vea así porque considera que el tipo de educación que recibió será la apropiada también para ellos. Quizá dé por sentado que algunas asignaturas les serán más útiles que otras para alcanzar una buena profesión. Con un mundo que no deja de cambiar, esto podría no ser así. Lo mejor que usted puede hacer es ayudar a sus hijos a desarrollar, cada uno a su manera, las competencias generales que hemos tratado en el capítulo 6 y a identificar los talentos e intereses que más los motivan. Ellos crearán y desarrollarán su propia vida, como lo ha hecho usted. Por mucho que se preocupe y se esfuerce, no puede intervenir en su futuro.

*¿Qué camino elige?*

En la introducción de este libro he comentado que si usted está dispuesto a intervenir en el sistema educativo del modo que sea tiene tres alternativas: puede realizar cambios dentro del sistema, puede presionar para que este cambie o puede adoptar iniciativas fuera de él. Los padres también tienen estas alternativas. Cuando trabajan con las escuelas, y lo hacen para cambiarlas, pueden obtener dos tipos de beneficios.

La implicación de los padres en la educación de sus hijos guarda una relación directa con *la motivación y el rendimiento*, al margen del nivel socioeconómico u origen cultural. Según el informe *A New Wave of Evidence,* cuando los padres «hablan de la escuela con sus hijos, esperan que su rendimiento escolar sea bueno, les ayudan a hacer planes para la universidad y se aseguran de que las actividades que realizan fuera de la escuela son constructivas, sus hijos rinden más ».[4]

Si están en contacto con las familias, las escuelas adquieren un mayor conocimiento de los intereses y de la personalidad de los alumnos. Cuando las escuelas, las familias y los diversos grupos de la comunidad colaboran para apoyar el aprendizaje, hay mayores probabilidades de que los niños asistan a clase con más regularidad, se queden más tiempo en el centro, les guste más estudiar, saquen mejores notas, y haya más alumnos que obtengan el título de bachiller y cursen estudios superiores.[5]

Muchas de las dificultades a las que a menudo se enfrentan las escuelas, como el consumo de drogas, el acoso escolar, la violencia y los problemas de disciplina, se manifiestan en clase, pero no se originan en ella, sino fuera, donde los alumnos pasan la mayor parte del tiempo e invierten casi toda su energía. Establecer vínculos más estrechos con las familias y la comunidad es una de las mejores formas de comprender y de abordar estos problemas.

En 2010, la Universidad de Chicago publicó un informe sobre un estudio que duró siete años y que evaluaba el progreso escolar en escuelas de enseñanza primaria de bajos ingresos de Chicago.[6] «El estudio constató que las escuelas de enseñanza primaria con una fuerte implicación de las familias tenían una probabilidad diez veces mayor de mejorar el rendimiento en matemáticas y cuatro veces mayor de mejorarlo en lectura que las escuelas con valores bajos en este parámetro.»

La colaboración también aporta otros beneficios tanto a los padres como a las escuelas. Si ambos trabajan juntos, pueden contribuir sustancialmente a un mejor rendimiento académico. Como ya hemos expuesto, las escuelas disponen de muchas oportunidades de enriquecer su enseñanza y su plan de estudios a través de asociaciones creativas que forman parte de su comunidad. Cuando las escuelas mantienen buenas relaciones con las familias y se interesan por sus ideas e inquietudes sobre la educación de sus hijos, suelen crear entornos de aprendizaje mejores y más eficaces.

Según el informe de la Universidad de Chicago, «establecer vínculos con la comunidad de padres» es uno de los «cinco pilares fundamentales» para el éxito de la reforma, los cuales comprenden un liderato escolar firme, la calidad del profesorado y del resto del personal, un entorno de aprendizaje centrado en los alumnos y una buena integración del plan de estudios. Según el informe, la labor de las asociaciones de padres y las organizaciones de la comunidad fue el factor que más contribuyó a la mejora de las instalaciones y del personal de las escuelas, al ejercer una influencia positiva en las decisiones relacionadas con el plan de estudios y proporcionar mejores actividades extracurriculares. Asimismo, cuando las familias y comunidades se organizan para amonestar a escuelas con un funcionamiento deficiente, es más probable que los distritos escolares lleven a cabo cambios positivos en la política, prácticas y recursos educativos.[7]

## LA ORIENTACIÓN DE LOS PADRES

Una de las cosas que sigue desconcertándome año tras año es la poca disposición de algunos sistemas educativos a utilizar los conocimientos especializados de los padres y de otros miembros de la comunidad para mejorar sus programas. Como ya hemos visto en el caso de Steve Rees y Minddrive, si se da esta participación pueden lograrse grandes cosas y, por consiguiente, resulta difícil de entender que la mayoría de los distritos no saque un mayor provecho a estos recursos o incluso evite utilizarlos por completo.

Mi colaborador, Lou Aronica, tiene la misma sensación de desconcierto cuando trata con las escuelas de sus hijos. Siempre que comienza un nuevo curso, Lou comenta a los profesores que estaría encantado de ayudarles con los proyectos de escritura. Además de ser un escritor con éxitos de ventas tanto en ficción como en ensayo, Lou también es un editor premiado. Asimismo, estudió educación como asignatura secundaria en la universidad y está cualificado para enseñar lengua y literatura en el estado de Nueva York. Así pues, su caso no era el de un aficionado que se estaba ofreciendo a practicar una intervención de microcirugía por puro capricho. Sin embargo, salvo un par de invitaciones por parte de la escuela para que hablara a los alumnos de su profesión, los profesores y administradores rechazaron su oferta año tras año.

Por fin, en 2015, la escuela de enseñanza primaria de su hija pequeña inició una serie de programas de mejora denominados «clusters» (grupos temáticos) e invitó a Lou a dirigir un taller de cuentos con un grupo reducido de alumnos de cuarto y quinto curso. Los niños respondieron a esa iniciativa con mucho entusiasmo. Aunque señalaron que su grupo temático era el único de toda la escuela que mandaba deberes a sus participantes, la mayoría escribió un cuento completo en el transcurso de las cinco sesiones que duró el programa, y la calidad de su trabajo mejoró de forma notable entre la primera y última sesión. Lou no pudo ir a la segunda sesión, así que un profesor de la escuela lo sustituyó, y se maravilló del grado de implicación de los alumnos.

Lou no se sorprendió. Aquellos alumnos habían decidido estar en su grupo temático, lo cual aseguraba en gran medida su implicación. No obstante, como todos estaban muy interesados en escribir, respondieron a la formación y experiencia de Lou con más entusiasmo del que habrían mostrado si otro profesor hubiera impartido la misma clase. En esto consiste el auténtico valor de llevar la comunidad al aula, y por eso es importante que los padres ofrezcan su colaboración a las escuelas de sus hijos. Nada sustituye a un buen profesor titulado y entregado a su trabajo, pero si los padres u otros miembros de la comunidad pueden complementar lo que la escuela ofrece, todo el mundo sale ganando.

## Un exceso de celo

Una advertencia: aunque las pruebas que respaldan el valor de la participación de los padres en las escuelas son muy sólidas, hay algunas líneas que es mejor no cruzar. Según Patrick F. Bassett, presidente de la Asociación Nacional de Escuelas Independientes, los padres se extralimitan en su papel cuando se ponen «en plan helicóptero», es decir, «siempre rondando cerca de su hijo y acudiendo a su rescate a la menor dificultad».[8]

Bassett se refiere a aquellos padres que se preocupan tanto por el bienestar de sus hijos que les parece justificado controlar hasta el último detalle de sus logros, a menudo a costa de su desarrollo. Señala que los más peligrosos de todos son los «padres helicóptero» que presionan a los profesores para que pongan mejores notas a sus hijos o restan importancia al mal comportamiento de los niños y llegan incluso a amenazar con adoptar medidas legales si los castigan.

«La consecuencia de este tipo de comportamiento por parte de padres excesivamente protectores es que sus hijos dependerán de ellos toda su vida: "No soy capaz de librar mis propias batallas ni de asumir las consecuencias de mi mala conducta, pero tengo la suerte de que mis padres siempre acudirán en mi ayuda". Esta quizá sea la razón por la que las universidades se quejan de padres problemáticos que intentan elegir las asignaturas de sus hijos o empresarios que están hartos de aquellos progenitores que intentan negociar el primer contrato de trabajo de sus hijos, y tal vez por eso hay cada vez más estudiantes que regresan a casa después de licenciarse "para ahorrar".»[9]

Chris Meno, psicóloga de la Universidad de Indiana, opina lo mismo. Cuando ve a alumnos que mantienen esta relación codependiente con sus padres en un período de su vida en el que su individualidad debería expresarse plenamente, hace todo lo posible por ayudarles a «aterrizar». Meno reconoce que los «padres helicóptero» a menudo tienen buenas intenciones: su preocupación por sus hijos es sincera, quieren mantener una relación de «amistad» de la que ellos no han disfrutado con sus propios padres y desean protegerlos de los peligros del mundo. Sin embargo, estos padres pueden resultar dañinos para sus hijos, y apenas les benefician con ese comportamiento.

«Si a los niños no se les da la posibilidad de esforzarse, no sabrán cómo resolver los problemas a los que se enfrentarán. No aprenderán a confiar en sus propias capacidades, y eso puede afectar a su autoestima. Además, el hecho de no tener que esforzarse impide que experimenten el fracaso, por lo que pueden desarrollar un miedo profundo a fracasar y a defraudar a los demás. Tanto la falta de confianza como el temor al fracaso pueden causar depresión y ansiedad.»

Aunque Meno se refiere a aquellos alumnos que están en la universidad, sus argumentos también son aplicables a los padres con niños en edad escolar. Estar al corriente de qué aprenden nuestros hijos y de cómo se lo enseñan está muy bien. Hacer el trabajo por ellos o insistir en que son alumnos ideales con un rendimiento óptimo y una conducta intachable, cuando hay muchos indicios que indican lo contrario, no está tan bien. Expresar nuestra opinión en las reuniones de padres y profesores y en el consejo escolar es un punto a nuestro favor; avasallar para conseguir derechos especiales para nuestros hijos, no.

## COLABORACIÓN ENTRE FAMILIA Y ESCUELA

¿Cuáles son las mejores vías de colaboración entre las escuelas y los padres? Muchos de los ejemplos que hemos descrito están protagonizados por padres y otros adultos que trabajan en colaboración con las escuelas en un proyecto conjunto. Algunos de estos proyectos se han iniciado en las propias escuelas y otros han surgido fuera de ellas. Todos ellos ayudan a reestructurar las relaciones convencionales entre las escuelas y las familias.

En *Out of Our Minds* describo la innovadora labor y la singular filosofía de la escuela Blue, un centro de enseñanza primaria y media de Manhattan. Fundada por el Blue Man Group, su objetivo es «reinventar la educación para un mundo en perpetua evolución». Las dos preguntas en las que basa su enfoque son: «¿Qué factores deben prevalecer en la educación para que esta dignifique la vida futura de nuestros hijos y el mundo en el que queremos que vivan?» La respuesta de la escuela Blue es formar «comunidades de alumnos creativos, alegres y compasivos, que se valen de su mentalidad audaz e innovadora para construir un mundo armonioso y sostenible». La labor educativa de la escuela adopta «un enfoque basado en la exploración que propicia la creatividad, potencia la excelencia académica, nutre las relaciones humanas e inspira una pasión por aprender cada vez mayor».

La escuela tiene como objetivo ayudar a los alumnos a desarrollarse «brindándoles oportunidades para establecer estrechos vínculos con otras personas en todas las facetas de su vida. Nuestro enfoque educativo apoya a los niños mediante la práctica del respeto mutuo, la colaboración, el liderato, la orientación, la escucha, la integridad personal, la valoración de las diferencias y la resolución de problemas. Fomentamos las destrezas sociales que los niños necesitan para forjar relaciones satisfactorias a lo largo de toda su vida».[10]

La directora de la escuela es Alison Gaines Pell. «¿Qué pasaría
—se pregunta— si una escuela tratase a los niños como los seres
inteligentes que son en vez de adoptar una actitud condescendien-
te con ellos? ¿Qué pasaría si el plan de estudios de una escuela se
construyera a partir de las preguntas e inquietudes que los niños
tienen acerca del mundo, si se cimentase en nuestro deseo humano
y natural de crear y hacer? ¿Qué pasaría si desarrollásemos prácticas educativas que favoreciesen la creatividad y la innovación en
vez de obstaculizarlas? ¿Qué pasaría si, liberada de las convenciones que frenan a algunos centros y de los exámenes normalizados
que han paralizado el discurso y la práctica de nuestra nación, una
escuela educara a los inventores, artistas e innovadores que actua-
rían con audacia y valor ante un mundo en perpetua evolución?
¿Qué pasaría si adaptásemos lo que se aprende en la escuela a la
clase de vida que es probable que lleven nuestros hijos? ¿A la clase
de vida que queremos para ellos?»

Uno de los aspectos fundamentales de la escuela Blue es su fe
en la colaboración entre familia y escuela en la crianza y educación
de los niños. Durante todo el curso, los padres participan activamente en la labor y desarrollo de la escuela, y no solo como progenitores de los alumnos, sino también como aprendices. Los progenitores, los alumnos, los profesores y el resto del personal se reúnen para aprender, relacionarse y jugar juntos como parte fundamental de la vida escolar. En todos los cursos, los actos con las
familias comprenden «coloquios, reuniones y encuentros con la
comunidad, así como actos más oficiales [...] para apoyar los objetivos e ideales de la escuela y crear vínculos entre todos los adultos
que componen nuestra dinámica comunidad».

Durante el curso, se invita a los padres a participar en mesas
redondas y a otros actos, cuyo objetivo es:

- Apoyar las metas y objetivos educativos de la escuela Blue.
- Estimular la comunicación entre familia y escuela.
- Fomentar que los padres tomen parte activa en la comunidad escolar.
- Crear una comunidad sólida entre las familias.
- Facilitar una comunicación eficaz entre todos los miembros de la comunidad de la escuela Blue.
- Dar a conocer mejor el modelo educativo de la escuela Blue.

Estos vínculos de trabajo tan estrechos entre la escuela y la comunidad de padres y otros colaboradores no son relaciones públicas ni maniobras de promoción; son elementos clave de la filosofía de la escuela y de cómo se concibe. Contribuyen de forma decisiva al éxito de la escuela Blue en reinventar la educación y el mundo que tanto ella como las familias quieren que los niños habiten y perpetúen. No están solos. La Asociación Nacional de Padres y Profesores (PTA, del inglés «Parent-Teacher Association») es la organización más grande y antigua de Estados Unidos consagrada a la defensa de los niños en el entorno escolar. La integran millones de familias, educadores y miembros de la comunidad. La asociación ha publicado una serie de pautas nacionales para la colaboración entre las familias y las escuelas que sirve de modelo para la clase de compromiso que permite que los alumnos prosperen. Las seis pautas son:

1. *Acoger a todas las familias en la comunidad escolar.* Las familias toman parte activa en la vida de la escuela y se sienten bien recibidas, valoradas y conectadas entre sí, con los profesores y con lo que los alumnos aprenden y hacen en clase.

2. *Comunicarse de manera eficaz.* Las familias y los profesores

mantienen una comunicación frecuente, recíproca y valiosa con relación al aprendizaje de los alumnos.

3. *Contribuir al éxito de los alumnos.* Las familias y los profesores colaboran continuamente para apoyar el aprendizaje y el buen desarrollo de los alumnos tanto en casa como en la escuela, y estos tienen la oportunidad de mejorar sus conocimientos y destrezas.

4. *Defender a todos los niños.* Las familias están facultadas para ser las defensoras de sus hijos y de otros niños, a fin de asegurar que los alumnos reciban un trato justo y tengan acceso a oportunidades educativas que contribuirán a su éxito.

5. *Compartir el poder.* Las familias y los profesores tienen el mismo peso en las decisiones que afectan a los niños, y ambos inspiran, modifican y crean normativas, prácticas y programas.

6. *Colaborar con la comunidad.* Las familias y los profesores colaboran con miembros de la comunidad a fin de brindar tanto a los alumnos como a ellos mismos más oportunidades para aprender, prestar servicios a la comunidad y participar como ciudadanos.[11]

Según el presidente de la PTA Nacional Otha Thornton, «la participación de las familias no se limita a ayudar a los niños con los deberes, asistir a reuniones escolares y hablar con los profesores. También comporta mediar en los consejos escolares locales y en el gobierno estatal y federal para asegurar que las escuelas tengan los recursos necesarios para impartir una educación de calidad a todos sus alumnos.»[12]

El Departamento de Educación de Estados Unidos también ha expresado su opinión sobre el tema de la participación familiar con la publicación de su informe (con un título poco logrado, la verdad) «Partners in Education: A Dual Capacity-Building Framework for Family-School Partnerships».[13] El documento destaca la importancia de que familias y escuelas colaboren, y enumera una serie de condiciones, objetivos y resultados que, en su opinión, padres y educadores deberían intentar conseguir. El modelo describe cómo pasar de una asociación ineficaz, en la cual escuelas y familias no colaboran conjuntamente, a un vínculo eficaz que permite que escuelas y familias colaboren para estimular el rendimiento de los alumnos, con ayuda de las «cuatro C» (capacidades, contactos, conocimiento y confianza).

Para los educadores, el modelo ofrece la oportunidad de acceder a los conocimientos que pueden aportar las familias y de fomentar relaciones recíprocas entre ambos, de crear una cultura que acoge la participación de los padres y de centrar las interacciones entre estos y la escuela en mejorar el aprendizaje de los alumnos. Para las familias, «con independencia de su raza/etnia, educación, sexo, discapacidad o nivel socioeconómico», el modelo ofrece un entorno en el que los padres pueden apoyar, alentar y proteger los intereses de sus hijos al tiempo que les sirven como modelos de aprendizaje.[14]

La participación de la familia es decisiva, pero solo es posible si las escuelas la hacen accesible. Estas, a menudo, necesitan desempeñar un papel activo para incorporar a los padres al equipo, recomendando talleres que ellos puedan impartir, organizando frecuentes encuentros presenciales y estableciendo relaciones de colaboración y de confianza entre los profesores, las familias y los miembros de la comunidad.

Edutopia, una organización sin ánimo de lucro creada por la Fundación Educativa George Lucas, ofrece diez consejos a los educadores para convertir las escuelas en entornos más acogedores y que los padres pueden utilizar para decidir cómo interactuar con las escuelas de sus hijos:[15]

- Ir adonde están los padres: utilizar las redes sociales, por ejemplo Facebook, Twitter y Pinterest, para mantener informados a los padres y favorecer la interacción con ellos.

- Acoger a todo el mundo: ser conscientes de que muchas familias de la comunidad no son hablantes nativos de inglés y recurrir a la tecnología para comunicarse mejor con ellos.

- Estar presentes virtualmente: valerse de internet para ofrecer «una ventana virtual al aula». Edutopia recurre a la red social Edmodo y al portal educativo Blackboard Learn, entre otros.

- Teléfonos inteligentes, escuelas inteligentes: Edutopia recomienda utilizar estos dispositivos para implicar a las familias, y propone crear grupos de mensajes de texto y emplear varias aplicaciones que faciliten esto último.

- Aprovechar la difusión mediática: utilizar noticias de actualidad (la publicación de un libro o el estreno de una película relacionados con la educación, por ejemplo) como plataforma para crear un foro abierto de discusión sobre actividades escolares y reforma educativa.

- Hacer de la lectura un asunto familiar: utilizar programas como Read Across America, First Book y Experience Corps para fomentar la lectura como actividad familiar.

- Llevar el diálogo a las casas: invertir las reuniones entre padres y profesores haciendo que los docentes acudan al hogar de los alumnos.

- Reuniones de padres y profesores coordinadas por los alumnos: permitir que estos dirijan estos encuentros presentando una muestra de su trabajo que ponga de manifiesto sus cualidades, dificultades y objetivos.

- Poner a las familias en movimiento: organizar actos en la

escuela que fomenten el ejercicio y el juego como actividad
familiar.

- Crear asociaciones con los padres: utilizar diversas herramientas, como organizar un club de lectura para padres o
crear trabajos de curso que incluyan entrevistas a las familias, para que los padres tomen parte activa en las tareas escolares de sus hijos.

A finales de la década de los noventa se puso en marcha una
iniciativa general en los centros públicos del condado de Los Ángeles para mejorar la calidad de las escuelas de los barrios desfavorecidos del centro urbano. Uno de los aspectos clave de esta iniciativa era implicar a los padres. Conseguirlo resulta especialmente
difícil en las escuelas de los barrios desfavorecidos porque muchos
padres hablan poco o nada de inglés, y a menudo tienen varios
empleos que les impiden asistir a las funciones escolares y a las
reuniones con los profesores.

Además, los padres de habla no inglesa a menudo se sentían
marginados por el sistema escolar, porque, en la práctica, el mensaje era que si no hablaban inglés no podían participar en la educación de sus hijos. De este estudio surgió Familias en las Escuelas,
cuyo objetivo es unir a padres, alumnos y educadores en una causa
común, a pesar de todos los obstáculos.[16]

Oscar Cruz es presidente de Familias en las Escuelas. «Sabemos lo importante que es la participación de los padres en la educación de sus hijos —me comentó—. Sin embargo, no estábamos
tan seguros de qué papel desempeñaba la escuela para fomentarla.
Antes, se consideraba que era únicamente responsabilidad de los
padres. Un padre o una madre viene para pedir orientación, pero
habla otro idioma. Los profesores le miran y dicen: "Debería usted
aprender inglés. Primero apréndalo y luego podremos ayudarle".

Y esto supone una traba para el padre o la madre. En nuestra opinión, la estrategia para conseguir que los padres se impliquen requiere una formación continuada de los profesores para asegurar que todos los padres que vienen a la escuela se sientan bienvenidos y valorados.

»Si uno analiza cómo trata la educación a los padres, vemos que existen intereses fuertes y muy arraigados. ¿Estaría un sindicato a favor de tener en cuenta la opinión de los padres cuando se evalúa a los profesores? ¿Estaría dispuesto a tomar en consideración su opinión en negociaciones de contratos a nivel de distrito? La burocracia es muy poderosa y la política educativa tiene una gran influencia, y muchas veces ambas ignoran los intereses de los alumnos.

»Siempre hemos sabido que los padres son importantes. La pregunta es: ¿qué hay que cambiar en las escuelas para convertirlas en entornos que los reciban mejor y los apoyen más, sobre todo en comunidades donde abundan las familias de renta baja?»

Familias en las Escuelas aborda el problema desde tres planos. Uno es la creación de materiales adaptados a las diferencias culturales que los padres pueden utilizar para saber de qué forma participar más activamente en la escuela de sus hijos. Otro es colaborar en la formación de los profesores para mostrarles cómo comunicarse con los padres de manera eficaz. El tercero es apoyar cambios en la política de los distritos para favorecer la inversión en las dos primeras iniciativas. De vez en cuando, Familias en las Escuelas instruye personalmente a los profesores cuyas escuelas no disponen de fondos suficientes para costear su formación.

Oscar sabe que la única manera de conseguir que cada vez haya más padres que se impliquen en la educación de sus hijos es ayudarles a participar en su aprendizaje en casa. A tal fin, ha puesto en marcha dos programas dignos de mención. Uno es el Reto del Millón de Palabras, en el cual la organización patrocina un concurso entre las escuelas del área de Los Ángeles para fomentar la lectura fuera de las aulas. La participación de los padres es decisiva, porque ayudan a sus hijos a llevar un registro de sus lecturas y supervisan sus progresos. El segundo programa es Lee Conmigo, una biblioteca de préstamo en la que la organización reparte veinte bolsas de libros a numerosas clases para que los alumnos se los lleven a casa y los lean con su familia. El tiempo dedicado a la lectura ha aumentado en veinte minutos diarios gracias a la accesibilidad de estos libros.

«Cada vez se habla más sobre la participación de los padres —me explicó Oscar—. Lo vemos en las noticias y en la política educativa de los estados. Vemos a padres que se hacen con el control de las escuelas y que exigen cambios. La gente dispone de más información y eso hace que sea más activa. Creo que otro aspecto positivo es el hecho de que cada vez haya más líderes latinos y representantes de otras minorías en posiciones de poder, porque ellos conocen cuáles son los problemas que afectan a sus comunidades y están influyendo en las soluciones.

»Tal como está planteada la participación de los padres en las escuelas, estos solo pueden expresar su opinión en un contexto muy estructurado. Pueden formar parte de la asociación de padres y profesores o del consejo escolar, pero la verdadera esencia de lo que es una organización democrática, donde hay un flujo de información para que las personas tomen decisiones, exista una auténtica colaboración, haya un entendimiento y respeto mutuos, eso aún no se ha conseguido. Para que los padres colaboren en pie de igualdad, tienen que estar bien informados y eso es responsabilidad de la escuela.»

Oscar Cruz y los miembros de Familias en las Escuelas se han propuesto cambiar la dinámica existente entre los padres y las escuelas de los barrios pobres y desfavorecidos por una razón que nos atañe a todos: al margen de dónde vivan y cuál sea su nivel socioeconómico, cuando los padres se interesan activamente por la educación de sus hijos, las posibilidades de que ellos prosperen son mucho mayores.

## Enseñar bien a los hijos

La mejor manera de que los padres participen en la enseñanza de sus hijos es la educación en casa, una práctica que ha ganado terreno en los últimos años. Si bien antiguamente se consideraba dominio exclusivo de los excéntricos, en la actualidad está empezando a aceptarse de forma generalizada. Según el Departamento de Educación de Estados Unidos, en torno al 3 por ciento de los niños en edad escolar fueron educados en casa en el año lectivo 2011-2012.[17] Hay muchas razones convincentes para plantearse la educación en casa como una posible alternativa. Una es que aborda varios de los aspectos que hemos tratado en este libro con respecto a la personalización de la educación al evitar centrar la enseñanza en aprobar los exámenes normalizados, al tiempo que ofrece a los niños la posibilidad de descubrir sus verdaderas pasiones e intereses. Todo parece indicar que los alumnos educados en casa suelen superar a sus coetáneos en los exámenes normalizados y en el SAT.

Quinn Cummings es autora de *The Year of Learning Dangerously*, unas memorias sobre sus experiencias cuando educó a su hija Alice en casa. En ellas escribe:

El padre de Alice y yo conocíamos a nuestra hija mejor que nadie y no podíamos seguir ignorando el hecho de que apenas se esforzaba en clase. Como dice la gente cuando se ha quedado

sin eufemismos para referirse a «hacer el vago», «no estaba
aprovechando todo su potencial». Por otra parte, también me
preocupaba que, con cada nuevo curso, tuviera más deberes y
menos tiempo libre para poder saciar su curiosidad cuando lo
necesitara, profundizar en un tema que le surgiese al azar, en-
frascarse en una actividad sin ningún propósito o crear algo
porque en ese preciso momento estaba inspirada. Yo era ambi-
ciosa. Quería que ampliara sus conocimientos y aumentase su
confianza personal, pero también deseaba que jugara con amigos, leyese libros, escuchara música y que tuviese la mirada
ausente al pasar una tarde agradable y aburrida sin nada que
hacer.[18]

Lo que Quinn Cummings deja entrever con sus palabras es el
argumento más sólido a favor de la educación en casa: esta forma
de educar nos permite incidir en aquello que nuestros hijos más
necesitan (Alice, por ejemplo, solía fingir que no sabía hacer divisiones con decimales) y, a la vez, darles muchísimo espacio para
que improvisen y exploren.

Logan LaPlante estaría de acuerdo con este sistema de enseñanza. Se trata de un adolescente que estudia en casa desde que
hacía cuarto. Opina que este tipo de educación le permite profundizar en algunas áreas sin por ello desatender otras. «Claro que me
centro en determinadas cosas —me dijo—, pero no ignoro las demás. Sigo estudiando todo el temario escolar; solo que lo hago de
otra manera. Mi plan de estudios es una mezcla: aprendo matemáticas de la forma tradicional, por internet, pero también las aprendo a través del diseño cuando hago prácticas. Estudiamos todo lo
que se necesita aprender en un determinado curso.»

Logan considera que este método es mucho más útil que el
sistema tradicional en el que se educan sus amigos. «Mis amigos

tienen muchas dificultades porque pasan directamente de la historia a las matemáticas, a la ciencia o a lo que sea, y no profundizan
lo suficiente en ninguna de sus clases. Les gustaría ahondar más e
integrar más asignaturas en un solo tema, como yo hice este otoño
con la asignatura de política, en la que estudiamos el gobierno, su
historia nada menos que hasta la Guerra de Secesión y pintamos,
es decir, que integramos varias asignaturas en una sola.»

En 2013, Logan dio una charla para un evento de la TED en la
Universidad de Nevada. En ella habló de cómo «hackea» su educación utilizando los diversos recursos de que dispone para estructurar el plan de estudios que cree que es mejor para él. «Aprovecho
las oportunidades que me ofrece mi comunidad y a través de mi
red de amigos y parientes —dijo en la charla—. También aprovecho las oportunidades para experimentar lo que estoy estudiando.
Y no me da miedo buscar atajos ni vías rápidas para obtener mejores resultados en menos tiempo.»[19]

Aunque algunos padres educan ellos mismos a sus hijos y
complementan su educación con cursos en línea, profesores particulares y programas extraescolares de sus comunidades, Logan
consigue acceder a un grupo más amplio de profesores de su comunidad. Lo hace con un grupo de chicos que también estudian
en casa. «Algunos de nuestros profesores enseñan química en la
Universidad de Nevada-Reno. Otros son simplemente madres que
hacen cursillos en verano, como con la asignatura de política. Algunos están especializados en literatura, así que son nuestros profesores de escritura. Nos juntamos todos durante unas ocho semanas, con una o dos clases semanales.»

La educación en casa plantea sus propios retos. La Asociación
Nacional de Educación de Estados Unidos declaró recientemente
que «cree que los programas de educación en casa basados en decisiones de los padres no pueden proporcionar al alumno una ex-

periencia educativa completa».[20] A algunas personas también les preocupa que la educación en casa impida socializarse. Y, por supuesto, están los costes que eso supone, que pueden oscilar entre unos pocos miles de dólares al año y más de diez mil. Por último, está el compromiso de los padres de dedicar muchas horas a sus hijos cada día, un grado de implicación que pocos imaginaban al tenerlos. Ninguna de estas cuestiones debe tomarse a la ligera, pero, para un número de padres cada vez mayor, las ventajas pesan más que los inconvenientes. Sin duda, no puede negarse que la educación en casa es la máxima expresión de la participación de la familia en un aprendizaje personalizado. Y, sea en casa o en la escuela, de lo que se trata es de conseguir que la educación sea más personal, motivadora y enriquecedora.

# 10

## Cambiar el clima general

Por mucho empeño que las escuelas pongan en cambiar, el clima político que las envuelve ejerce una influencia determinante en su cultura. Los cambios que se necesitan en las escuelas arraigarán antes si están respaldados por las políticas de ámbito local y nacional. Para que esto suceda, los responsables de la política educativa necesitan saber cómo pueden contribuir a estos cambios.

¿Quiénes son los responsables de la política educativa? Son aquellas personas que establecen los términos y condiciones prácticas a los que deben atenerse las escuelas, es decir, los miembros de los consejos escolares, los directores de los distritos escolares, los políticos y los dirigentes sindicales. Esta es una trama compleja de intereses distintos a menudo encontrados. He colaborado con responsables, con distintos cargos, de la política educativa de todo el mundo. La mayoría de ellos tienen la firme intención de contribuir al éxito de las escuelas en las que influyen, y desean hacer lo correcto para favorecer a los alumnos. Muchos hacen todo lo posible en circunstancias difíciles. Algunos aplican reformas bienintencionadas que, sin pretenderlo, frustran los objetivos que se han propuesto.

Como hemos visto, es un entorno complejo, y su gestión política plantea un difícil desafío. Pero su dificultad aumenta cuando las estrategias políticas se centran en los objetivos equivocados o no se ajustan a las necesidades de las escuelas. Así pues, en general, ¿cómo deberían contribuir los responsables de la política educativa al cambio en las escuelas? ¿Y qué deberían hacer para ayudarles a cumplir los cuatro fines básicos de la educación: económico, cultural, social y personal?

Antes de responder a estas preguntas, veamos cómo un grupo de responsables políticos y educadores está colaborando para cambiar la cultura del ámbito de la educación en una de las zonas más pobres de Estados Unidos. Juntos, están trascendiendo las limitaciones de la cultura de la normalización para efectuar cambios en sus escuelas públicas locales.

## LAS RAÍCES DEL ÉXITO

En Carolina del Sur, las estadísticas no son alentadoras. Según la Evaluación Nacional del Progreso Educativo (NAEP, del inglés «National Assessment of Educational Progress»), en 2013 el porcentaje de alumnos de cuarto de primaria y segundo de secundaria (los cursos en los que se realiza esta evaluación) con un nivel avanzado en lectura y matemáticas era inferior a la media nacional. En torno a la cuarta parte de los jóvenes no completaba la enseñanza secundaria, y aquellos que querían graduarse como bachilleres —el 40 por ciento— necesitaban clases de refuerzo para entrar en la universidad.[1] Estos programas cuestan al estado, con fondos escasos, unos veintiún millones de dólares anuales. Una encuesta pública puso de manifiesto que las tres cuartas partes de los padres con hijos en las escuelas públicas de Carolina del Sur opinaban que el sistema educativo necesitaba cambios importantes. Pero eso suponía vencer creencias muy arraigadas dentro de esas comunidades sobre cómo deberían ser y funcionar las escuelas.

Las circunstancias, pues, no eran las más favorables para introducir cambios, pero un entregado grupo de educadores aceptó el reto. En octubre de 2012 presentaron al Consejo de Educación del estado un informe sobre las innovaciones que pensaban llevar a cabo. En él exponían los problemas y desafíos a los que se enfrentaban. También planteaba la necesidad de recibir ayuda por parte de entidades del estado para efectuar los cambios necesarios. Algunos dirigentes propusieron a New Carolina, una organización sin ánimo de lucro que se centra en el desarrollo económico. El grupo se reunió con New Carolina y, juntos, pusieron en marcha TransformSC. Mientras escribo estas líneas, este programa aún se está desarrollando, pero sus aspiraciones y planteamientos prometen imprimir un rumbo muy distinto al sistema educativo de Carolina del Sur.

Moryah Jackson es la responsable de las iniciativas sobre educación de New Carolina. Me explicó que New Carolina se enorgullece «de ser una organización que favorece la comunicación y que reúne a personas de todas las condiciones y creencias». El primer paso consistió en desplazarse a las comunidades para saber qué cambios, según los ciudadanos, eran más necesarios para mejorar el sistema educativo en el estado. Les presentaron el informe sobre innovación, pero este debía coincidir con las expectativas de la comunidad a fin de obtener el apoyo incondicional que necesitaban para conseguir que esos cambios drásticos pudiesen llevarse a cabo. «Las reacciones de senadores, diputados, funcionarios municipales, padres y profesores me dejaron estupefacta —me explicó Moryah—. Es como si hubiésemos tocado una fibra sensible y que a la gente le importara realmente lo que estaba pasando. Eso sentó una base muy sólida para nosotros.

»Queremos demostrar a las personas que los cambios son posibles. A corto plazo, estamos trabajando para unificar criterios. Hemos conseguido que los administradores de nuestras escuelas se pongan de acuerdo en cómo debería ser el graduado del siglo XXI, y la Cámara de Comercio de nuestro estado acaba de adoptar las medidas para que esto pueda llevarse a cabo. Ha sido un paso importante, porque los educadores y los líderes empresariales a menudo hablan idiomas distintos.»

Estos encuentros para sensibilizar a la gente de la necesidad de un cambio y las reuniones con directores de distritos escolares dejaron claro que en muchas partes del estado existía un verdadero deseo de centrarse más en el tipo de programas prácticos y colaborativos que hemos tratado en este libro. Estas escuelas de Carolina del Sur están priorizando la tecnología, adoptando modelos de aprendizaje basados en proyectos, desarrollando competencias infravaloradas como la capacidad de resolver conflictos y de comunicarse, y concediendo a los profesores bastante más libertad sin dejar por ello de exigirles resultados. También eran conscientes de la necesidad de nuevos métodos de evaluación. Moryah me comentó: «Conocemos la importancia de tener una evaluación formativa y acumulativa. Necesitamos datos en tiempo real. Los profesores no deberían tener que esperar hasta final de curso y, después, no poner exámenes hasta el año siguiente. Necesitan evaluaciones no cognitivas. Si hablamos de aprendizaje basado en proyectos, ¿cómo se evalúan las dotes de mando? ¿Cómo se evalúa la aptitud para comunicarse?

»A la larga, queremos que al menos el 90 por ciento de nuestros alumnos obtengan el título de bachiller y que estén preparados para ejercer una profesión o seguir estudios superiores. Esto no significa forzosamente que las notas vayan a mejorar. Nos estamos esforzando en hacerlo, es decir, que nuestras clases reflejen más el mundo real, que sufre continuos cambios. Necesitamos asegurarnos de que nuestros alumnos están preparados para competir en la economía del conocimiento.»

La iniciativa de New Carolina radica principalmente en dar poder a los directores escolares y a los profesores para que mejoren el rendimiento académico en sus escuelas. «Disponen de un amplio margen de actuación y pueden innovar por su cuenta, pero necesitan que alguien les diga: "Eh, no pasa nada; os cubrimos las espaldas. Os defenderemos ante la asamblea legislativa". En cuanto a nuestra estructura, lo tenemos complicado en Carolina del Sur. Cada distrito tiene un consejo escolar local, y este contrata al director de distrito. A este respecto, el estado no tiene mucho poder. Si una comunidad está descontenta con el director de su distrito escolar, lo echa. Así que le decimos a la gente que los directores y profesores lo están haciendo bien, para apoyarlos.»

A medida que el programa avanza, uno de sus mayores desafíos es lidiar con el arraigado concepto tradicional de escuela y educación, incluso entre aquellos padres y responsables políticos que creen que es necesario cambiar las cosas. «Por primera vez desde hace décadas, todo el mundo está de acuerdo en que necesitamos cambios, pero es difícil cambiar la cultura. Todos sabemos cómo suelen funcionar las escuelas, así que intentamos establecer vínculos muy estrechos con ellas. Cuando planteamos la posibilidad de cambiar totalmente el diseño de un edificio para que no pareciera una escuela, surgieron algunos problemas con la comunidad.»

Muchos se han quedado maravillados con el diseño vanguardista del instituto River Bluffs de Lexington, en Carolina del Sur, y con su plan de estudios basado en el modelo de aprendizaje expedicionario y la ausencia de libros de texto o taquillas. Otros se han quejado diciendo que parece un Starbucks y que no tiene nada que ver con lo que debería ser una escuela. Lo que TransformSC está experimentando en este terreno es un fenómeno al que se han enfrentado reformistas de todo el mundo: el desajuste que se produce cuando un concepto nuevo entra en oposición con otro que lleva mucho tiempo arraigado.

«Nuestra herramienta más eficaz para el cambio es modificar nuestra forma de hablar sobre la educación pública. Intentamos centrarnos en lo bueno, y puede que los pesimistas digan: "Sabes qué, a lo mejor no es tan malo" o "Tal vez podamos conseguirlo". Vamos con mucho cuidado a la hora de hablar de lo que hacemos. En vez de decir: "Esa escuela va mal porque tiene un alto nivel de pobreza", decimos: "Buscamos escuelas con altas tasas de pobreza que funcionen bien".» Una vez superada su fase inicial, el programa está empezando a cobrar impulso. En otoño de 2013 había treinta y siete escuelas participando en la iniciativa, lo cual abarca un amplio espectro demográfico.

## Políticas para impulsar el desarrollo

En TransformSC y en el caso de muchos otros de los ejemplos que hemos descrito, la política que se decide desde arriba está centrada en favorecer la innovación desde abajo. El objetivo es crear las condiciones para que las escuelas puedan cambiar por sí mismas. Así pues, ¿cuáles son esas condiciones?

Como ya he dicho en anteriores capítulos, en el ámbito educativo, la verdadera función de un líder eficaz no es *mandar* y *controlar*, sino *estimular de forma creativa el ambiente*. De igual forma que los profesores y directores escolares deben crear las condiciones necesarias para que sus alumnos y comunidades se desarrollen, la función de los responsables de la política educativa es generar condiciones similares para las redes de escuelas y comunidades a las que sirven. He comentado anteriormente que la educación debería basarse en los principios de *salud*, *ecología*, *justicia* y *cuidado*. Para llevarlos a la práctica, los responsables de la política educativa necesitan favorecer unas condiciones específicas. Estas están implícitas en los numerosos ejemplos que hemos descrito a lo largo del libro. Son las siguientes:

*Favorecer la salud*

### Alumnos entusiastas

Un requisito indispensable para educar de forma eficaz es estimular en los alumnos el entusiasmo por aprender. Esto conlleva saber cómo aprenden los niños, favorecer un plan de estudios variado y fomentar métodos de enseñanza y de evaluación que motiven el aprendizaje en vez de inhibirlo. Si los alumnos no están interesados en la escuela, por mucho que se invierta en el ámbito educativo no se conseguirá apenas nada. Los costes derivados del desinterés de los alumnos y del abandono escolar son mucho más elevados que los generados por las inversiones en escuelas que se centran, en primer lugar, en motivar a los alumnos para que aprendan.

### Profesores expertos

Al principio del libro he establecido la diferencia entre aprendizaje y educación. La función de los profesores es facilitar el aprendizaje, y esta es una tarea que solo pueden acometer profesionales expertos. Por eso, todos los sistemas escolares eficaces dan tanta importancia a la contratación, conservación y formación continua de buenos profesores. No hay ningún sistema educativo en el mundo del que pueda afirmarse que es mejor que sus profesores.

**Una expectativa motivadora**

Las personas pueden obrar milagros si están motivadas por una expectativa estimulante y tienen una meta a la que aspiran. Esta idea futura es personal e intransferible. No me imagino a niños despertándose por las mañanas y preguntándose qué podrían hacer para mejorar los niveles de lectura del país. Sin embargo, muchos niños quieren leer, escribir y realizar operaciones matemáticas porque les interesa, además de cantar, bailar, explorar y experimentar. Y numerosos padres y profesores están dispuestos a ofrecerles su apoyo. Los niños necesitan políticas y perspectivas que tengan en cuenta sus intereses y circunstancias y que no les reduzcan a simples datos aislados en una competición política abstracta.

## FOMENTAR LA ECOLOGÍA

### Líderes inspiradores

Los grandes sistemas necesitan grandes líderes. Es evidente que los alumnos mejorarán su rendimiento escolar si los estimulan profesores que sepan motivarlos, y que las escuelas evolucionarán favorablemente si tienen un director con visión de futuro. Lo mismo ocurre con el papel que desempeñan los líderes políticos que gestionan los centros escolares. Las escuelas necesitan confiar en los responsables de la política educativa, saber que estos tienen un conocimiento real de los desafíos cotidianos que supone enseñar y aprender, y que su prioridad es obrar siempre en el mejor interés de las escuelas. Los responsables de la política educativa no podrán fomentar el rendimiento académico si no cuentan con la confianza y el compromiso de aquellos que, de hecho, hacen el trabajo.

## Acoplamiento y coherencia

Los sistemas sanos funcionan de manera integral: cada componente sustenta a los demás. La educación debería ser igual. En un sistema complejo como este, con tantos subsistemas y distintas dinámicas, siempre existe el riesgo de que las preocupaciones de sus diversos grupos de interés no sean las mismas. En los sistemas educativos eficaces, la teoría está en total consonancia con la práctica en todas sus fases y niveles. El sistema está formado por seres humanos, y las experiencias de cada uno tienen una importancia primordial, no secundaria.

## Buena gestión de los recursos

Los sistemas educativos eficaces disponen de todos los recursos que necesitan, y no son solo económicos. La calidad de la educación no siempre depende de la cantidad de dinero que se invierte en ella: hemos visto algunos ejemplos de escuelas con altos niveles de rendimiento pese a sus limitaciones económicas. No obstante, en conjunto, Estados Unidos invierte más dinero per cápita en educación que cualquier otro país del mundo; sin embargo, no puede jactarse de que el suyo sea el mejor sistema educativo. Todo depende de cómo se gestionan los recursos. Los sistemas de enseñanza eficaces invierten sobre todo en la formación del profesorado, en la tecnología adecuada y en servicios públicos de apoyo.

## PROMOVER LA JUSTICIA

## Asociación y colaboración

El movimiento de normalización fomenta la competencia entre alumnos, profesores, escuelas, distritos escolares y, actualmente, entre países. Como en la vida, la competencia forma parte de la educación, pero un sistema cuya esencia es enfrentar a las personas tiene un concepto equivocado de la dinámica que favorece el buen rendimiento. La educación prospera con la asociación y la colaboración dentro de las escuelas, entre ellas y con otros grupos y organizaciones.

## Innovación estratégica

Pasar de la situación actual a un nuevo paradigma exige imaginación y visión de futuro; también requiere atención y criterio. Con «atención» me refiero a proteger lo que sabemos que da resultado y, al mismo tiempo, estar dispuestos a explorar nuevos enfoques de forma responsable. Una de las estrategias más eficaces para cambiar un sistema es evaluar los beneficios que podría reportar hacer las cosas de otro modo. La innovación es estratégica cuando su importancia trasciende el contexto inmediato, cuando motiva a otros a innovar de un modo similar ajustándose a su propia situación.

## Respaldo y autorización

Una de las funciones de los responsables de la política educativa es crear condiciones que permitan impulsar y respaldar la innovación a escala local. Los cambios a menudo son difíciles, sobre todo cuando requieren poner en tela de juicio prácticas que llevan mucho tiempo sin cuestionarse. Ya he mencionado que la cultura es un conjunto de autorizaciones que definen qué conductas son aceptables y cuáles no. Los responsables de la gestión educativa pueden favorecer los cambios en todos los ámbitos respaldándolos y autorizando a las escuelas a superar viejos hábitos y a abrir nuevos caminos.

PRESTAR ATENCIÓN

## Buenos niveles académicos

Nadie duda de que es fundamental que las escuelas tengan buenos niveles académicos en todas las áreas de aprendizaje. Alcanzar este objetivo puede mejorar el rendimiento y capacitar a los alumnos para llegar más lejos de lo que creían posible. Esto ocurre tanto con la música y la danza como con las matemáticas y la ingeniería. Para que cumplan su función, conseguir estos niveles debería ser un acicate más que un fin en sí mismo. Es imprescindible que exista un acuerdo, fruto de la colaboración y del respeto mutuo, sobre cuáles deben ser estos niveles académicos.

## Responsabilidad inteligente

Los alumnos no son los únicos que deben tener un buen nivel de rendimiento, sino también los profesores, la administración y la dirección. La responsabilidad no puede ser un proceso unidireccional. Sin duda, los educadores deberían rendir cuentas de su trabajo, al igual que los responsables de la gestión educativa que influyen en ella. Este proceso comporta responsabilidad y control. Las personas solo pueden responder de aquellos factores que pueden controlar. Un sistema de responsabilidad inteligente debería tener en cuenta los factores que influyen en la vida de los alumnos que las escuelas pueden mitigar pero no controlar, y actuar en todos los ámbitos y estratos del sistema.

## Formación continua

La docencia es una profesión sumamente exigente. A medida que el mundo cambia y las exigencias son cada vez mayores, es funda-

mental que los profesores tengan la oportunidad de mejorar regularmente sus competencias laborales. El desarrollo de las escuelas
depende de la evolución profesional de sus educadores. La formación continua de los docentes no es un lujo, sino una inversión
imprescindible que asegurará el éxito de los alumnos, de sus escuelas y de sus comunidades.

## CAMBIAR DE RUMBO

Si el movimiento de normalización estuviera obteniendo los resultados previstos, no habría motivos para cambiar de rumbo; pero
no es así. Los responsables de la política educativa de todo el mundo lo saben. Algunos de los cambios más interesantes se están
produciendo en algunas comunidades de Estados Unidos que en
el pasado fueron firmes partidarias del movimiento de normalización. La ley NCLB se basó en gran medida en políticas que se ori-
ginaron en Texas. Hoy en día, comunidades de este estado han
decidido adoptar estrategias más personalizadas, que tienen en
cuenta los diversos talentos de los alumnos y las necesidades de las
distintas zonas del propio estado.

Esto es precisamente lo que el congresista por el estado de
Texas Jimmie Don Aycock tenía en mente cuando me hizo la siguiente observación: «Los problemas económicos y sociales varían
muchísimo en todo Texas: desde los que viven en la zona de las
granjas de energía eólica de los condados del norte hasta esos otros
que residen cerca de las refinerías de petróleo, pasando por toda
la geografía del estado. Proporcionar a los distritos locales los medios para elaborar estrategias educativas específicas es muy importante».

Jimmie es el autor del proyecto de ley 5 de la Cámara de Representantes —aprobado por unanimidad en 2013 tanto en esta instancia como en el Senado de Texas—, que introdujo cambios importantes en cuanto a los requisitos que se pedían para obtener el título de bachiller y el número de exámenes estatales que los alumnos debían hacer. También ofrece nuevas vías para graduarse, lo cual supone reconocer que los alumnos de secundaria tienen ambiciones muy diversas para su futuro.

«Toda mi labor en la legislatura ha estado relacionada con la educación. De hecho, siempre le digo a la gente que fue lo único que consiguió que renunciase a jubilarme. A casi el 40 o el 50 por ciento de nuestros alumnos los quitaban de en medio sin que apenas tuvieran preparación laboral o una educación apropiada para encontrar trabajo. Eso es inadmisible. Con un poco de suerte, este proyecto de ley aportará algunas ofertas razonables para los chicos que no irán a la universidad. Algunos no entrarán en ella por razones académicas; otros, por motivos económicos y unos terceros simplemente porque no quieren, ya que les apetece hacer algo que no les exige estudiar cuatro años.

»Creo que la mayoría de la gente está de acuerdo en que casi todos los chicos necesitarán algún tipo de formación en competencias avanzadas mientras estudian secundaria o después. El proyecto de ley aporta flexibilidad en cuanto al desarrollo de la competencia o serie de competencias que les serán útiles para conseguir trabajo. El hecho de que no vayan a la universidad no significa que sean unos fracasados. Hemos observado que, en cuanto estos chicos creen que una meta es alcanzable, sus padres y ellos vuelven a motivarse, ya que ven en la educación un propósito que antes no contemplaban. De hecho, es posible que no solo tomen decisiones más acertadas respecto a su futuro laboral, sino que tal vez decidan ir a la universidad. Se dicen: "Oh, puedo hacerlo si lo que estudio es importante". Esto es algo que antes no ocurría. Y si lo único que conseguimos finalmente es motivar a los alumnos y a los padres, creo que habrá merecido la pena.

»Estamos reduciendo el número de exámenes de alto riesgo de quince a cinco. De todas formas, puede que el próximo año todavía uno de cada cuatro alumnos no esté preparado para graduarse cuando le corresponda. Si hubiéramos puesto quince exámenes, creo que esta cifra habría rebasado el 40 por ciento e incluso habría rozado el 50. Muchos de estos alumnos habrán hecho todos los trabajos durante el año escolar y habrán tenido una buena nota de curso. Si se ponen muchos exámenes finales de alto riesgo, aquellos alumnos que han ido bien durante el curso y se han esforzado al máximo pueden no aprobar el examen final. La pregunta es: ¿se gradúan con demasiada facilidad? ¿El examen está mal planteado? ¿O les cuesta demasiado hacerlos? Probablemente, hay un poco de las tres cosas.

»El proyecto de ley es bastante explícito en cuanto a lo que hay que hacer para que resulte eficaz, y plantea tres partes fundamentales que hay que abordar: exámenes, plan de estudios y responsabilidad. Se tomó la decisión consciente de englobarlo todo. Si hubiésemos abordado tan solo una de ellas dejando a un lado las otras dos, esto habría tenido consecuencias muy negativas. Cuando las tres se equilibran, creo que es un compendio funcional de la legislación que transmite el mensaje de "esto es para los alumnos y para las necesidades del estado, y aquí tenemos una forma mejor de exigir responsabilidades a los distritos". Es un proyecto de ley muy práctico, y la mayoría de los educadores están satisfechos con él, al igual que los padres y los alumnos. Algunos de los reformistas también parecen estarlo, y otros no.

»Las personas que han expresado más preocupación por el proyecto de ley habían sido, en el pasado, firmes partidarias de la ley «Que ningún niño se quede atrás». Y, sin embargo, opinaban que debíamos poner más exámenes a los alumnos, subir aún más los niveles y seguir presionándoles; así destacaríamos sobre los demás y mejoraríamos el rendimiento escolar de nuestros niños. Debo reconocer que en otra época yo también opinaba lo mismo. Pero no nos damos cuenta de que es una visión muy mecánica de la educación; es como si habláramos de la producción en serie. Olvidan que los seres humanos no somos todos iguales. A veces podemos hacer lo mismo y obtener resultados muy distintos. De modo que dejé de pensar así; fui consciente de que la ley «Que ningún niño se quede atrás» se basa en gran medida en esa forma de pensar y simplemente yo ya no creo en eso.»

La transición de la normalización a la personalización, de la adaptación a la creatividad, no solo está ocurriendo en Estados Unidos, sino también en muchas otras partes del mundo, con resultados igual de llamativos.

## HACER LAS COSAS DE OTRA MANERA

La formulación de políticas es un proceso colectivo y también complicado, pero los verdaderos agentes del cambio saben que un individuo apasionado puede modificar el proceso y cambiar así el mundo. En ocasiones, esta clase de liderato surge tras responder a una llamada.

### Rayos de esperanza en Argentina

Cuando la economía argentina se vino abajo en 2001, Silvina Gvirtz comprendió que su trabajo en el mundo académico tenía que dar un giro radical. Tras doctorarse, se había dedicado a investigar sobre educación, pero, con tantos niños viviendo en una situación precaria, supo que tenía que levantarse y salir de detrás de su mesa. Después de conseguir subvenciones de muchas grandes empresas, creó un ambicioso proyecto para mejorar la calidad de la educación en escuelas que apenas recibían financiación. En colaboración con distritos desfavorecidos de todo el país, encabezó una iniciativa para implicar a las comunidades en la mejora de sus escuelas. Los resultados fueron esperanzadores: la tasa de abandono escolar disminuyó del 30 al 1 por ciento, y la tasa de repetidores se redujo del 20 por ciento al 0,5.

«Trabajamos con gente de la comunidad —me explicó—. Lo hicimos así para reforzar las iniciativas locales. También colaboramos con los profesores y directores de la comunidad. Era importante que estos últimos conocieran los objetivos que pretendíamos alcanzar, y que pudieran informar a los profesores. Nunca recurrimos al refuerzo negativo. Entrábamos en la clase con los profesores y trabajábamos con ellos en problemas concretos. Trabajábamos mucho como hacen los médicos cuando se reúnen para resolver un caso. Los profesores sentían que podían contar con nosotros, que estábamos ahí para ayudarles.»

Aunque el programa fue, y continúa siendo, muy eficaz, Silvina comprendió que su margen de actuación era muy reducido, y eso le supuso un problema. Si de verdad quería ayudar al mayor número posible de alumnos, debía dedicarse a la política, aunque no fuera esa su vocación. Se convirtió en ministra de Educación de la provincia de Buenos Aires, un cargo que ejerció durante casi ocho años. Más recientemente, puso en marcha Conectar Igualdad, un programa que tiene como objetivo que los estudiantes argentinos se familiaricen con la tecnología. Mientras escribo estas líneas, Conectar Igualdad ha distribuido más de tres millones y medio de miniordenadores a estudiantes de todo el país. Los ordenadores tienen muchas aplicaciones de código abierto para facilitar el aprendizaje, pero el objetivo del programa siempre ha sido avivar el interés del alumno.

«En mi opinión, hay tres tipos de niños —me explicó Silvina—. Están los consumidores pasivos de tecnología: consumen la mayoría de los programas conocidos, pero no saben nada de tecnología. Luego están los consumidores inteligentes, que son aquellos niños que son capaces de diferenciar lo bueno de lo malo que circula por la red; saben más de tecnología, pero no son creativos. Por último, están los niños que sí crean cosas gracias al código abierto. Si queremos que un niño sea creativo, tenemos que enseñarle a programar. Cuando damos un ordenador a un niño que nunca ha tenido ninguno, reducimos la brecha digital. El ordenador puede ser un instrumento increíble para otras disciplinas y para que sean más creativos.»

En otra época, a Silvina Gvirtz le gustaba trabajar en un plano puramente teórico, pero hoy en día ejerce un liderato activo en diversos campos. Es directora ejecutiva de Conectar Igualdad, profesora en la Universidad de San Martín, investigadora en el Consejo Nacional para la Investigación Científica y Técnica en Argentina, profesora visitante en la Universidad Estatal de Nueva York en Albany y directora de dos colecciones de libros de educación. Las circunstancias exigían que se convirtiera en líder y ella respondió a la llamada.

*China creativa*

Jiang Xueqin creía que China tenía un problema. Las estadísticas eran fantásticas (como ya he mencionado anteriormente, Shangai quedó en primer lugar en las tablas más recientes del PISA), pero aquellos resultados se debían a una enseñanza implacable que se basaba en la memorización y se centraba prácticamente en preparar a los alumnos para los exámenes. Según él, se trataba de un sistema de enseñanza que «recompensa el comportamiento utilitario, poco ético y sin visión de futuro que destruye la curiosidad, la creatividad y el gusto por aprender que los alumnos tienen de forma innata. En general, cualquier sistema educativo que antepone el rendimiento y los objetivos al proceso y a la actitud es, en mi opinión, perjudicial para los alumnos».[2] Este se conoce como sistema del *gaokao* (el *gaokao* es el examen de acceso a la universidad en China). Del mismo modo que la educación occidental tomó como modelo un sistema apropiado para la Revolución Industrial, el sistema del *gaokao* estaba pensado para una época en la que China necesitaba tantos ingenieros y mandos intermedios como pudiera generar. El objetivo de este sistema era producir un gran número de graduados universitarios para luego mandar a muchos de ellos a estudiar posgrados en Estados Unidos. Pero China está cambiando. La clase media se está expandiendo y el país ya no depende tanto de la industria manufacturera y necesita crear una clase distinta de estudiante. «Si queremos que China avance, hacen falta personas con otro tipo de conocimientos técnicos. Se necesitan empresarios, diseñadores, directivos, la clase de gente que China no tiene», me comentó.[3]

Así pues, en 2008, Jiang Xueqin comenzó a trabajar en un nuevo tipo de escuela, en la ciudad de Shenzhen. Sus alumnos no pasaban el *gaikao*. Dedicaban más tiempo a escribir; ayudaban a dirigir un café o un periódico; aprendían a ser empresarios y a desarrollar la empatía; participaban en servicios sociales.

En la actualidad, Jiang Xueqin trabaja en calidad de subdirector en la escuela internacional Tsinghua, y sigue favoreciendo este innovador enfoque para educar a la siguiente generación de alumnos chinos. Recientemente, también ha publicado un libro, *Creative China*, en el que relata sus experiencias al enseñar creatividad y en el que ofrece una base para ampliar su enfoque.

## Pedir un cambio en Oriente Medio

El doctor Amin Amin considera que el desarrollo de los recursos humanos es el mayor desafío de la región árabe. «La necesidad de capital humano para el siglo XXI está ejerciendo una nueva presión sobre los sistemas educativos actuales para que sean eficaces y plenamente capaces de satisfacer las necesidades específicas de cada alumno», dijo.[4] Esto le indujo a fundar ASK para el Desarrollo de los Recursos Humanos (el acrónimo significa actitud, competencias y conocimientos, del inglés *attitude*, *skills* y *knowledge*).[5] Uno de los principales objetivos de ASK es ofrecer servicios en el ámbito educativo que formarán a una nueva generación de pensadores críticos en la región. Estos servicios tienen cinco vertientes: formación continua para educadores, capacitación de profesores, desarrollo de contenidos personalizados, supervisión y evaluación, y asesoramiento tanto a ONG como a escuelas.

La labor del doctor Amin ha tenido un gran impacto por toda la región y ha influido en casi cuatro mil escuelas desde 2011. Por ese motivo, la Fundación Mowgli, una organización de asesoramiento empresarial, lo nombró Defensor de Iniciativas Mundiales y Mentor del Año.[6]

## Transformar Escocia

Actualmente, una de las iniciativas nacionales más interesantes sobre educación es la escocesa. Ilustra muchos de los principios y condiciones que hemos tratado en este libro. La piedra angular de la iniciativa es el Plan de Estudios para la Excelencia, un modelo general para un cambio global de las escuelas. Al igual que el plan de estudios de Finlandia,[7] pero a diferencia de muchas iniciativas reformistas de Reino Unido y Estados Unidos, el Plan de Estudios

para la Excelencia es fruto de un largo proceso de consulta a educadores, padres, alumnos, empresas y responsables locales de toda
Escocia. Presenta una audaz visión para el futuro de la educación
escocesa y un amplio marco para hacerla realidad. Este último
no es obligatorio, impuesto desde arriba. Como la iniciativa A+,
confiere a las escuelas una libertad considerable para interpretarlo
a fin de satisfacer las necesidades específicas de sus alumnos y comunidades. Este proceso se sustenta en un análisis concienzudo de
las dificultades de la puesta en vigor y una convincente teoría del
cambio.

Esta estrategia se ha desarrollado conjuntamente con el Foro
Internacional de Futuros (IFF, del inglés «International Futures
Forum»), un grupo de educadores, gestores políticos e investigadores de todo el mundo. Como he hecho yo anteriormente, el IFF
define tres formas de discernimiento en la realización de este cambio, que denomina sus tres horizontes: el primero es el sistema actual; el segundo, el proceso de cambio, y el tercero, la nueva situación a la cual debe llevar el proceso de cambio. Estos mismos
principios son la base del que se está produciendo al otro lado del
Atlántico, en la ciudad canadiense de Ottawa.

## Escuchar a Ottawa

Al igual que yo, Peter Gamwell es natural de Liverpool, Reino
Unido. Hoy en día, es director de instrucción en el Consejo del
Distrito Escolar de Ottawa-Carleton (OCDSB, del inglés, «Ottawa-
Carleton District School Board»), una organización que ha resul-
tado ser un modelo para los consejos escolares de todo el mundo
por la importancia que confiere a la integración y a la creatividad.

Según Peter, el momento clave para el OCDSB fue en 2004,
durante un encuentro para hablar sobre liderato con personal de

diferentes empresas del distrito. Peter y el resto de participantes llevaban una media hora hablando cuando alguien levantó la mano en las últimas filas. El hombre les preguntó qué hacía él en la reunión y ellos le respondieron que estaba allí para compartir sus ideas sobre liderato. Él pareció sorprendido por aquella respuesta y dijo que llevaba veinte años trabajando como celador y que jamás se le había ocurrido pensar que sus ideas sobre liderato fueran importantes. Fue entonces cuando Peter comprendió que necesitaba poner en marcha una iniciativa a nivel de distrito para escuchar las aportaciones creativas de todos los participantes, lo cual incluía al personal docente, a los padres y, por supuesto, a los alumnos.

«Todos tenemos la capacidad de ser creativos —me explicó—, brillantes. Necesitamos reconocer y valorar estas aptitudes y encontrar formas de potenciarlas. Si lo conseguimos, maximizaremos nuestras oportunidades de desarrollar una cultura de participación, integración y creatividad.»

Una de las maneras en las que Peter favorece un clima de creatividad es animando a todos sus integrantes a «descubrir qué tienen que ofrecer las personas, escuchar lo que cuentan, reconocer sus capacidades únicas y desarrollarlas a partir de ahí». Otra es convencer a las personas que integran el sistema de que poseen la capacidad innata de ser creativas.

«Si entramos en una clase de párvulos y observamos a los niños, vemos que rebosan creatividad. Si entramos en una clase de cuarto o quinto y preguntamos a los alumnos "¿quién es creativo?", hacen una cosa sorprendente: señalan a uno o dos compañeros de clase. Es muy triste. Y lo mismo ocurre con los adultos. Nuestro objetivo era conseguir que las personas dejaran de señalar a los demás y se señalaran a ellas mismas, que reconociesen que todas ellas tenían la capacidad de ser creativas.»

A continuación, la organización pidió a los distritos que propusieran iniciativas creativas. Al principio, las reacciones fueron comedidas y limitadas. Una vez que Peter y su equipo dejaron claro que su deseo de escuchar sus aportaciones era sincero, recibieron centenares de iniciativas. Las propuestas comprendían desde nuevos planes de estudios o intentos de conectar con los niños autistas desarrollando su espíritu emprendedor, hasta recortar las aportaciones del personal de mantenimiento.

Muchas de estas iniciativas se han centrado en personalizar la enseñanza que reciben los alumnos ampliando la oferta de cursos y ensanchando sus horizontes.

«No se trata de decir que las matemáticas y la lengua no son importantes; por supuesto que lo son. Son de una importancia vital. Se trata de asegurarnos de que los chicos no dejen la escuela antes de haber descubierto cuáles son sus cualidades. Esto pasa con muchos jóvenes. La idea es conseguir un equilibrio para que ningún alumno diga al acabar los estudios: "No sé qué se me da bien". Cuando los profesores tienen ilusión por compartir sus pasiones y capacidades, eso ejerce una influencia muy positiva en el entorno de aprendizaje.»

Pregunté a Peter qué recomendaría a los gestores políticos de otros distritos que quisieran favorecer el clima de creatividad y de oportunidades que reina en el OCDSB. Su primera respuesta fue «que se armen de valor». Efectuar estos cambios en el OCDSB no fue ni inmediato ni fácil. Sin embargo, después me envió la lista siguiente:

- Tome el pulso a su organización. Averigüe qué nociones de aprendizaje tienen las personas. Hágales preguntas serias que les induzcan a pensar. ¿Qué opinan sobre el aprendizaje, el liderato y la creatividad? ¿Qué lugar ocupa la imaginación en la organización en el plano individual, grupal e institucional? ¿Qué piensan sobre el liderato y las características y comportamiento del líder ideal? ¿El liderato espontáneo y la creatividad personal fomentan la cultura de la organización? ¿Qué hace la organización para favorecer u obstaculizar la creatividad individual, grupal e institucional? ¿Cómo podría mejorarse? Debe estar preparado para oír respuestas francas. Dígale a las personas que su deseo de conocer sus verdaderas opiniones es sincero.

- Utilice esta información para cambiar la cultura incidiendo en los puntos fuertes de la organización. Empiece con esto cuanto antes. Cree una visión o línea de actuación consensuada que recoja las ideas que surgen de la información obtenida. Este modelo colaborativo tiene que integrar a todo el personal que forme parte de la escuela. Es necesario abolir las jerarquías, y las personas necesitan ver que esto es así.

- Establezca prácticas y estructuras que demuestren a las personas que se interesa por sus ideas y respóndales desde una perspectiva en las que se sientan valoradas y que incida en los puntos fuertes de la organización.

- El diálogo tiene que ser permanente y continuo. Necesita desarrollar estructuras que permitan a las personas expresarse con libertad. Una cultura de escucha y diálogo es de importancia vital. Las personas reaccionarán a ella de formas distintas, de modo que es necesario ofrecerles muchas oportunidades para que puedan aportar sus ideas. En cuanto las personas se sienten verdaderamente integradas en la cultura, el aprendizaje se activa.

- Derribe las barreras de su organización e incorpore a personas externas, que aportarán una perspectiva distinta. Hay incontables casos de cambios asombrosos a medida que las empresas, las municipalidades, las organizaciones artísticas y científicas y muchas otras intentan hallar el modo de adaptarse a esta nueva era creativa. Búsquelas. Invítelas a colaborar. Dialogue con ellas. Con esta colisión de ideas y esta estimulación de la curiosidad, usted empieza a activar otra clase de dinamismo.

Cuando estos enfoques se aplican correctamente, sea en Argentina, Ottawa, Texas o Dubái, los resultados son similares. Así pues, si los principios y condiciones están tan claros, ¿por qué no se adoptan en todas partes?

## ¿Cuál es el problema?

Existen muchos obstáculos para el tipo de cambio del que estamos hablando. Algunos guardan relación con el conservadurismo propio de las instituciones, entre ellas las escuelas; otros, con opiniones encontradas sobre la clase de cambios que son necesarios; unos cuantos con la cultura e ideología y algunos más con los intereses políticos.

### Aversión al riesgo

En *Weapons of Mass Instruction*, John Taylor Gatto habla sobre los diversos factores que frenan la innovación en las escuelas. Después de recibir el premio «Profesor del Año de la ciudad de Nueva York», se jubiló desilusionado por la influencia de la cultura de la normalización tanto en los profesores como en los alumnos. Tras una vida dedicada a la educación, dijo, había acabado viendo las escuelas «como cárceles o auténticas fábricas de infantilismo con una larga reclusión obligada de los alumnos y profesores». No entendía por qué tenían que funcionar así.

«Mi propia experiencia me reveló lo que muchos otros profesores acaban descubriendo con los años, pero tienen que callar por temor a las represalias: si quisiéramos, podríamos prescindir fácilmente y sin grandes costes de las viejas y absurdas estructuras y dar una verdadera educación a los niños en lugar de limitarnos a escolarizarlos. Podríamos fomentar las mejores cualidades de la juventud —la curiosidad, el espíritu de aventura, la adaptabilidad, la capacidad para tener ideas sorprendentes— con solo ser un poco más flexibles con el tiempo de estudio, los textos y los exámenes, proporcionando a los niños profesores competentes y ofreciendo a cada alumno la autonomía que necesita para arriesgarse de vez en cuando. Pero no lo hacemos.»[8]

Esta resistencia a cambiar viejos hábitos afecta a todos los niveles del sistema, desde las aulas hasta las asambleas legislativas. También hay otros factores.

## Cultura e ideología

Inevitablemente, la política educativa está entremezclada con otros intereses culturales, y las culturas local y nacional ejercen una profunda influencia en el modo de enfocar la educación. En zonas de Asia, por ejemplo, hay una fuerte cultura de sumisión y de deferencia en la enseñanza hacia la autoridad que tiene sus raíces en tradiciones que definen la mentalidad y la cultura asiáticas.

En Estados Unidos y Reino Unido, en particular los políticos conservadores, a menudo están a favor de la desintegración y comercialización de la educación pública. Su fe en las economías de mercado les induce a pensar que la educación puede mejorarse aplicando esta mentalidad a las escuelas y a las opciones de los padres. Este entusiasmo político por estas iniciativas tiene mucho más que ver con los valores generales del capitalismo que definen a estas culturas que con una verdadera apreciación de su eficacia en el ámbito educativo.

## Beneficios e influencias

Algunos políticos están presionando para mercantilizar la educación pública con la creación de escuelas concertadas, parvularios y centros independientes gestionados por sociedades con ánimo de lucro. No se ha demostrado que ninguna de estas escuelas sea mejor que los centros públicos con una buena financiación.[9]

## Política y ambición

De hecho, no todos los responsables de la política educativa están interesados en la educación. Algunos son políticos o gestores profesionales que la utilizan como plataforma para progresar en su carrera. Sus ambiciones en materia de educación pueden estar vinculadas a otros intereses y motivaciones políticas. Una de las razones por las que conceden tanta importancia a los resultados de los exámenes se debe a su interés en obtener beneficios a corto plazo que pueden utilizar en el siguiente ciclo electoral. En muchas democracias, las elecciones se celebran aproximadamente cada cuatro años. Debido al protagonismo cada vez mayor que les conceden los informativos, las campañas electorales comienzan con dieciocho meses o más de antelación. Por tanto, los políticos disponen solo de dos años después de obtener el cargo para conseguir resultados que puedan utilizar en su campaña. Tienen predilección por los resultados mensurables en áreas conflictivas desde el punto de vista político como la lectura, la escritura, la aritmética básica y la capacitación laboral. Las tablas del PISA están hechas a la medida de la demagogia política.

## «Ordeno y mando»

Por naturaleza, los políticos a menudo se sienten atraídos por los planteamientos autoritarios. Pese a su retórica de promover la realización del individuo y del bienestar común, en el ámbito de la educación hay antecedentes bien documentados de control social, adaptación y conformidad en masa. En algunos aspectos, la educación de masas es, y siempre lo ha sido, un proceso de ingeniería social. En ocasiones, las intenciones políticas han sido buenas y en otras, no. Al principio del libro he mencionado que la educación es un «concepto esencialmente controvertido». Lo es, y a veces no solo discrepamos en los medios, sino también en los fines. Por mucho que hablemos de estrategias, jamás alcanzaremos un consenso si los objetivos que tenemos en mente se oponen entre sí.

### ORGANIZAR EL CAMBIO

Ya hemos mencionado la necesidad de que líderes inspiradores creen un clima de innovación y de oportunidades en el ámbito educativo. Yo he tenido el privilegio de colaborar con muchos de ellos. Uno de los más inspiradores es Tim Brighouse. Este eminente pensador de Reino Unido también ha sido un director ejecutivo innovador en dos importantes distritos escolares, Oxfordshire y Birmingham, y ha dirigido importantes programas de innovación estratégica en Londres y en el resto del país. Su dilatada experiencia le ha enseñado que pasar de la teoría a la práctica no es fácil. Es un continuo proceso de actuación, improvisación, evaluación y reorientación a la luz de la experiencia y de las circunstancias. En ocasiones recurre a este esquema para resumir los elementos clave: visión, competencias, incentivos, recursos y plan de acción:[10]

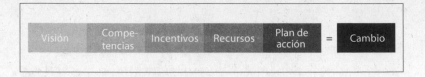

| Visión | Compe-tencias | Incentivos | Recursos | Plan de acción | = | Cambio |

Para efectuar cualquier cambio, hacen falta todos estos elementos. Las personas necesitan: tener una noción del futuro hacia
el que se les pide que avancen; sentir que son capaces de cambiar y
que poseen las competencias adecuadas para hacerlo; creer que
hay buenas razones para cambiar, que el futuro al que aspiran es
mejor que el presente y que el esfuerzo que supone realizar la transición merecerá la pena; tener los recursos personales y materiales
para cambiar; y un plan de acción convincente para llevar a cabo
esta transición con éxito, o, como mínimo, que las ponga en marcha, aunque cambie a medida que avanzan.

Uno de los mayores obstáculos para el cambio es el desajuste
existente entre los diversos elementos que se requieren para llevarlo a cabo. Si faltan uno o más de estos elementos, el proceso suele
interrumpirse. Sucede del siguiente modo:[11]

| Visión | Compe-tencias | Incentivos | Recursos | Plan de acción | = | |
|--------|---------------|------------|----------|----------------|---|---|
|        | Compe-tencias | Incentivos | Recursos | Plan de acción | = | Confusión |
| Visión |               | Incentivos | Recursos | Plan de acción | = | Preocu-pación |
| Visión | Compe-tencias |            | Recursos | Plan de acción | = | Resistencia |
| Visión | Compe-tencias | Incentivos |          | Plan de acción | = | Frustración |
| Visión | Compe-tencias | Incentivos | Recursos |                | = | Difusión |

Si todos estos elementos están donde deben, existe una posibilidad razonable de que las personas puedan avanzar hasta donde quieren llegar. La función de los líderes es contribuir a asegurar que avanzan en la dirección correcta. Y también esta es la función de la política y de sus gestores en el ámbito educativo.

## Su turno

Muchos de los principios y condiciones que hemos tratado a lo largo del libro son tan antiguos como la misma educación. Y son la piedra angular de escuelas eficaces y completas de todo el mundo, y siempre lo han sido. Mi propia labor en escuelas y gobiernos durante los últimos cuarenta años se ha basado siempre en estos principios y, de un modo u otro, los numerosos ejemplos de cambios que hemos descrito en este libro los ilustran con claridad. Ahora, el desafío es aplicarlos en todo el mundo. Como hemos mencionado de forma reiterada, hay muchas escuelas excelentes, con personas magníficas y optimistas trabajando en ellas. Pero, para muchas de ellas, la cultura educativa dominante es un obstáculo en vez de una ayuda.

Benjamin Franklin, estadista y erudito estadounidense, era consciente de que una educación liberal y eficaz para todos era fundamental para que el sueño americano pudiera florecer debidamente. Y es imprescindible que así sea para que los sueños de personas en todo el mundo se hagan realidad. A medida que el mundo se torna más complicado y peligroso, la necesidad de cambiar el sistema educativo y de crear escuelas para las personas jamás ha sido tan urgente.

Franklin dijo en una ocasión que hay tres clases de personas en el mundo: las que son inamovibles, las que son movibles y las que se mueven. Es fácil entender a qué se refería. Algunas personas no ven la necesidad de cambiar y no quieren hacerlo. Se quedan inmóviles como piedras en el lecho de un río, mientras la corriente de los acontecimientos fluye rauda alrededor de ellas. Mi consejo es dejarlas en paz. La corriente y el tiempo juegan a favor de la renovación, y es posible que los vientos del cambio dejen atrás a estas personas.

Luego están las que son movibles. Ven la necesidad de cambiar. Quizá no sepan qué hacer, pero están dispuestas a actuar si alguien consigue convencerlas. Colabore con ellas y estimule su energía; creen asociaciones y forjen sueños y planes.

Y finalmente están aquellas que se mueven: representan los agentes del cambio que son capaces de imaginar un futuro distinto y que están resueltas a hacerlo realidad actuando personalmente y colaborando con otras personas. Saben que no siempre necesitan que les autoricen a ello. Como dijo Gandhi, si queremos cambiar el mundo, debemos ser el cambio que queremos ver. Porque, cuando muchas personas se mueven, eso crea un movimiento. Y si este movimiento tiene suficiente energía, entonces se convierte en una revolución. Y eso es justo lo que necesitamos en el ámbito educativo.

# Epílogo

Cuando terminé la enseñanza secundaria en 1968, seguí estudios superiores y, por un inexplicable golpe de suerte, acabé en Bretton Hall, la prestigiosa universidad de artes liberales y escénicas del West Riding de Yorkshire. Bretton era la perla más preciada de un destacado distrito educativo administrado por el inestimable sir Alec Clegg, un pionero del cambio de la educación pública. Fue un regalo por partida triple. Bretton estaba dirigido por un joven científico de inteligencia perspicaz, el doctor Alyn Davies. También era un líder hábil en educación que despabiló el intelecto y la sensibilidad de los profesores y de los alumnos con su simpatía, erudición y su destreza política.

En la facultad había una amplia variedad de profesores idiosincrásicos y apasionados que, cada uno a su manera, nos intrigaban y exasperaban para sacar lo mejor de nosotros. Y, además, estábamos los alumnos. Éramos un grupo ecléctico en edades, talentos e inclinaciones, y pasamos juntos varios años intensos, disfrutando de nuestra mutua compañía, en una mansión señorial enmarcada por centenares de hectáreas de la campiña más espectacular de Reino Unido. Y era gratuito, gracias a la política progresista del gobierno de aquella época. Yo lo sé.

Me gradué con una licenciatura en educación y un título para enseñar lengua inglesa y teatro en escuelas de enseñanza primaria y secundaria. Con los años aprendí de algunos de los mejores profesores con los que me he encontrado, trabajé junto a algunos de los alumnos con más talento que conozco y enseñé en algunas de las escuelas más interesantes y creativas en las que he estado nunca. También me impliqué en los problemas que afectaban a la educación pública y en la necesidad de personalizarla.

Personalizar la educación puede parecer revolucionario, pero esta revolución no es nueva. Tiene profundas raíces históricas. En el siglo XVII, John Locke recomendó la educación simultánea del cuerpo, del carácter y de la mente, es decir, del individuo completo. Muchas personas y distintas instituciones han mantenido viva la llama de los métodos de enseñanza personalizados que siguen la tendencia natural del desarrollo infantil y que han defendido su importancia para crear sociedades más equitativas y civilizadas.

Aquellos que han defendido y han practicado la educación personalizada e integral provienen de diferentes culturas y tienen perspectivas muy diversas. Son, entre muchos otros, Jean-Jacques Rousseau, Johann Heinrich Pestalozzi, John Dewey, Michael Duane, Kurt Hahn, Jiddu Krishnamurti, Dorothy Heathcote, Jean Piaget, Maria Montessori, Lev Vygotsky, sir Alec Clegg y Noam Chomsky. Estos distintos enfoques no forman una única corriente filosófica o metodológica. Lo que tienen en común es su pasión por centrar la educación en el aprendizaje de los niños y en qué necesitan para aprender por su cuenta.

Maria Montessori fue médica y educadora. Comenzó a trabajar en educación en San Lorenzo, Italia, a principios del siglo XX, dando clases a niños pobres y desfavorecidos. Montessori hizo hincapié en la educación personalizada. «La profesora deberá observar si el niño se interesa —dijo—, de qué forma lo hace y durante cuánto tiempo, e incluso se fijará en la expresión de su cara. La profesora debe tener mucho cuidado en no atentar contra los principios de la libertad. Porque, si incita al niño a hacer un esfuerzo que no es natural en él, ya no sabrá cómo actuaría de forma espontánea.»[1] Actualmente, hay más de veinte mil escuelas Montessori en todo el mundo que aplican su método de aprendizaje.[2]

Rudolf Steiner fue un filósofo y reformador social austríaco que desarrolló un método pedagógico de corte humanista, representado ahora por la Asociación de Centros Educativos Waldorf-Steiner. El enfoque de Steiner se basa en todas las necesidades individuales de cada niño: académicas, físicas, emocionales y espirituales. La primera escuela Steiner abrió sus puertas en 1919. Hoy en día hay casi tres mil escuelas en sesenta países que utilizan la filosofía y métodos de Steiner.[3]

Curiosamente, Steiner también desarrolló un sistema de agricultura orgánica basado en los principios de la ecología y de la sostenibilidad. Su sistema de agricultura biodinámica sigue los ciclos naturales de las estaciones y no emplea fertilizantes ni pesticidas químicos. Hoy en día, se utiliza ampliamente en muchas partes del mundo como una práctica específica en el sector general de la agricultura orgánica.

A. S. Neill fundó la escuela Summerhill en 1921, que más tarde se convirtió en modelo de todas las escuelas democráticas posteriores. Su filosofía es «conceder libertad al individuo porque todos los niños son capaces de responsabilizarse de su vida y de desarrollar su potencial para convertirse en las personas que ellos sienten que están destinados a ser. Esto estimula el desarrollo de su confianza personal y una verdadera aceptación de sí mismos como individuos».[4]

La lista continúa.

Estos diversos métodos de aprendizaje personalizado a menudo se agrupan bajo el epígrafe general de «educación progresista», la cual algunos críticos parecen considerar la antítesis de la «educación tradicional». Esta idea es tan errónea como perjudicial, y tiende a crear falsas dicotomías. La historia de la política educativa se caracteriza por oscilar entre estos dos presuntos polos opuestos. El movimiento de normalización es el movimiento pendular más reciente. La educación eficaz siempre es un equilibrio entre rigor y libertad, tradición e innovación, el individuo y el grupo, la teoría y la práctica, el mundo interior y el que nos rodea.

Mientras el péndulo regresa al centro, como siempre hace, el cometido es ayudar a las escuelas y a los alumnos a encontrar el equilibrio. En educación no existe una utopía permanente, sino solo la aspiración constante de crear las condiciones óptimas para personas reales de comunidades reales, en un mundo en perpetua evolución. Esto es lo que significa vivir en un sistema dinámico complejo. La necesidad es urgente. La experiencia de la educación siempre es personal, pero los problemas cada vez son más globales.

Las revoluciones no solo se definen por las ideas que las impulsan, sino también por el impacto que provocan. Que las ideas promuevan o no revoluciones dependerá de las circunstancias, de si influyen en suficientes personas en el momento oportuno para inducirlas a movilizarse. Las ideas que subyacen a la revolución que promuevo no son nuevas. Pero, en la actualidad, el deseo de hacerlas realidad está aumentando y los cambios se están acelerando.

Muchos de los principios y métodos que recomiendo se han puesto en práctica con éxito, aunque de forma limitada, a lo largo de toda la historia de la educación, en escuelas públicas, en distritos escolares enteros, en escuelas laboratorio y experimentales, en áreas urbanas marginadas, en bucólicos centros privados y, actualmente, al menos en todo un país. Por tanto, ¿dónde es la novedad? En primer lugar, el contexto en rápida evolución en el que vivimos hace necesario que entendamos estos enfoques debidamente y los apliquemos a gran escala. En segundo lugar, ahora disponemos de

tecnologías que nos permiten personalizar la educación de maneras completamente nuevas. En tercer lugar, en muchas partes del
mundo impera la sensación generalizada de que nuestra forma de
concebir y de practicar la educación debe experimentar un cambio
estructural.

Todas las escuelas de las que hemos hablado en este libro intentan ofrecer la clase de educación rigurosa, personalizada y motivadora que todos los seres humanos necesitan, pero que les ha
sido negada a tantos durante demasiado tiempo. Ellas forman
parte de una dilatada revolución. Esta vez tiene que ser para todos,
no para una selecta minoría. Jamás ha habido tanto en juego, y el
desenlace difícilmente podría ser más importante.

# Notas

INTRODUCCIÓN: *Un minuto antes de medianoche*

1. En otros libros y publicaciones, he tratado con más detalle algunos de los conceptos y prácticas en los que se apoyan los argumentos generales que expongo en este. Algunos ejemplos son *Learning Through Drama* (1977), *The Arts in Schools: Principals, Practice and Provision* (1982), *All Our Futures: Creativity, Culture and Education* (1999), *Out of Our Minds: Learning to Be Creative* (2001 y 2011), *The Element: How Finding Your Passion Changes Everything* (2009) [hay trad. cast.: *El elemento: Descubrir tu pasión lo cambia todo*, Barcelona, Grijalbo, 2009] y *Finding Your Element; How to Discover Your Talents and Passions and Transform Your Life* (2013) [hay trad. cast.: *Encuentra tu elemento: El camino para descubrir tu pasión y transformar tu vida*, Barcelona, Conecta, 2013].

2. Desde que mis charlas para la TED tienen tanto éxito, he debatido mis ideas con todo tipo de personas de todo el mundo y también he leído lo que otros han escrito sobre ellas, a veces a favor y otras en contra. Algunos afirman que están de acuerdo conmigo, pero seguramente no lo estarían si de verdad entendieran lo que digo. Y hay otros que tergiversan lo que pienso y, después, me critican por mis ideas. Siempre estoy dispuesto a justificar mis opiniones, pero no aquello en lo que no creo. Si queremos hacer progresos en educación, es importante saber en qué estamos de acuerdo y en qué discrepamos. Trataré de ser lo más claro posible con mi postura para que usted pueda decidirse en uno u otro senti-

do. Véase <http://edition.cnn.com/2002/ALLPOLITICS/01/19/bush.democrats.radio/index.html>.

## 1. VOLVER A LO BÁSICO

1. Después de ayudar a Smokey Road a fomentar cambios que habrían sido inimaginables nueve años antes, cambios que han sido posibles porque ella decidió aprovechar el margen de maniobra que le permitía la normativa, Laurie ya tiene otro desafío. De hecho, nosotros la entrevistamos en su coche camino de Kalispell, Montana, donde ahora es directora del distrito escolar de Evergreen. No he tenido ocasión de volver a hablar con ella, pero estoy seguro que no permitirá que ni la tradición ni los dictados externos definan lo que más conviene a sus alumnos.

2. «Bush Calls Education "Civil Rights Issue of Our Time"», CNN.com, 19 de enero de 2014. Consultado en <http://edition.cnn.com/2002/ALLPOLITICS/01/19/bush.democrats.radio/index>.

3. En 2012, el presidente de China, Xi Jinping, dijo: «Nuestro pueblo siente una ferviente pasión por la vida. Desea tener una educación mejor, trabajos más estables, mayores ingresos, una seguridad social y sanidad mejores, viviendas más dignas y un medio ambiente mejor». Transcripción: discurso de Xi Jinping en la presentación de los nuevos líderes chinos (vídeo), *South China Morning Post*, 15 de noviembre de 2012, en <http://www.scmp.com/news/18th-party-congress/article/1083153/transcript-xi-jinpings-speech-unveiling-new-chinese>.

4. «Solo cuando hay progresos en la calidad de la educación –arguye Rousseff– podemos formar jóvenes que son [...] capaces de conseguir que el país saque el máximo provecho de la tecnología y del conocimiento», Edouardo J. Gomez, «Dilma's Education Dilemma», *Americas Quarterly*, otoño de 2011.

5. Organización para la Cooperación y el Desarrollo Económicos (OECD; Organisation for Economic Co-operation and Development).

«PISA Key Findings.» Consultado en <http://www.oecd.org/pisa/keyfindings>.

6. Véase <http://internationalednews.com/2013/12/04/pisa-2012-headlines-from-around-the-world/ o http://www.artofteaching science.org/pisa-headlines-from-the-uk-world-league-standings>.

7. Departamento de Educación de Estados Unidos, «The Threat of Educational Stagnation and Complacency», comentarios del secretario de Educación de Estados Unidos Arne Duncan con motivo de la publicación de las tablas del PISA de 2012, 3 de diciembre de 2013, en <http://www.ed.gov/news/speeches/threat-educational-stagnation-and-complacency>.

8. «"Race to the Top" marca un momento histórico en el sistema educativo de Estados Unidos. Esta iniciativa ofrece importantes incentivos a los estados que desean reformar el sistema educativo para mejorar la enseñanza y el aprendizaje en las escuelas estadounidenses. "Race to the Top" ha marcado el comienzo de importantes cambios en nuestro sistema educativo, especialmente al aumentar los niveles escolares y coordinar políticas y estructuras a fin de preparar a los alumnos para la universidad y el mundo laboral. "Race to the Top" ha motivado a estados de toda la nación a aumentar sus niveles escolares, mejorar la eficacia de sus profesores, utilizar los ordenadores de forma eficaz en las aulas y adoptar estrategias para ayudar a escuelas con dificultades.» La Casa Blanca, «Race to the Top». Consultado en <http://www.whitehouse.gov/issues/education/k-12/race-to-the-top>.

9. «Background and Analysis: The Federal Education Budget», *New America Foundation Federal Education Budget Project*, 30 de abril de 2014. Consultado en <http://febp.newamerica.net/background-analysis/education-federal-budget>.

10. Sean Cavanagh, «Global Education Market Tops $4 Trillion, Analysis Shows», Education Week.com, *Marketplace K-12*, 7 de febrero de 2013. Consultado en <http://blogs.edweek.org/edweek/market

placek12/2013/02/size_of_global_e-learning_market_4_trillion_analy
sis_how.html>.

11.  Elizabeth Harrington, «Education Spending Up 64 % Under
No Child Left Behind But Test Scores Improve Little», CNSNews.com,
26 de septiembre de 2011. Consultado en <http://www.cnsnews.com/
news/article/education-spending-64-under-no-child-left-behind-test-
scores-improve-little>.

12.  Departamento de Educación de Estados Unidos. «A Nation at
Risk: The Imperative for Educational Reform», abril de 1983. En <http://
datacenter.spps.org/uploads/sotw_a_nation_at_risk_1983.pdf>.

13.  Estadísticas sobre educación del Banco Mundial. Consultado en
<http://datatopics.worldbank.org/education/EdstatsHome.aspx>.

14.  «Con una estructura común, pero entornos separados y una experiencia todavía diferente y desigual para muchos alumnos, ¿cuál es la finalidad de las escuelas de enseñanza secundaria en el siglo xxi?», pregunta el
científico investigador de la Universidad Johns Hopkins Robert Balfanz. «El
peso de las pruebas —dice— hace pensar en un consenso cada vez mayor,
tanto entre los alumnos que estudian en ellas como entre los distritos escolares y los estados que las organizan, de que, al margen de las características de
la escuela y de sus alumnos, hoy en día, la principal finalidad de las escuelas
de enseñanza secundaria es preparar a sus alumnos para la universidad.»

15.  Para un análisis minucioso de esta tendencia, véase Diane Ravitch, *Reign of Error: The Hoax of the Privatization Movement and the
Danger to America's Public Schools*, Nueva York, Knopf, 2013.

16.  Centro Nacional de Estadísticas sobre Educación del Departamento de Educación de Estados Unidos, «PISA 2012 Results». Consultado en <http://nces.ed.gov/surveys/pisa/pisa2012/index.asp>.

17.  OECD, «PIAAC Survey of Adult Skills 2012-USA». Consultado
en <http://www.oecd.org/site/piaac/surveyofadultskills.htm>.

18.  Paul R. Lehman, «Another Perspective: Reforming Education-
The Big Picture», *Music Educators Journal*, vol. 98, n.º 4 (junio de 2012),
pp. 29-30.

19. «2006 National Geographic Roper Survey of Geographic Literacy», *National Geographic*. Consultado en <http://www.nationalgeogra phic.com/roper2006/findings.html>.

20. Véase este artículo de 2008: <http://www.theguardian.com/ education/2008/nov/19/bad-at-geography>, y este de 2013: <http:// www.britishairways.com/en-gb/bamediacentre/newsarticles?articleID= 20140115072329&articleType=LatestNews#.VG226zB1-uY>.

21. En Reino Unido, el desempleo entre los graduados universitarios aumentó del 5,6 por ciento en 2000 al 12 por ciento en 2011. También lo hizo durante el mismo período en casi toda Europa continental con una o dos excepciones, en particular Finlandia, donde la tasa descendió del 14,8 al 7,4 por ciento. En octubre de 2011, las tasas de desempleo de los estadounidenses de entre veinte y veintinueve años que habían finalizado sus estudios superiores ese mismo año fueron del 12,6 por ciento. Asimismo, fueron del 13,5 por ciento entre los que se habían licenciado hacía poco y del 8,6 por ciento entre los que tenían un título de posgrado reciente. Pese a una pequeña mejora desde el último pico de octubre de 2009, las tasas de desempleo de los graduados universitarios recientes continuaron siendo superiores a las anteriores a la crisis de 2007-2009. En <http://www.bls.gov/opub/ted/2013/ted_20130405.htm>. En 2014, en Estados Unidos, el 8,5 por ciento de los jóvenes de entre veintiún y veinticuatro años, el 3,3 por ciento de los mayores de veinticinco años y el 16,8 por ciento de los nuevos graduados universitarios estaban «subempleados».

En <http://www.slate.com/blogs/moneybox/2014/05/08/unemplo­yment_and_the_class_of_2014_how_bad_is_the_job_market_for_new_ college.html>. Véase también <http://www.epi.org/publication/class­of-2014/ y http://www.bls.gov/emp/ep_chart_001.htm>.

22. Comisión Europea, «Youth Unemployment Trends», estadísticas sobre desempleo de Eurostat, diciembre de 2013. Consultado en <http:// epp.eurostat.ec.europa.eu/statistics_explained/index.php/Unemploy ment_statistics#Youth_unemployment_trends>.

23. Durante el período 1990-2012, las tasas de desempleo de los graduados universitarios estadounidenses alcanzaron sus mayores valores en 2010, en el peor momento de la crisis, y fueron, en promedio, de alrededor del 2,9 por ciento para todos los graduados universitarios y del 4,3 por ciento entre aquellos que habían obtenido su título más recientemente. Jaison R. Abel, Richard Deitz y Yaquin Su, «Are Recent College Graduates Finding Good Jobs?», informe del Banco de la Reserva Federal de Nueva York, *Current Issues in Economics and Finance*, vol. 20, n.º 1 (2014), pp. 1-8.

24. En 2008, más del 35 por ciento de los graduados universitarios estaban subempleados; en junio de 2014, según las estadísticas del Banco de la Reserva Federal de Nueva York, la tasa era nada menos que del 44 por ciento. Y esto no se debe únicamente a la crisis; la cifra va en aumento desde 2001. Seguir estudiando no es de gran ayuda; de hecho, los posgrados pueden empeorar las cosas. En 2008, el 22 por ciento de los doctores estaban subempleados. Esta cifra aumenta nada menos que al 59 por ciento para los titulados con másteres.

25. «Sustainable and Liveable Cities: Toward Ecological Civilization», *China National Human Development Report 2013*, 2 de febrero de 2014. Consultado en <http://www.cn.undp.org/content/dam/china/docs/Publications/UNDP-CH_2013%20NHDR_EN.pdf>.

26. OECD, *Education at a Glance 2013: OECD Indicators*, OECD Publishing, 2013. DOI: 10.1787/eag-2013-en.

27. A diferencia de otras formas de deuda, declararse en quiebra no libera a los estudiantes de la suya. Esta noticia fue muy bien recibida por la industria que se encarga de cobrar las deudas. Desde la crisis de 2008, los cobradores de morosos están atravesando tiempos difíciles. Muchas empresas deudoras no pagan y se declaran en quiebra, lo cual deja a estos cobradores sin sus comisiones. La deuda estudiantil es distinta; tiene que pagarse. Leí una entrevista al jefe de una agencia de cobradores de morosos que estaba contentísimo porque el futuro de su empresa volvía a resultar prometedor. Con un desprecio que me pareció aterrador, señaló

que la perspectiva de cobrar la deuda estudiantil «le hacía la boca agua», un ejemplo macabro de un sistema en estado de descomposición.

28. Donghoon Lee, «Household Debt and Credit: Student Debt», nota oficial del Banco de la Reserva Federal de Nueva York, 18 de febrero de 2013.

29. Para más información sobre este tema, véase Tony Wagner, *The Global Achievement Gap: Why Even Our Best Schools Don't Teach the New Survival Skills Our Children Need - and What We Can Do About It*, Nueva York, Basic Books, 2014.

30. Yong Zhao, «Test Scores vs. Entrepreneurship: PISA, TIMSS, and Confidence», Zhaolearning.com, 6 de junio de 2012. Consultado en <http://zhaolearning.com/2012/06/06/test-scores-vs-entrepreneurship-pisa-timss-and-confidence/>.

31. «The Enterprise of the Future», Global CEO Study de IBM, 2008. Consultado en <https://www-935.ibm.com/services/uk/gbs/pdf/ibm_ceo_-study_2008.pdf>.

32. Consultado en <http://zhaolearning.com/2012/06/06/test-scores-vs-entrepreneurship-pisa-timss-and-confidence/>.

33. Yong Zhao, «"Not Interested in Being #1": Shanghai May Ditch PISA», Zhaolearning.com, 25 de mayo de 2014. Consultado en <http://zhaolearning.com/2014/05/25/not-interested-in-being-#1-shanghai-may-ditch-pisa/>.

34. Oficina del censo de Estados Unidos, «Current Population Survey 2013», *Annual Social and Economic Supplement 2012*. Consultado en <http://www.census.gov/hhes/www/cpstables/032013/pov/pov28_001.htm>.

35. En Washington, D.C., Oregón, Alaska, Georgia y Nevada, así como en muchos otros distritos urbanos pobres, por ejemplo, las tasas de graduación son muy inferiores al 70 por ciento.

36. Henry M. Levin y Cecilia E. Rouse, «The True Cost of High School Dropouts», *The New York Times*, 25 de enero de 2012. Consultado en <http://www.nytimes.com/2012/01/26/opinion/the-true-cost-of-high-school-dropouts.html?_r=3&>.

37.  Daniel A. Domenech, «Executive Perspective: Real Learning on the Vocational Track», AASA, mayo de 2013. Consultado en <http://www.aasa.org/content.aspx?id=28036>.

38.  Mariana Haynes, «On the Path to Equity: Improving the Effectiveness of Beginning Teachers», informe de la organización Alliance for Excellent Education, julio de 2014.

39.  Richard M. Ingersoll, «Is There Really a Teacher Shortage?», informe de investigación de la Universidad de Washington R-03-4, septiembre de 2003.

40.  Carla Amurao «Fact Sheet: How Bad Is the School-to-Prison Pipeline?» PBS.com, *Tavis Smiley Reports*. Consultado en <http://www.pbs.org/wnet/tavissmiley/tsr/education-under-arrest/school-to-prison-pipeline-fact-sheet/>.

41.  «School-to-Prison Pipeline.», ACLU. Consultado en <www.aclu.org/school-prison-pipeline>.

42.   Consultado en <http://www.cea-ace.ca/sites/cea-ace.ca/files/cea-2012-wdydist-report-1.pdf>.

43.  «South Korea: System and School Organization», NCEE. Consultado en <http://www.ncee.org/programs-affiliates/center-on-international-education-benchmarking/top-performing-countries/south-korea-overview/south-korea-system-and-school-organization/>.

44.  Reeta Chakrabarti, «South Korea's Schools: Long Days, High Results», BBC.com, 2 de diciembre de 2013. Consultado en <http://www.bbc.com/news/education-25187993>.

45.  «Mental Health: Background of SUPRE», página web de la Organización Mundial de la Salud. Consultado en <http://www.who.int/mental_health/prevention/suicide/background/en/>.

## 2. Cambiar de metáfora

1. Edward Peters, «Demographics», Encyclopedia Britannica en línea. Consultado el 17 de junio de 2014 en <http://www.britannica.com/EBchecked/topic/195896/history-of-Europe/58335/Demographics>.

2. Thomas Jefferson, *The Works of Thomas Jefferson*, ed. Paul Leicester Ford, Nueva York, G. P. Putnam, 1904.

3. En Francia, por ejemplo, la enseñanza secundaria está estructurada en dos etapas. La primera, *le collège*, se ocupa de los alumnos de once a quince años; la segunda, *le lycée*, imparte un ciclo de tres años que prepara a los alumnos de quince a dieciocho para el bachillerato. Italia divide su enseñanza secundaria en dos etapas: la primera, *la scuola secondaria di primo grado*, dura tres años e imparte todas las asignaturas. La segunda, *la scuola secondaria di secondo grado*, tiene una duración de cinco años. El plan de estudios de los dos primeros años de esta segunda etapa es obligatorio; en los tres últimos, hay libertad para decidir qué rumbo tomar. En Estados Unidos, la enseñanza secundaria se refiere a los cuatro últimos años de enseñanza reglada (cursos noveno a duodécimo) sea en la *high school* o dividida entre un último año de *junior high school* y tres de *high school*.

4. Tratamos este proceso a fondo en *Encontrar tu elemento*.

5. En 2005, Richard fue galardonado como Director del Año en los Premios Nacionales Británicos de Enseñanza y, en 2006, su labor fue reconocida en la cumbre mundial sobre educación artística de la UNESCO en Lisboa, Portugal. En la actualidad viaja por todo el mundo para colaborar con varias organizaciones de los sectores público y privado en materia de educación, liderazgo, transformación y recursos humanos.

6. En <http://www.silentspring.org/legacy-rachel-carson>.

7. Para una explicación de cómo los estilos de vida industrial y rural han afectado a la salud humana, véase T. Campbell, T. Colin y Thomas M. Campbell, *The China Study: The Most Comprehensive Study of Nutrition Ever Conducted and the Startling Implications for Diet, Weight Loss, and Long-term Health*, Dallas, TX, BenBella, 2005.

8. «Principles of Organic Agriculture», IFOAM. Consultado en <http://www.ifoam.org/en/organic-landmarks/principles-organic-agri culture>.

9. Véase la página web de la Sociedad para las Competencias del siglo XXI : <http://www.p21.org>.

10. James Truslow Adams, *The Epic of America*, Safety Harbor, FL, Simon Publications, 2001.

11. «Los Angeles, California Mayoral Election, 2013», Ballotpedia. Véase <http://ballotpedia.org/LosAngeles,_California_mayoral_elec tion,_2013>.


3. CAMBIAR LAS ESCUELAS

1. Véase página web de North Star: <http://northstarteens.org/overview/>.

2. «The Story of Liberated Learners» Consultado en <http://www. liberatedlearnersinc.org/the-story-of-liberated-learners/>.

3. Departamento de Educación de Estados Unidos, «A Nation at Risk: The Imperative for Educational Reform», abril de 1983. Véase <http://datacenter.spps.org/uploads/sotw_a_nation_at_risk_1983.pdf>.

4. *Ibid.*

5. Para más información sobre el sistema educativo finlandés, véase P. Sahlberg, *Finnish Lessons 2.0: What Can the World Learn from Educational Change in Finland?*, Nueva York, Teachers College Press, 2014.

6. «What Are Complex Adaptive Systems?», Trojanmice.com. Consultado en <http://www.trojanmice.com/articles/complexadaptivesys tems.htm>.

7. Para una reflexión general sobre la dinámica de los sistemas emergentes, véase Steven Johnson, *Emergence; The Connected Lies of Ants, Brains, Cities and Software*, Nueva York, Scribner, 2002. [Hay trad. cast.: *Sistemas emergentes o Qué tienen en común hormigas, neuronas, ciudades y software*, Madrid, Turner, 2003.]

8. Para una descripción fascinante de las posibilidades de las nuevas tecnologías para cambiar el aprendizaje, véase Dave Price, *Open: How We'll Work, Live and Learn in the Future City*, Crux Publishing, 2013.

9. *Ibid.*

10. *Ibid.*

11. Marc Prensky, *Digital Game Based Learning*, Nueva York, McGraw Hill, 2001. También www.janemcgonigal.com y McGonigal, ed, *Reality Is Broken: Why Games Make Us Better and How They Can Change the World*, Penguin, 2011.

12. Peter Brook, *The Empty Space: A Book About the Theatre: Deadly, Holy, Rough, Immediate*, Nueva York, Touchstone, 1996. [Hay trad. cast: *El espacio vacío: arte y técnica del teatro*, Barcelona, Península, 2012.]


4. APRENDICES NATOS

1. Sugata Mitra, «The Child-Driven Education», transcripción de la charla para la TED. Véase <http://www.ted.com/talks/sugata_mitra_the_child_driven_education/transcript?language =en>.

2. *Ibid.*

3. Chidanand Rajghatta, «NRI Education Pioneer, Dr. Sugata Mitra, Wins $1 Million TED Prize», *The Times of India*, 27 de febrero de 2013. Consultado en <http://timesofindia.indiatimes.com/nri/us-canada-news/NRI-education-pioneer-Dr-Sugata-Mitra-wins-1-million-TED-Prize/articleshow/18705008.cms>.

4. «The School in the Cloud Story», School in the Cloud. Consultado en <https://www.theschoolinthecloud.org/library/resources/the-school-in-the-cloud-story>.

5. Para ser justos, no todos apoyan las investigaciones de Sugata Mitra, en especial los que opinan que es demasiado rotundo a la hora de recomendar que se reduzcan los métodos y sistemas tradicionales de en-

señanza. En *The Journal of Education*, Brent Silby escribió: «Mitra piensa que el modelo educativo tradicional no dotará a nuestros alumnos de todo lo que necesitan para afrontar los problemas del mundo moderno. Pero yo discrepo. Me preocupa que este método de aprendizaje descendente proporcione a los alumnos conocimientos que no tengan una base sólida y por consiguiente no sean fáciles de desarrollar. Mientras que Mitra sostiene que las ideas del pasado no sirven para resolver los problemas del presente, yo opino que haríamos bien en no ignorarlas. El modelo educativo tradicional dota a los estudiantes de una base sólida sobre la cual desarrollar sus conocimientos. Esto es crucial para abordar problemas nuevos. Sin una base sólida, cualquier intento de adquirir nuevos conocimientos corre el peligro de fracasar. Los problemas del siglo xxi tienen que abordarse con la ayuda de la experiencia y de los conocimientos que nos ha conferido la historia, precisamente aquellos que nos han permitido construir este mundo del siglo xxi.»

6. Para más información sobre las escuelas libres, consulte <news choolsnetwork.org>.

7. Jeffrey Moussaieff Masson, *The Pig Who Sang to the Moon: The Emotional World of Farm Animals*, Nueva York, Ballantine, 2003.

8. «Are Crows the Ultimate Problem Solvers?», *Inside the Animal Mind*, BBC, 2014. Véase <https://www.youtube.com/watch?v=AVaITA 7eBZE>.

9. Véase <http://www.koko.org/history1>.

10. Véase, por ejemplo, *Out of Our Minds: Learning to Be Creative*, capítulo 4, «The Academic Illusion».

11. «The Components of MI», MIOasis.com. Consultado en <http://multipleintelligencesoasis.org/about/the-components-of-mi/>.

12. Karl Popper, *Conjectures and Refutations: The Growth of Scientific Knowledge*, Nueva York, Routledge Classics, 2003. [Hay trad. cast.: *Conjeturas y refutaciones: el desarrollo del conocimiento científico*, Barcelona, Paidós, 2008.]

13. Para una fascinante y provechosa discusión sobre esta y otras

dinámicas de aprendizaje e inteligencia, véase Daniel T. Willingham, *Why Don't Students like School?: A Cognitive Scientist Answers Questions about How the Mind Works and What It Means for the Classroom*, San Francisco, Jossey-Bass, 2009.

14. Carl Honoré, *In Praise of Slowness: How a Worlwide Movement Is Challenging the Cult of Speed*, San Francisco, HarperSanFrancisco, 2004. [Hay trad. cast: *Elogio de la lentitud: un movimiento mundial desafía el culto a la velocidad*, Barcelona, RBA, 2012.]

15. Joe Harrison, «One Size Doesn't Fit All! Slow Education at Holy Trinity Primary School, Darwen». Consultado en <http://sloweducation. co.uk/2013/06/13/one-size-doesnt-fit-all-slow-education-at-holy-trinity-primary-school-darwen/>.

16. Monty Neill, «A Child Is Not a Test Score: Assessment as a Civil Rights Issue», *Root and Branch* (otoño de 2009), pp. 29-35.

17. Peter Gray, «The Decline of Play». TEDx Talks: Navesink. Véase <https://www.youtube.com/watch?v=Bg-GEzM7iTk>.

18. Peter Gray, *Free to Learn: Why Unleashing the Instinct to Play Will Make Our Children Happier, More Self-reliant, and Better Students for Life*, Nueva York, Basic, 2013.

## 5. EL ARTE DE ENSEÑAR

1. Melissa McNamara, «Teacher Inspires Kids to Love Learning». CBS Interactive, 31 de enero de 2007. Consultado en <http://www. cbsnews.com/news/teacher-inspires-kids-to-love-learning/>.

2. *Ibid.*

3. Rafe Esquith, *Teach Like Your Hair's on Fire: The Methods and Madness Inside Room 56*, Nueva York, Viking, 2007.

4. John Hattie, *Visible Learning: A Synthesis of Over 800 Meta-analyses Relating to Achievement*, Londres, Routledge, 2009.

5. Alistair Smith es un asesor en educación que ha trabajado con

profesores de todo el mundo. En su libro *High Performers: The Secrets of Successful Schools* dice: «Los alumnos con los mejores profesores en las mejores escuelas aprenden al menos tres veces más cada año lectivo que los alumnos con los peores profesores en las peores escuelas. Así pues, hay que invertir en la calidad de la enseñanza y en los profesores». Alistair Smith, *High Performers: The Secrets of Successful Schools*, Carmarthen (Gales), Crown House Pub, 2011.

6. «Gove, the Enemy of Promise», *Times Higher Education*, 13 de junio de 2013. Consultado en <http://www.timeshighereducation.co.uk/features/gove-the-enemy-of-promise/2004641.article>.

7. No es el único que piensa así. Hay quienes opinan que las universidades están saturando a los posibles profesores de teorías y críticas sociales innecesarias. En Estados Unidos, muchas escuelas concertadas tienen un régimen especial que les permite eludir dictados estatales y federales y, en consecuencia, contratar a profesores que pueden saber muchísimo de la materia que imparten, pero que desconocen el resto de competencias necesarias para enseñar.

8. Jessica Shepherd, «NUT Passes Unanimous Vote of No Confidence in Michael Gove», TheGuardian.com, 2 de abril de 2013. Consultado en <http://www.theguardian.com/education/2013/apr/ 02/nut-no-confidence-michael-gove>.

9. «Minister Heckled by Head Teachers», BBC.com, 18 de mayo de 2013. Consultado en <http://www.bbc.com/news/education-22558756>.

10. En Singapur solo hay una institución encargada de formar profesores, el Instituto Nacional de Educación, y es extremadamente selectivo. Elige a los futuros docentes de entre el tercio superior de los graduados de secundaria, y les imparte un riguroso programa que hace especial hincapié en el oficio de enseñar, así como en el dominio de las asignaturas. En Corea del Sur, los esfuerzos para proporcionar a los alumnos únicamente los profesores mejor preparados llegan a tal punto que incluso los lectores a tiempo parcial necesitan tener acreditación para enseñar.

11.  Thomas L. Friedman, «Foreign Affairs: My Favorite Teacher», *The New York Times*, 8 de enero de 2001.

12.  Hilary Austen, *Artistry Unleashed: A Guide to Pursuing Great Performance in Work and Life*, Toronto, Universidad de Toronto, 2010.

13.  *Wright's Law*, dir. Zack Conkle, 2012.

14.  *Ibid.*

15.  Rita Pierson, «Every Kid Needs a Champion», Ted.com, mayo de 2013.

16.  Joshua Davis, «How a Radical New Teaching Method Could Unleash a Generation of Geniuses», Wired.com, 13 de octubre de 2013. Véase <http://www.wired.com/2013/10/free-thinkers/>.

17.  Consultado en <http://www.buildinglearningpower.co.uk>. Visite la página para obtener más información sobre los principios, las técnicas y el impacto de BLP.

18.  Eric Mazur, charla en la Cumbre Nacional de SSAT. Consultado en <http://youtube/lDK25TlaxVE>.

19.  Cynthia J. Brame, «Flipping the Classroom», informe del Centro para la Enseñanza de la Universidad Vanderbilt. Consultado en <http://cft.vanderbilt.edu/guides-sub-pages/flipping-the-classroom/>.

20.  «Up Close and Personal in a Khan Academy Classroom», blog de la academia Khan, 6 de septiembre de 2013. Consultado en <http://www.khanacademy.org/about/blog/post/60457933923/up-close-and-personal-in-a-khan-academy-classroom>.

21.  El ex secretario de Educación de Reino Unido Michael Gove declaró en una ocasión que los niños tienen que aprender las destrezas necesarias antes de poder empezar a ser creativos. En lengua, dijo, «la creatividad depende de dominar determinadas destrezas y de adquirir una serie de conocimientos antes de poder expresar lo que se lleva dentro. […] No se puede ser creativo a menos que se sepa cómo están construidas las frases, qué significan las palabras y cómo utilizar la gramática. En matemáticas —continuó—, a menos que los niños aprendan esos conocimientos, a menos que sepan utilizar los números con confianza, a menos que la multiplicación o

la división con decimales se conviertan en procesos automáticos, no podrán utilizar las matemáticas de forma creativa [...] para hacer los descubrimientos que mejorarán nuestras vidas en el futuro». Aunque se tenga un don para la música, arguyó, «antes de nada, hay que practicar escalas. Hay que sentar unas bases sobre las que la creatividad podrá desarrollarse». Parece lógico, pero, como muchas otras cosas que también lo parecen, no es cierto o, como mucho, solo es verdad a medias.

22. Di estos argumentos en un artículo para el periódico *The Guardian* (17 de mayo de 2013) en respuesta al entonces secretario de Educación Michael Gove. En <http://www.theguardian.com/commentisfree/2013/may/17/to-encourage-creativity-mr-gove-understand>.

## 6. ¿QUÉ MERECE LA PENA SABER?

1. Véase <http://www.hightechhigh.org/>.

2. Jeff Robin, «Project Based Learning», vídeo, 15 de octubre de 2013. Consultado en <http://dp.hightechhigh.org/~jrobin/ProjectBasedLearning/PBL_is.html>.

3. Véase <http://www.coreknowledge.org/ed-hirsch-jr>. «About the Standards», Common Core State Standards Initiative. Consultado en <http://www.corestandards.org/about-the-standards/>. La página afirma que estas pautas se sustentan en investigaciones y pruebas; son claras, comprensibles y coherentes; están en consonancia con los requisitos universitarios y profesionales; se fundamentan en un contenido riguroso y en la aplicación de conocimientos mediante capacidades cognitivas de orden superior; están basadas en las cualidades y lecciones de las actuales pautas de cada estado; y se inspiran en otros países con un alto nivel de rendimiento a fin de preparar a todos los alumnos para el éxito en nuestra economía y sociedad globales.

4. Reflexionando sobre sus experiencias en la escuela, Charles Darwin (1809-1882) dijo: «Nada podría haber sido peor para mi mente

que esta escuela, porque era estrictamente clásica y no se impartía nada más aparte de un poco de geografía e historia. La escuela como instrumento educativo fue para mí un completo vacío. Durante toda mi vida he sido totalmente incapaz de dominar una lengua. [...] El único placer que me aportaron estos estudios [clásicos] fueron algunas odas de Horacio, que yo admiraba mucho.», Charles Darwin, *The Autobiography of Charles Darwin*. [Hay trad. cast.: *Autobiografía y cartas escogidas*, Madrid, Alianza, 1977]. Consultado en <http://www.public-domain-content.com/ books/Darwin/P2.shtml>.

5. Abordo estos cambios en mayor profundidad en *Out of Our Minds*.

6. En el primer capítulo he mencionado que los sistemas educativos nacionales están organizados de formas muy diversas, y que varios países están estudiando el plan de estudios desde perspectivas distintas. Eso es cierto. También lo es que, en muchos países, hay una estructura de plan de estudios dominante. En Shangai, por ejemplo, se inició en los años ochenta una importante reforma del plan de estudios que pasó a incidir en el aprendizaje conceptual y empírico. El plan de estudios se divide en tres componentes: asignaturas obligatorias, optativas y programas extraescolares, y un dicho frecuente es «para cada pregunta debería haber más de una sola respuesta». Esto supone un cambio importante con respecto al período anterior, en el que el plan de estudios estaba centrado en unas cuantas asignaturas y los profesores se pasaban la mayor parte del tiempo preparando a sus alumnos para sacar mejores notas en los exámenes.

7. El término fue acuñado en la década de los sesenta por el educador británico Andrew Wilkinson. Véase Terry Phillips y Andrew Wilkinson, *Oracy Matters: The Development of Talking and Listening* (serie: Education, English, Language, and Education), ed. Margaret Maclure, Bristol, PA, Open University Press, 1988.

8. Véase William Damon, «Peer Education: The Untapped Potential», *Journal of Applied Developmental Psychology*, vol. 5, n.º 4, octubre-diciembre de 1984, pp. 331-343.

9. Para obtener más información sobre este tema, véase la magnífica labor de la Citizenship Foundation, en <http://www.citizenshipfounda tion.org.uk/index.php>.

10. Elliot Washor y Charles Mojkowski, «High Schools as Communities in Communities», *The New Educator*, n.° 2 (2006), pp. 247-257.

11. Elliot Washor y Charles Mojkowski, *Leaving to Learn: How Out-of-School Learning Increases Student Engagement and Reduces Dropout Rates*, Portsmouth, NH, Heinemann, 2013. Tuve el placer de escribir el prólogo de este libro.

12. *Ibid.*

13. «Big Picture Learning — A School for the 21st Century», Innovation Unit, 18 de noviembre de 2013. Consultado en <http://www.inno vationunit.org/blog/201311/big-picture-learning-school-21st-century>.

14. Véase <http://www.mmhs.co.uk/we-are-different>.

15. Véase <http://www.yaacovhecht.com/bio/.

16. Yaacov Hecht, «What Is Democratic Education?», canal de YouTube de Schools of Trust. Consultado en <https://www.youtube. com/watch?v=BlECircdLGs>.

17. Yaacov Hecht, «Democratic Education: A Beginning of a Story», *Innovation Culture,* 2010.

18. Véase <http://www.educationrevolution.org/store/jerry mintz/>.

19. No he tratado de exponer en detalle cómo se aplica esto en la práctica, pero lo he hecho en otras de mis publicaciones. Véase K. Robinson, *All Our Futures: Creativity, Culture and Education*, 1999.

## 7. EXÁMENES, EXÁMENES

1. Rhonda Matthews, «What Testing Looks Like». Consultado en <https://www.youtube.com/watch?v=KMAjv4s5y3M&feature=you tube>.

2. «Washington State's Loss of No Child Left Behind Waiver Leaves Districts Scrambling», Associated Press, 11 de mayo de 2014. Consultado en <http://www.oregonlive.com/pacific-northwest-news/index.ssf/2014/05/washington_states_loss_of_no_c.html>.

3. Para obtener información sobre la obra y propuestas de Kohn, véase <http://www.alfiekohn.org/bio.htm>.

4. Yong Zhao, «Five Questions to Ask About the Common Core», Zhao learning.com, 2 de enero de 2013. Consultado en <http://zhaolearning.com/2013/01/02/five-questions-to-ask-about-the-common-core/>.

5. «National Resolution on High-Stakes Testing», FairTest. Consultado en <http://fairtest.org/national-resolution-high-stakes-testing>.

6. Catey Hill, «Will New SAT Raise Test Prep Prices?», Market Watch.com, 9 de marzo de 2014. Consultado en <http://www.marketwatch.com/story/test-prep-industry-expects-banner-year-from-new-sat-2014-03-06>.

7. Zach Schonfeld, «Princeton Review Founder Blasts the SAT: "These Tests Measure Nothing of Value"», Newsweek.com, 16 de abril de 2014. Consultado en <http://www.newsweek.com/princeton-review-founder-blasts-sat-these-tests-measure-nothing-value-246360>.

8. «Unions Opposed to Testdriven Education», M2 PressWIRE, 31 de julio de 2012.

9. «Colleges and Universities That Do Not Use SAT/ACT Scores for Admitting Substantial Numbers of Students into Bachelor Degree Programs», FairTest, 13 de mayo de 2014. Consultado en <http://fairtest.org/university/optional#5>. Algunas de estas escuelas son, entre muchas otras, el Bard College, la Universidad Brandeis, la Universidad Estatal de Colorado, la Universidad Estatal Grambling, el Providence College y la Universidad de Texas.

10. «Testing & Educational Support in the U.S», informe del estudio de mercado de IBISWorld, octubre de 2014. Consultado en <http://www.ibisworld.com/industry/default.aspx?indid =1549>.

11. «2013 Domestic Grosses», Box Office Mojo (ingresos anuales de

taquilla). Consultado en <http://boxofficemojo.com/yearly/chart/? yr=2013>.

12. Monte Burke, «How the National Football League Can Reach $25 Billion in Annual Revenues», Forbes.com, 17 de agosto de 2013. Consultado en <http://www.forbes.com/sites/monteburke/2013/08/17/ how-the-national-football-league-can-reach-25-billion-in-annual-reve nues/>.

13. Alyssa Figueroa, «8 Things You Should Know About Corporations Like Pearson That Make Huge Profits from Standardized Tests», *Alternet*, 6 de agosto de 2013. Consultado en <http://www.alternet.org/ education/corporations-profit-standardized-tests>.

14. *Ibid.*

15. Jim Armitage, «Watch Your Language: The Tories' U-turn on Testers», NewsBank, 19 de febrero de 2014.

16. Leonie Haimson, «The Pineapple and the Hare: Pearson's Absurd, Nonsensical ELA Exam, Recycled Endlessly Throughout Country», NYC Public School Parents (blog), 19 de abril de 2012. Consultado en <http://nycpublicschoolparents.blogspot.com/2012/04/pineapple-and-hare-pearsons-bsurd.html>.

17. OECD, «PISA 2012 Results». Consultado en <http://www. oecd.org/pisa/keyfindings/pisa-2012-results.htm>.

18. «Singapore: Instructional Systems», Center on International Education Benchmarking. Consultado en <http://www.ncee.org/pro grams-affiliates/center-on-international-education-benchmarking/top-performing-countries/singapore-overview/singapore-instructional-sys tems/>.

19. Anu Partanen, «What Americans Keep Ignoring About Finland's School Success», TheAtlantic.com, 29 de diciembre de 2011. Consultado en <http://www.theatlantic.com/national/archive/2011/12/what-ameri cans-keep-ignoring-about-finlands-schoolsuccess/250564/#.Tv4jn7hW 2CU.twitter>.

20. Tien Phong, «Vietnam Stops Using Grades in Elementary

Schools», PangeaToday.com, 18 de julio de 2014. Véase <http://www.pangeatoday.com/vietnam-stops-using-grades-in-elementary-schools/>.

21. «OECD and Pisa Tests Are Damaging Education Worldwide —Academics», TheGuardian.com, 6 de mayo de 2014. Consultado en <http://www.theguardian.com/education/2014/may/06/oecd-pisa-tests-damaging-education-academics>.

22. Joe Bower y P. L. Thomas, *De-testing and De-grading Schools: Authentic Alternatives to Accountability and Standardization*, Nueva York, Peter Lang, 2013.

23. «The Learning Record», FairTest, 28 de agosto de 2007. Consultado en <http://fairtest.org/learning-record>.

24. Erin Millar, «Why Some Schools Are Giving Letter Grades a Fail», TheGlobeandMail.com, 4 de abril de 2014. Véase <http://www.theglobeand-mail.com/news/national/education/schools-that-give-letter-grades-a-fail/article17807841/>.

8. DIRIGIR CON PRINCIPIOS

1. Véase <http://en.wikipedia.org/wiki/Alex_Ferguson>.

2. Kurt Badenhausen, «Manchester United Tops the World's 50 Most Valuable Sports Teams», Forbes.com, 16 de julio de 2012. Consultado en <http://www.forbes.com/sites/kurtbadenhausen/2012/07/16/manchester-united-tops-the-worlds-50-most-valuable-sports-teams/>.

3. Jamie Jackson, «David Moyes Sacked by Manchester United and Replaced by Ryan Giggs», TheGuardian.com, 22 de abril de 2014. Consultado en <http://www.theguardian.com/football/2014/apr/22/david-moyes-sacked-manchester-united>.

4. Para una excelente discusión sobre este tema, véase Simon Sinek, *Leaders Eat Last: Why Some Teams Pull Together and Others Don't*, Nueva York, Portfolio/Penguin, 2014.

5. «House of Commons Rebuilding», *Hansard*, 28 de octubre de

1943, 10 de noviembre de 2014. <http://hansard.millbanksystems.com/commons/1943/oct/28/house-of-commons-rebuilding>.

6. T. Wagner, *Creating Innovators: The Making of Young People Who Will Change the World*, Scribner, 2012. [Hay trad. cast.: *Creando innovadores: la formación de los jóvenes que cambiarán el mundo*, Madrid, Kolima, 2014.]

7. Tamsyn Imison, Liz Williams y Ruth Heilbronn, *Comprehensive Achievements: All Our Geese Are Swans*, Londres: Trentham, 2013.

8. Para obtener más información, véase <http://www.thethirdteacher.com>.

9. «LEEP (Liberal Education and Effective Practice) », Universidad Clark. Consultado en <http://www.clarku.edu/leep/.

10. «The School with a Promise», Universidad Clark. Consultado en <https://www.clarku.edu/departments/education/upcs/>.

11. «University Park Campus School», *Dispelling the Myth*, Education Trust. En <http://action.org/content_item/university-park>.

12. Desde aquel primer informe, la NASSP ha publicado otros seis sobre reforma educativa y ha puesto en marcha una serie de programas de liderato denominados «Breaking Ranks».

13. «School Improvement», NASSP. Consultado en <http://www.nassp.org/School-Improvement>.

14. «MetLife Foundation–NASSP Breakthrough Schools», Escuelas «Breakthrough» de la Fundación MetLife–NASSP, 29 de mayo de 2014. En <http://www.nassp.org/AwardsandRecognition/MetLifeFoundationNASSP-BreakthroughSchools.aspx>.

15. *An Executive Summary of Breaking Ranks: Changing an American Institution*, Reston, VA, Asociación Nacional de Directores de Escuelas Secundarias, 1996.

## 9. DE VUELTA AL HOGAR

1. Según un informe de 2014 de la Fundación Pew, en 1960 el 73 por ciento de los niños estadounidenses vivían con dos progenitores heterosexuales en su primer matrimonio; en 1980 la cifra se redujo al 61 por ciento y, en 2014, al 46 por ciento.

2. Para el habitual manifiesto a favor de esta forma de educar a los hijos, véase Amy Chua, *Battle Hymn of the Tiger Mother,* Nueva York, Penguin Press, 2011. [Hay trad. cast.: *Madre tigre, hijos leones: una forma diferente de educar a las fieras de la casa*, Madrid, Temas de Hoy, 2011.]

3. Para el manifiesto del signo contrario, véase Tanith Carey, *Taming the Tiger Parent: How to Put Your Child's Well-being First in a Competitive World*, Londres, Constable and Robinson, 2014.

4. Anne T. Henderson, Karen L. Mapp y Amy Averett, *A New Wave of Evidence. The Impact of School, Family, and Community Connections on Student Achievement*, Austin, TX, National Center for Family and Community Connections with Schools, 2002.

5. *Ibid.*

6. «Organizing Schools for Improvement: Lessons from Chicago», Instituto Urbano de Educación de la Universidad de Chicago, 30 de enero de 2010. Consultado en <http://uei.uchicago.edu/news/article/organizing-schools-improvement-lessons-chicago>.

7. *Ibid.*

8. Patrick F. Bassett, «When Parents and Schools Align», *Independent School*, invierno de 2009. Consultado en <http://www.nais.org/Magazines-Newsletters/ISMagazine/Pages/When-Parents-and-Schools-Align.aspx>.

9. *Ibid.*

10. Para más información sobre la escuela, véase <http://www.blueschool.org>.

11. «National Standards for Family-School Partnerships», Asocia-

ción Nacional de Padres y Profesores (PTA). Consultado en <http://www.pta.org/programs/content.cfm?ItemNumber=3126&navItemNumber=3983>.

12. Otha Thornton, «Families: An Essential Ingredient for Student Success and Excellent Schools», HuffingtonPost.com, 29 de abril de 2014. Consultado en <http://www.huffingtonpost.com/otha-thornton/families-an-essential-ing_b_5232446.html>.

13. Departamento de Educación de Estados Unidos, «Partners in Education: A Dual Capacity-Building Framework for Family-School Partnerships». Consultado en <http://www2.ed.gov/documents/family-community/partners-education.pdf>.

14. «Los conocimientos condensados en este informe son fruto de décadas de trabajo por parte de profesores, padres, investigadores, administradores, legisladores y miembros de comunidades diversas. El modelo pone de manifiesto que, para que las asociaciones entre las familias y las escuelas sean eficaces, los adultos responsables de la educación infantil deben aprender y crecer, de igual modo que ellos contribuyen al aprendizaje y al crecimiento de los alumnos», Departamento de Educación de Estados Unidos, «Partners in Education», *op. cit.*

15. *Home-to-School Connections Resource Guide*, Edutopia. Consultado en <http://www.edutopia.org/home-to-school-connections-resource-guide>.

16. Véase <http://www.familiesinschools.org/about-us/mission-history/>.

17. «Fast Facts», Centro Nacional de Estadísticas sobre Educación. Consultado en <http://nces.ed.gov/fastfacts/display.asp?id=91>.

18. Quinn Cummings, *The Year of Learning Dangerously: Adventures in Homeschooling*, Nueva York, Penguin Group, 2012.

19. Logan LaPlante, «Hackschooling Makes Me Happy», charlas para la TEDx, Universidad de Nevada. Consultado en <https://www.youtube.com/watch?v=h11u3vtcpaY&feature=kp>.

20. Lisa Miller, «Homeschooling, City-Style», NYMag.com, 14 de

octubre de 2012. Consultado en <http://nymag.com/guides/everything/urban-homeschooling-2012-10/>.

## 10. CAMBIAR EL CLIMA GENERAL

1. «South Carolina Loses Ground on "Nation's Report Card"», *FITSNews South Carolina Loses Ground on Nations Report Card Comments,* 7 de noviembre de 2013. En <http://www.fitsnews.com/2013/11/07/south-carolina-loses-ground-on-nations-report-card/>.

2. C. M. Rubin, «The Global Search for Education: Creative China», HuffingtonPost.com, 10 de agosto de 2014. Consultado en <http://www.huffingtonpost.com/c-m-rubin/the-global-search-for-edu_b_5665681.html>.

3. Ian Johnson, «Solving China's Schools: An Interview with Jiang Xueqin», blog de *New York Review of Books,* 8 de abril de 2014. Consultado en <http://www.nybooks.com/blogs/nyrblog/2014/apr/08/china-school-reform-jiang-xueqin/>.

4. C. M. Rubin, «The Global Search for Education: The Middle East», HuffingtonPost.com, 5 de agosto de 2014. Consultado en <http://www.huffingtonpost.com/c-m-rubin/the-global-search-for-edu_b_5651935.html>.

5. Véase la descripción de la misión de ASK en <http://www.ask-arabia.com/>.

6. Rubin, «The Global Search for Education: The Middle East», *op. cit.*

7. Al describir sus programas de reforma, Krista Kiuru, ministra finlandesa de Educación y Ciencia, dijo: «Debemos plantearnos muy en serio el desarrollo de la educación finlandesa. [...] No solo pediremos la intervención de expertos en investigación y educación y de responsables políticos, sino también de representantes de los alumnos y padres. [...] Debemos encontrar formas de mejorar y mantener la motivación por aprender y estudiar y convertir las escuelas en un buen entorno de estudio».

8. John Taylor Gatto, *Weapons of Mass Instruction: A Schoolteacher's Journey Through the Dark World of Compulsory Schooling*, Isla Gabriola, BC, New Society, 2009.

9. Véase, por ejemplo, Diane Ravitch, *Reign of Error: The Hoax of the Privatization Movement and the Danger to America's Public Schools*, Nueva York, Vintage, 2014.

10. Adaptado por T. Brighouse de T. Knoster (1991). Presentación en el Congreso de TASH, Washington, D.C. (Adaptado por Knoster de Enterprise Group Ltd.)

11. *Ibid.*

## EPÍLOGO

1. Maria Montessori y Anne E. George, *The Montessori Method*, Nueva York, Schocken, 1964.

2. «How Many Montessori Schools Are There?», North American Montessori Teacher's Assoc. Consultado en <http://www.montessori-namta.org/FAQ/Montessori-Education/How-many-Montessori-schools-are-there>.

3. «What Is Steiner Education?», Asociación de Escuelas Steiner-Waldorf. Consultado en <http://www.steinerwaldorf.org/steiner-educa tion/what-is-steiner-education/>.

4. Véase <http://www.summerhillschool.co.uk/about.php>.

# Índice alfabético